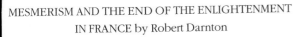

KB172884

혁명 전야의 최면술사

Mesmerism and the End of the Enlightenment in France

메스머주의와 프랑스 계몽주의의 종말

로버트 단턴 지음 ― 김지혜 옮김

차례

이 부조리한 현실을 어떻게 혁명할 것인가?

— 강창래 •《책의 정신: 세상을 바꾼 책에 대한 소문과 진실》저자

1

논문은 친절하지 않다. 읽어내기도 쉽지 않다. 어쩌면 그것은 "일반 독자들과의 소통은커녕 인접학문 분야의 사람들도 거의 이해할 수 없는 전문용어와 괴상한 문체를 총동원하여 엮은 암호문 뭉치"(《근대의 책읽기》, 천정환, 푸른역사, 2014, 8쪽)이기 때문인지도 모른다.

요즘은 그런 '암호문 뭉치'가 일반 독자와 소통하기 위해 상당히 잘 다듬어져 출간된다. 그렇다고 해도 저절로 빠져드는 소설이나 자극적인 주제를 다룬 논픽션 같지는 않을 것이다. 왜 그런 종류의 책을 읽어야 할까?

미스터리를 좋아하거나 암호에 대해 공부한 적이 있다면 쉽게 짐작할 수 있을 것이다. 진실을 발견하는 일은 무척이나 어렵다. 그 많

은 등장인물들 가운데 대개 한 사람만이 수많은 어려움을 극복하고 진실을 찾아낸다. 그 상황에서 쉽고 간단한 것만 읽기를 좋아하는 사람들은 얼마나 바보 같아 보이는가. 거기서 끝나지 않는다. 지위가 높은 사람이 그럴 때에는 진실이 밝혀지지 못하게 가로막는 악인이 된다. 암호 역시 밝혀야 할 진실이 없다면 사용할 필요가 없다. 미스터리 소설은 그 자체로 하나의 거대한 암호다. 우리의 삶도 마찬가지 아닌가. 사실은 진지한 글도 그렇다. 혁명의 비밀처럼 대단히 어려운 주제를 다룰 때는 말할 것도 없다.

진실에 가까이 다가가기란 절대로 쉽지 않다. 살다 보면 쉽고 간단한 문제도 가끔은 있을지 모르겠다. 그러나 세월이 켜켜이 쌓이면 문제는 복잡하게 얽히기 십상이다. 말도 안 되는 거짓이 진실처럼 보일 때도 있다. 진실에 이르는 길이 어느 쪽인지 판단하기 어려울 때도 많다. 설사 진실의 윤곽을 잡았다고 해도 그것을 말이나 글로 표현하기도 쉽지 않다. 특히 글은 더 어렵다. 말은 대개 비디오 상태에서 맥락과 함께 전달되지만 글은 그 맥락의 시공간에서 분리된 채 모든 사정을 다 설명해야 한다. 그래서 진실을 담은 텍스트는 기본적으로 조금 복잡하고 어려울 수밖에 없다. 단순 간단한 설명은 대개 거짓에 가깝다.

오늘날 우리가 읽는 논문은 매우 '현대적인 형식'이다. 제대로 해석할 수 있는 이성의 힘을 믿고, 이성의 힘으로 진실을 밝혀 보려는 노력으로 쓰인다. 게다가 논리적 근거를 분명히 밝힌다는 점에서 독자의 판단에 맡기는 겸손한 장르다.

복잡해진 인간의 조건과 삶의 진실에 좀더 가까이 다가가고 싶은가. 그 암호를 몇 개라도 더 풀어내고 싶다면 좋은 논문에서 시작되어 잘 다듬어진 책들을 읽어보기를 권한다.

이 책도 그런 비밀스러운 진실을 담고 있다. 이 부조리한 현실을 어떻게 혁명할 것인가? 저자는 이 어려운 질문에 대해 프랑스대혁명 시기에 대유행했던 메스머주의를 통해 대답한다. 혁명을 성공시킨 민중들 생각의 변화는 어디서 어떻게 시작되었는가. 프랑스대혁명의 지적인 기원에 대한 또 하나의 답이기도 하다.

2

《혁명 전야의 최면술사》를 쓴 로버트 단턴은 훗날 프랑스대혁명의 지적인 기원을 다룬 놀라운 저작물인 《책과 혁명》을 발표한다. 프랑스대혁명 이전의 금지된 베스트셀러에 대해 25년 동안이나 조사해본 결과 그 유명한 계몽사상가들의 위대한 저작물은 한 권도 없더라는 것이다. 아무리 대단한 사상이라고 한들 아무도 읽지 않았다면 무슨 수로 세상에 영향을 끼칠 것인가. 그렇다면 프랑스 사람들이 혁명을 하고, 혁명을 성공시킬 생각을 하게 만든 '지적인 기원'은 어떤 책들이었을까?

단지 세 종류의 책이었는데 그것은 정치적 중상비방문, SF, 포르노그래피였다. 정치적 중상비방문이야 말 그대로 정치적인 것이었으니 혁명과 관계있으리라고 쉽게 짐작할 수 있다. SF는 저자가 현실을 너무나 혐오해서 만들어진 장르다. 현실은 아예 생각도 하기 싫어 저자가 만든 새로운 세상에서 사건이 벌어진다. 현실에 대한 극단적인 혐오에서 시작된 장르이니 혁명에 영향을 미칠 수 있었을 것이다. 그럴 듯하다. 그런데 포르노그래피는? 성적 자극을 목적으로 하는 포르노그래피는 어떻게 혁명과 관계를 맺을 수 있었을까? 그것에 대해서는 간단하게 설명하기는 어려우니 이렇게 정리하자. 혁명의 사상적 기반이었던 계몽주의 철학은 포르노그래피처럼 누구나 관심을 가질 만한 주제에 담기지 않았다면 그처럼 널리, 잘 전달되기는 어려웠을 것이다. 그에 대해서 좀더 자세히 알고 싶다면 《책과 혁명》(로버트 단턴, 2014, 알마)과 《포르노그래피의 발명》(린 헌트 엮음, 2016, 알마)을 보면 좋을 것이다.

놀라운 것은 그 유명한 계몽사상가들 대부분이 모두 이런 종류의 정치적 포르노그래피를 썼다는 사실이다. 볼테르는 《오를레앙의 처녀》를 썼고, 디드로는 《경솔한 보배》를, 미라보는 《지체 높은 난봉꾼》을, 몽테스키외는 《페르시아인의 편지》를 썼다. 아, 여기에서 《페르시아인의 편지》를 오늘날 기준으로 하면 포르노그래피라고 하기에는 좀 뭣하지만 어쨌든 그런 분위기를 바탕으로 한 매우 '재미있는 책'이었다. 식빵만큼이나 많이 팔렸다니 얼마나 엄청난 인기를 누렸겠는가.

이런 사실만으로 보면 진지한 책보다 자극적인 재미를 주는 책이 이 세상의 변화에 더 큰 영향을 미친다고 말해도 좋을 것 같다. 아무리 위대한 사상을 담고 있는 책이라 해도 베스트셀러가 되지 못하고 수많은 사람들에게 읽히지 않는다면 아무것도 아니라고 성급하게 결론을 내릴지도 모르겠다. 그러나 세상은 그리 단순하지 않다. 로버트 단턴은《책과 혁명》을 쓰기 전에 이미 알고 있었거나, 어쩌면 자기도 모르게 깨달았던 것인지도 모른다. 급진적이고 놀라운 사상을 담은 진지한 책들이 꼭 베스트셀러가 되어야 그 내용이 전달되는 것이 아님을.

3

로버트 단턴은《혁명 전야의 최면술사》를 이렇게 시작한다. '프랑스혁명 전 루소의《사회계약론》이 그의 저작들 가운데 가장 관심을 받지 못한 채 참담한 실패를 기록'했다는 것이다. 그렇다면 궁금하지 않을 수 없다. 당대에 가장 위대한 정치논문이 글을 아는 프랑스 사람들에게서 외면당했다는 것인데, 철저한 계급사회에서 '만인은 평등하다'라고 주장했던 루소의 대단히 급진적인 사상은 어떻게 살아남았단 말인가? 프랑스대혁명이 성공한 뒤 만들어진 인권선언문의 '만인이 평등하다'는 어디에서 비롯된 것일까? 프랑스혁명기의 유명한 계몽사상가들 가운데 말 그대로 만인은 평등하다고 주장한 사람은 루소가 유일하다. 볼테르나 디드로, 몽테스키외 그리고 또다른 많은 귀족이나 부르주아 계몽주의자들은 만인이 평등하다고 생각하지 않았다. 귀족주의적이고 엘리트주의적이었다. 신분이 낮았던 '지식인'들은 스스로 귀족이 되려는 바람을 드러내기도 했다.

　사실 어떤 관점에서 보더라도 《사회계약론》이 처참하게 실패했다고 보기는 어렵다. 특히 《에밀》의 제5부에 실린 대중판은 이론의 여지없이 혁명 전에 베스트셀러였다(《책과 혁명》, 35쪽). 《사회계약론》은 루소가 죽은 1778년 이후에 루소전집에 포함되어 팔렸는데, 그 부수는 최소한 1만 3000부 이상이었다. 당시 판매 자료를 보면 2~3만 부 정도 팔렸으리라고 짐작할 수 있다. 엄청난 베스트셀러는 아니었지만 그래도 상당히 성공적인 저작물이었다. 프랑스혁명 이전의 진지한 독서가라면 대부분 읽었을 거라고 봐도 좋을 정도다.

　《혁명 전야의 최면술사》에서도 우회적으로 그 점을 인정하고 있다. 이 책을 읽어가는 내내 루소의 그림자를 떨쳐낼 수 없을 것이다. 중요한 등장인물들 대부분이 루소를 읽었고, 루소주의에 깊이 공감하고 있다. 프랑스에 메스머주의를 퍼뜨리는 데 결정적인 역할을 했던 니콜라 베르가스 역시 루소의 글들을 읽고 그에게 찬사를 보냈을 뿐 아니라 루소를 만나려 했으며, 만난 이후 스스로 메스머주의의 루소라고 자처했을 정도다. 그는 혁명 전 사회 전반에 대유행했던 메스머주의에서 루소주의적 요소를 발견하고 그를 바탕으로 프랑스를 혁명적으로 변화시킬 방법을 찾았다. 나중에 지롱드 당의 핵심 인물 가운데 한 사람이 된 자크 피에르 브리소 역시 마찬가지였다. 그는 급진적 메스머주의자였고, 메스머주의는 그의 손에 의해 루소 이론과 거의 비슷한 일종의 위장 정치 이론으로 바뀐다. 대단히 급진적인 루소주의는 당대 프랑스를 휩쓸었던 메스머주의를 타고 수많은 사람들에게 전달되었던 것이다.

4

메스머주의는 독일인이었던 프란츠 안톤 메스머Franz Anton Mesmer가 창안한 것으로 동물 자기 이론에 따라 환자들을 치료했다. 그는 심리적 징후가 달의 위상에 따라 달라지는 것을 보고는 인간 신체의 내부에 '인공적인 자기 흐름'을 유도할 수 있다고 믿었다. 그 방법은 적어도 몇 시간쯤 치료효과를 보였고, 가끔은 완치된 듯한 느낌까지 선사해주었다. 메스머는 그 효과를 과대평가했고, 자신의 방법으로 만병을 다 치료할 수 있다고 믿었던 것 같다. 그리고 그것이 당대에 유행하던 새로운 과학의 최전선에서 엘리트들과 대중들에게 어필했다.

어떻게 그런 일이 가능했을까? 당시의 의학기술은 환자가 아파야 질병이 시작되었으며 환자에게서 통증이 멎으면 치료된 것으로 보는 정도에 머물러 있었다. 예를 들면 쉽게 이해할 수 있을 것이다. 오늘날 고혈압이라는 진단은 혈압계의 수치에서 비롯된다. 그리고 치료약을 먹고 수치가 낮아지면 병이 나았다고 본다. 환자의 통증과 아무런 관계가 없다. 고혈압 환자들은 특별한 통증을 느끼지 못하는 경우가 대부분이다. 암의 경우도 통증이 없을 때가 초기이고, 통증이 있으면 말기에 가깝다. 통증이 사라진다고 완치된 것도 아니다. 그런 의학기술이 전무했던 당시에는 진통제의 효과도 상당히 과장될 수 있었다. 일종의 최면술이었던 메스머주의는 그래서 만병통치를 위한 새롭고 위대한 과학적 발견으로 받아들여질 수 있었던 것이다.

그런 메스머주의가 혁명과 좀더 본격적인 관계를 맺게 된 계기는 당시 주류 의학계와의 불화였다. 메스머주의가 대유행하자 한 언론에서 크게 터뜨렸다. '조만간 메스머주의가 유일한 의학'이 될지 모른다고 했던 것이다. 그렇잖아도 메스머주의자들의 '새로운 과학' 속에는 급진적인 정치사상이 포함되었다는 경찰의 비밀보고서가 있었던 참이다. 정부에서는 두 개의 위원회를 만들어 조사를 시작했다. 말할 것도 없이, 메스머가 주장하는 치료 효과의 핵심인 메스머 유체(동물 자기)라는 것은 없다는 결론을 내렸고 치료 효과는 지나친 상상력의 결과일 가능성이 있다고 했다. 이 보고서는 열성적인 메스머주의자들을 들끓게 만들었다.

당시에 메스머주의를 지지했던 사람들 중에는 대단한 지식인들도 많았다. 그들 가운데에는 라파예트, 아드리앙 뒤포르, 자크 피에르 브리소, 장 루이 카라, 니콜라 베르가스, 롤랑, 뒤발 데프레메스닐처럼 미래의 혁명 지도자들도 대거 포함되어 있었다. 그들은 정부의 후원을 받은 특권적인 기구들이 다수 민중의 삶을 개선시키는 운동을 억압하고 탄압한다고 생각했다. 가능한 모든 언로를 동원해 반격을 가했으며 그 부당성에 대한 판결을 받고자 고등법원에 제소하기까지 했다. 고등법원은 메스머주의의 손을 들어주기는 했지만 적극적인 지지를 표명하지는 않았다. 이런 소동이 되풀이되면서 혁명이 일어나기 4년 전쯤인 1785년에는 메스머주의자들에게 정부는 악의 화신으로 각인되었다. 당대 가장 인도적인 운동이라 믿었던 메스머주의의 전파를 정부가 박해했기 때문이다.

현대 의학 기술로 보면 사이비로밖에 볼 수 없는 메스머주의가 그처럼 유행하고, 열성적인 지지자를 확보했으며 정부의 박해에 강력하게 저항할 수 있었던 것은 앙시앵 레짐(ancien régime, 프랑스혁명 이전의 구체제—옮긴이)에 대한 무조건적인 거부반응이 가장 큰 이유였을 것이다. 게다가 당대의 주류 의학 역시 깊이 신뢰받지 못했기 때문이다. 현대의 의학 기술이 대략 1830년경에야 시작되었다는 것을 생각하면 당대의 주류 의학 기술 역시 엉터리가 많았다. 왕의 손을 잡으면 당연히 피부병이 낫는다고 생각했고, 그런 행사를 정기적으로 열었다. 루이 16세는 국민들이 자기를 싫어한다는 말을 듣고 '올해는 손을 잡아주지 않겠다'고 말한 적도 있다. 그뿐인가. 루이 15세가 죽은 이유는 천연두 때문이었다. 당시에는 아직 제너의 우두법이 사용되기 전이었지만 인두법을 통해 천연두를 예방하고 있었다. 군관학교의 생도들에게는 강제로 접종하면서도 왕족이나 귀족들은 하지 않는 경우가 많았다. 목숨이 걸린 예방주사라고 생각하지 않았거나, 진심으로 자기네들은 하느님의 대리인이라고 믿었기 때문인지도 모른다.

5

프랑스대혁명에 대한 책들을 보면 대개 앙시앵 레짐이 붕괴될 수밖에 없을 정도로 모순에 가득 차 있었다는 점을 지적한다. 거기에 자연재해까지 겹치면서 폭동이 일어날 정도로 먹을 것이 부족한 상황도 한몫했을 것이다.

그러나 이런 사회구조적인 모순과 자연재해로 인한 기근만으로는 프랑스대혁명의 성공을 설명하는 것은 불가능하다. 그 이전에도 민중들은 끔찍한 구조 속에서 핍박받으며 짐승처럼 살았다. 자신의 처지를 운명처럼 내면화해서 당연하게 받아들였던 것이다. 겨우 먹을 것을 달라는 폭동이 있었을 뿐이다.

실제로 프랑스대혁명 시기의 사회구조적 모순이나 민중들 삶의 피폐함은 구한말 조선과 무척이나 닮았다. 그러나 동학혁명은 처절하게 실패했고 프랑스대혁명은 성공했다. 당시 독일의 민중들 역시 그렇게 살고 있었다. 거기에는 아예 혁명이 없었다.

가장 크게 달랐던 것은 프랑스대혁명 시기의 계몽사상이다. 프랑스대혁명은 인류 최초로 민중이 참여해 성공한 혁명이다. 계급질서를 고분고분 받아들이던 민중들이 스스로의 힘으로 자신의 운명을 바꿀 수 있다고 생각하지 않았다면 불가능한 일이었다. 실제로 동학혁명의 진행과정을 보면 민중들만이 아니라 혁명의 지도자들 역시 당대의 신분계급 질서의식을 온전히 버리지 못했음을 알 수 있다. 그뿐만 아니라 급변하는 국제 관계에 대해 구태의연한 고정관념에 머물러 있었다. 민중 혁명은 한 국가만의 문제가 될 수 없었던 것이다.

18세기 프랑스에서는 스스로 글을 읽지도 못했던 사람들까지 어떻게 혁명적인 생각을 가지게 되었을까? 급진적인 사상이 담긴 어려운 정치 논문을 읽었으리라고는 상상도 할 수 없다. 혁명의 성서라고들 하는 《사회계약론》을 떠올리는 것은 '참담한 실패'인지 모른다. 그러나 그 급진적인 정치사상의 발원지가 《사회계약론》이라면 그 물이 어떻게 흘러 큰 강을 이루었는지 추적해볼 필요가 있다. 프랑스대혁명의 지적 기원을 밝히고 싶었던 로버트 단턴은 《책과 혁명》이라는 대작을 시작하기 전에 《혁명 전야의 최면술사》를 썼다. 도대체 혁명을 이룰 급진적인 사상이 어떻게 최하층 민중들에게까지 전달되었을까? 이 책은 그에 대한 실마리를 제공한다. 이 부조리한 현실을 어떻게 혁명할 것인가? 역사에서 배워야 한다면 로버트 단턴이 쓴 프랑스대혁명에 관한 미시사에 관심을 가질 필요가 있다.

이 작은 책에는 한 가지 커다란 목적이 있다. 바로 혁명 전야에 글을 읽고 쓸 줄 아는 프랑스 사람들의 정신세계를 검토하는 일이다. 곧 프랑스혁명으로 관심의 초점에서 밀려나기 전 프랑스인들이 보던 대로 그 세계를 보려는 것이다. 지나치게 대담한 시도는 실패할 수밖에 없다. 누구인들 감히 거의 2세기 전에 죽은 이들의 정신세계를 엿볼 수 있겠는가? 그럼에도 이는 시도해볼 만한 가치가 있는 일이다. 지금껏 외면받아온 단서들을 활용한다면 그 세계를 상당히 정확하게 엿볼 수 있을 것이다. 그에 관한 단서들은 당대의 학술 관련 정기간행물과 팸플릿, 거리에 퍼졌던 대중가요, 풍자화, 편집자에게 보내는 편지, 18세기 화실이나 카페에 놓여 있었을 유료 출간소식지, 개인 편지와 일기, 경찰 기록, 여러 필사본 소장고에 남아 있는 클럽의 집회 기록 곳곳에 폭넓게 흩어져 있다. 이런 자료들에는 대중 독자의 관심사를 보여주는 흔적들이 강하게 남아 있는데 그들의 관심사는 그 시대 급진주의의 특징에 관해 놀라운 정보를 제공한다. 일례로 루소의《사회계약론》 같은 논문이 어떻게 여과되어 읽고 쓰는 능력이 가장 낮았던 이들 사이에서 회자될 수 있었는지 보여준다.

모든 관심사에 대해, 심지어 그에 관해 설명을 남긴 엘리트층의 관심사조차 다 알기란 불가능하다는 사실에 직면하면서 나는 이 연구를 가장 뜨겁게 화제가 되었던 것 — 일반적으로는 과학, 구체적으로는 메스머주의mesmerism — 에 한정했다. 만약 이것이 관심을 기울이기에 너무 놀랍고 엉터리 같은 주제라고 생각해 거부감이 드는 독자라면, 오히려 거기서 자신과 1780년대 프랑스인들 사이를 가르는 시간의 간극을 제대로 인식할 필요가 있다. 그 당시 프랑스인들은 메스머주의가 자연에 대해, 자연의 보이지 않는 놀라운 힘에 대해, 심지어 어떤 경우에는 사회와 정치를 지배하는 힘들에 대해 진지한 설명을 제공한다고 생각했다. 그들은 메스머주의에 너무나 심취했다. 덕분에 오늘날 낭만주의라고 부르는 것을 빚어낼 수 있도록 그들이 후손에게 유산으로 물려준 사고방식 중에서 메스머주의는 중요한 한 항목이 되었다. 이런 유산 속에서 메스머주의의 위치가 결코 인정된 적이 없다는 사실은 놀랄 일이 아니다. 자신들의 세계관의 원천이 된 것들 가운데 불순하고 유사과학적인 것들에 대해 한

층 더 까다로웠던 이후 세대들이 앙시앵 레짐의 마지막 몇 해 동안 메스머가 누린 인상적인 지위를 애써 잊어버리려 했기 때문이다. 이 연구는 메스머를 정당한 위치로, 동시대인 가운데 가장 자주 언급되었던 이들이 안치된 팡테온에서 튀르고나 프랭클린, 칼리오스트로의 옆자리쯤으로 되돌려놓을 것이다. 계몽사상의 원칙들이 어떻게 혁명적 선동으로 다시 채용되고 이후 19세기 신조들의 기본 요소로 변형되었는지 보여주는 것도 메스머를 원래 위치로 되돌려놓는 데 도움이 될 것이다. 이는 18세기 프랑스를 특징짓는 하나의 운동으로서 계몽사상이 역사적으로 어떻게 끝났는지 ― (여전히 미국 독립선언과 프랑스 인권선언을 진지하게 받아들이는 이들이 있기에) 절대적으로 끝난 것은 아니지만 ― 이해하는 데에도 도움이 될 것이다. 또한 독자들이 그저 과거의 일들을 맛보기만 하는 데에도 도움이 될 것이다. 설사 그런 제한된 목적만 달성한다 해도 이 연구는 독자들의 관심을 받을 만한 가치가 있다. 바로 그런 묘미가 역사 연구에 즐거움을 주기 때문이다.

옥스퍼드대학교의 해리 피트와 로버트 섀클턴 덕분에 나는 이 연구에서 많은 즐거움을 이끌어낼 수 있었다. 또 책을 준비하는 동안 후원해준 이들 ― 로즈장학재단the Rhodes Trustees, 옥스퍼드너필드칼리지학술원the Warden and Fellows of Nuffield College, Oxford, 하버드대학교학술원the Society of Fellows of Harvard University ― 과 책이 진행되는 여러 단계에서 이를 읽고 검토해준 이들—리처드 콥, 존 플러메네 츠, 필립 윌리엄스, 크레인 브린턴, 조너선 비처, 존 호지—에게 감 사를 전하고 싶다. 프랑스계 미국인의 시조인 베르가스 뒤 프티 투 아르 가※는 조상이 기뻐할 만한 호의를 베풀어 내가 그들의 문서는 물론이거니와 문서를 보관한 성까지 볼 수 있게 해주었다.

각주로 지면이 어지러워지는 것을 막기 위해 서지사항은 몇 개의 긴 주(부록)로 분류해두었다. 이때 출전에 대한 언급은 본문에 인용 문이 등장하는 순서에 따라 열거했다. 18세기의 대단히 긴 제목들 은 생략 부호로 축약했다. 작품의 출판 일자와 장소는 표제지에 적 힌 그대로 인용했고 필라델피아(필라델피아는 본래 그리스어에서 사랑을 의 미하는 φιλεω[phileo]와 형제를 의미하는 αδελφος[adelphos]의 결합으로 형제 애를 의미하며, 아울러 《신약성경》의 〈요한계시록〉에 등장하는 소아시아의 도시 명 칭이기도 하다. 여기에 미국독립혁명의 중심 도시였다는 의미에서 '혁명의 수도'라 는 상징적 의미도 첨가되는데, 이 책에서 다루는 인쇄본 사료들이 프랑스혁명 전야 에 프랑스에서 유통되던 작품들이므로, 저자는 출판지 '필라델피아'가 실제 지명이 라기보다 이런 역사적 의미와 어원적 의미를 실은 허구적 장소라고 판단하고 있는 듯 하다—옮긴이)나 달The Moon처럼 허구임이 분명한 경우에도 그렇게 했다. 저자의 이름과 출판 장소와 날짜를 제시하지 않은 것은 원저 에도 없어서다. 제목을 인용하는 경우를 제외하고 철자와 강세는 현 대화했다. '메스머주의'라는 용어가 19세기 초에 처음 사용되었다고 믿는 현대 전문가의 주장[1]에도 나는 '동물 자기론magnétisme animal'(18세기에는 '자기magnétisme'로 줄여 쓰는 일이 흔했다)을 '메스머주의'로 번역했고 그렇게 표현하기를 선호했다. 실제로 1780년대 프랑스인들은 이 용어를 사용했을 뿐 아니라 '동물 자기론'의 동의어로 인식했다.

1968년 4월 매사추세츠 주 케임브리지

로버트 단턴

164쪽 작품을 제외하고 모든 삽화는 프랑스국립도서관 소장품이며 도서관측의 관대한 허락으로 이 책에 수록할 수 있었다. 164쪽 삽화는 루이 베르가스의 다음 책에서 인용됐다. Louis Bergasse, *Un défenseur des principes traditionnels sous la Revolution, Nicolas Bergasse* (Paris, 1910).

1 · 메스머주의와 대중 과학 ·

프랑스혁명 전 루소의 《사회계약론》이 그의 저작들 가운데 가장 관심을 받지 못한 채 참담한 실패를 기록한 사실'은 1780년대의 급진적 정신에 대해 알고자 하는 학자들에게 한 가지 곤란한 문제를 안긴다. 그 시대의 가장 위대한 정치 논문이 글을 아는 대부분의 프랑스인에게 외면받았다면, 과연 어떤 형식의 급진적 관념들이 그들의 구미를 당겼던 걸까? 그 가운데 하나가 '동물 자기론' 혹은 '메스머주의'라는 전혀 예상치 못한 모습으로 등장했다. 혁명 전 10년 동안 지대한 관심을 불러모은 메스머주의는 본래 정치와 무관한 것이었지만 니콜라 베르가스와 자크 피에르 브리소 같은 급진적 메스머주의자들의 손에서 루소의 이론과 거의 흡사한 일종의 위장 정치 이론으로 변모했다. 그리하여 메스머주의 운동은 급진 성향의 작가들이 검열 세력의 눈을 피하면서 독자들의 관심을 끌 명분을 제공함으로써, 통속적 수준에서 정치가 유행에 휘말려드는 방식의 예를 보여주었다. 메스머주의의 급진적 경향을 설명하기 위해서는 그 시대 다른 관심사들과 관계 속에서 메스머주의를 검토하고 그 운동 과정을 추적하고 메스머주의 단체들의 성격이 어땠는지 살펴봐야 할 필요가 있다. 그러고 나면 프랑스혁명 이전의 급진 사상들에 대한 뜻밖의 시각을 얻을 수 있을 것이다. 곧 떠들썩한 팸플릿, 회고록, 사멸된 과학 논문 들에 감춰진 어떤 시각들을 깨닫게 됨으로써 그것을 향유할 수 있을 것이다.

1778년 2월 파리에 도착한 프란츠 안톤 메스머(1734~1815, 독일의 의학자―옮긴이)는 포착하기 어려운 어떤 유체流體를 발견했으며 그것이 모든 물체에 침투할 뿐 아니라 물체의 주변을 에워싸고 있다고 주장했다. 메스머가 실제로 유체를 본 것은 아니다. 그는 진공상태에서는 행성들이 서로를 잡아당길 수 없으므로 그 유체가 중력의 매개체로 존재하는 것이 분명하다고 단언했다. 메스머는 이 원초적인 "자연의 작인(作因, agent)"으로 우주 전체를 목욕시키는 한편, 그 유체를 지상으로 끌어내려 파리 시민들에게 열, 빛, 전기, 자기력을 제공하고자 했다. 특히 그 유체를 치료에 적극 활용할 것을 권장했다. 그는 신체가 자석과 비슷하며 질병은 몸속에서 유체의 흐름을 방해하는 "장애물" 때문에 생긴다고 주장했다. 사람들은 몸 안의 "자극磁極"들을 메스머 유체로 처치하거나 마사지함으로써 그리고 이를 통해 장애를 극복하고, 흔히 경련 형태로 나타나는 "위기"를 유도하고, 건강 또는 자연과 인간의 "조화"를 회복하는 방식으로 유체의 작용을 통제하거나 강화할 수 있었다.

　유체의 작용을 유도하는 메스머의 능력은 18세기에 나타났던 자연숭배에 대한 일련의 호소에 힘을 실어주었다. 그는 환자에게 발작을 일으키거나 몽유 상태에 이르게 해서 시력 상실부터 지나친 우울로 인한 권태에 이르기까지 여러 질병을 치료했다. 메스머와 그의 추종자들은 멋진 공연을 펼쳤다. 그들은 자신의 무릎으로 환자의 무릎을 죄는 자세로 앉아 손가락으로 환자들의 몸 전체를 훑어 내려가며 몸을 하나의 거대한 자석이 되게 하는 작은 자석들의 극을 찾아냈다. 메스머 유체의 시술에는 기술이 필요하다. 작은 자극들의 위치가 계속 바뀌기 때문이다. 환자와 "관계"를 확립하는 최선의 방법은 고정 자석들, 손가락이나 코의 자석들(메스머는 코로 들이마시는 것을 금지했는데 그런 행동이 코의 자기적 균형을 깨뜨릴 위험이 있기 때문이라고 했다)에 의지하는 것이었다. 그리고 정수리에 위치하며 통상 별들에게서 메스머의 유체를 받아들이는 북극과 같은 영역, 발에 위치하며 땅의 자기력을 받아들이는 수용자 역할을 하는 남극과 같은 영역을 피해야 했다. 메스머주의자 대부분은 상복부의 측면이자 늑골 하부로 몸의 적도에 해당하는 부분을 집중적으로 치료했다. 이곳은 메스머

M

      메스머주의 집회를 풍자한 이 동시대의 풍자화는 이동이 가능한 관과 줄을 통해 유체를 배분하는 "통"을 보여준다. 한가운데의 세 여성은 "사슬" 혹은 메스머의 원을 형성하고 있으며, 옆에 있는 사람들은 유체의 과용을 피해 물러서 있다. 다른 환자들은 주변 사람들의 몸에 있는 "극極들"을 잡고 있고 전통적으로 사기꾼을 나타내는 당나귀 머리의 메스머 추종자는 과충전된 자신의 몸에서 유체를 뿜어내 모임을 자극한다. 별의 광선이 바깥 우주에서 영향을 끼친다.

가 일반 감각중추를 위치시킨 곳이었다. 이런 관행은 메스머주의에 관한 성추문을 자극했지만 심기증 환자에 관한 추문은 일으키지 않았다. 심기증 환자의 체액이 균형을 잃었다는 사실은 동정심을 유발했지 "상상병 환자"에 대한 비난을 촉발하지는 않았기 때문이다 (1778년 《아카데미 프랑세즈 사전Dictionnaire de l'Académie Françoise》은 "늑골 하부 결함"으로 고통받는 사람에게는 "기벽과 망상"이 있어 홀로 두면 섬망을 겪게 된다고 설명했다. "심기증이 있는 사람들은 우울하며 환각에 빠진다.").

메스머의 장비들, 특히 격렬한 발작에 대비해 만든 침대가 줄지어 늘어서 있는 "위기의 방"과, 잘 알려진 메스머의 통tub 역시 소문을 자극했다. 통은 보통 메스머 유체로 처리한 물을 담아 바켓살처럼 배열한 병들과 철가루로 채워졌다. 통에 저장된 유체는 이동용 쇠막대를 통해 환자의 환부에 닿도록 했다. 통 주위에 둥글게 모여 앉은 환자들은 전기 회로 같은 메스머의 "사슬"을 만들기 위해 줄로 서로를 묶고 엄지와 검지를 맞대어 서로에게 유체를 전달했다. 메스머는 집에서 개인적으로 메스머"욕浴"을 원하는 환자들에게 휴대용 통을 제공했다. 그러나 메스머가 일반적으로 추천한 것은 사람들에 의해 강화된 유체로 병원 전체에 특별한 힘을 순환시킬 수 있는 공동 치료였다. 실외에서 치료하는 경우 메스머는 메스머 유체로 처치한 나무에 한 무리의 환자들을 유체의 조화에 방해되지 않게 매듭없이 묶어 밀착시켰다. 메스머의 실내 치료는 모두 환자가 위기에 이르도록 고안되었다. 무거운 카펫을 깔고, 기이한 별자리가 그려진 벽장식들을 걸고, 커튼을 드리워 바깥 세계와 환자를 격리시켰으며 말소리와 비명, 발작적 웃음소리 같은 일상의 침묵을 깨고 자주 들려오는 소리를 차단했다. 전략적으로 배치한 거울들에 반사된 으스름한 빛 속에서 유체의 광선들이 환자를 지속적으로 강타했다. 관악기와 피아노, 그리고 메스머의 노력으로 프랑스에 도입된 유리 "하모니카"가 자아내는 부드러운 연주 음악은 강화된 유체의 물결을 환자의 영혼 깊숙이 들여보냈다.

환자들이 바닥에 쓰러져 몸을 뒤틀다가 기절하는 일이 빈번했는데, 그럴 때면 메스머주의자 집사 앙투안이 기절한 환자들을 '위기의 방'으로 옮겼다. 그리고 환자의 척추가 여전히 제 기능을 못한 채 쑤시거나 손가락이 떨리고 늑골 하부에 경련이 일어나면, 옅은 자색 호박단 옷을 차려입은 메스머가 직접 다가와 그의 손과 위엄 있는 눈과 메스머 유체로 처치된 지팡이로 환자에게 유체를 주입했다. 위기(경련)가 모두 격렬했던 것은 아니다. 어떤 경우에는 깊은 잠으로 이어졌다. 그리고 잠은 죽은 사람이나 멀리 떨어져 있는 영혼과 교신으로 이어지기도 했다. 교신은 유체를 이용해 잠든 사람 내면의 육감에 직접 메시지를 전달하는 방식이었다. 내면의 육감은 지금이라면 초감각적 지각이라고 부를 수 있을 것에 특히 민감했다. 수백 명의 프랑스인이 그런 기적을 경험했다. 하지만 메스머가 자신의 가

장 큰 이론적 비밀을 혼자만 간직한 탓에 그것을 제대로 이해한 사람은 거의 없었다.[2]

메스머주의가 오늘날에 터무니없어 보인다고 해서 역사가들이 이를 외면하는 것은 온당치 않다. 메스머주의야말로 1780년대 글을 아는 프랑스인들의 관심에 완벽히 부합했기 때문이다. 과학은 메스머의 동시대인들에게 그들이 보이지 않는 놀라운 힘들에 둘러싸여 있음을 보여주며 그들을 사로잡았다. 그 힘들은 볼테르를 통해 알려진 뉴턴의 중력, 피뢰침에 대한 열광과 파리의 최첨단 학회와 박물관들에서 시연을 통해 대중에게 널리 알려진 프랭클린의 전기電氣, 1783년 처음으로 사람을 들어 올려 전 유럽을 놀라게 한 샤를의 열기구와 몽골피에 형제의 열기구에 사용된 기적의 기체였다. 메스머의 보이지 않는 유체가 특별히 더 기적적으로 보인 것은 아니었다. 그러나 라부아지에가 우주에서 제거하려던 플로지스톤보다, 혹은 그가 플로지스톤을 대체하려 했던 칼로릭보다 메스머의 유체가 더 비현실적이라고 누가 말할 수 있었겠는가? 혹은 에테르보다, "동물의 열기"보다, "내적 틀"보다, "유기적 분자"보다, 불의 정령보다 메스머의 유체가 비현실적이라고 누가 말할 수 있었으며 바이, 뷔퐁, 오일러, 라플라스, 마케르처럼 존경받는 18세기 과학자들의 폐기된 논문들에 유령처럼 깃들어 있어 마주치게 되는 다른 허구적 힘들보다 메스머 유체가 더 비현실적이라고 누가 말할 수 있었겠는가? 프

M

      메스머주의 집회를 호의적으로 그린 광경이자 "조화"를 보여주는 일반적인 환경으로, 인간의 신체적·도덕적 일치와 자연의 법칙을 강조한다. 메스머 추종자들은 조화와 건강을 동일시했고 그래서 음악을 질병 치료에 활용했다. 넓은 의미에서 건강은 그들에게 최고의 가치였다. 그림 중앙에 있는 아이들은 치료를 받은 것이 아니라 교육을 받은 것이다. "자연의 작인"에 일찍이 노출된 덕에 그들은 자연의 인간으로 성장할 것이다. 뒷방의 "가난한 자들을 위한 통"에 주목하라.

오스트리아 빈 의과대학 출신의 의학박사 메스머는 동물 자기론의 유일한 발명자다. 다양한 질병(부종, 마비, 통풍, 비듬, 실명, 사고로 인한 난청 등)을 치료하는 방법은 유체나 작인을 활용하는 것인데 메스머는 때론 손가락 하나로, 때론 다른 사람이 마음대로 지정하는 쇠막대로 자신에게 의지하는 사람을 가리킨다. 또한 통을 사용하는데 빙 둘러 밧줄이 달려 있어 환자가 자기 몸을 묶는다. 쇠막대도 달려 있는데 환자들은 그 막대를 명치, 간, 비장에 댄다. 일반적으로 질병이 있는 신체 부위 가까이에 댄다. 환자, 특히 여성의 경우 경련 혹은 위기를 겪게 되는데 그게 치료 효과를 낳는다. 메스머 유체 시술자(메스머가 자신의 비밀을 알려준 이들로 궁정 최고 귀족 일부를 포함해 100명이 넘음)는 질병 부위에 손을 대고 그곳을 한동안 문지른다. 이 시술은 밧줄과 막대의 효과를 증폭시킨다. 하루 걸러 한 번씩 가난한 이를 위한 통도 준비된다. 대기실에서는 연주자들이 환자의 기분을 좋게 할 곡들을 연주한다. 유명한 이 의사의 집에 도착하면 일류 요리사, 장인, 의사, 외과의 등 다양한 연령과 신분의 남녀 무리를 볼 수 있다. 사회적으로 태생과 신분이 다른 남성들이 따뜻한 배려로 아이와 노인, 특히 가난한 사람들에게 메스머의 치료법을 시행하는 모습은 섬세한 영혼을 지닌 사람이라면 볼만한 진풍경이다.

Drawn by Serjent in Grace by Fryny

THE MAGNETISM.

M

　　메스머주의의 세련되고 과열된 감상感傷 같은 것을 전달하는 메스머주의 집회의 또다른 장면. 오른쪽 여성은 "위기"를 넘기고 있다. 뒤쪽 여성은 경련을 일으켜 침대가 즐비한 "위기의 방"으로 옮겨지고 있다.

랑스인들은 《백과전서Encyclopédie》의 '불'이나 '전기' 항목에서 메스머의 것과 같은 유체에 대한 설명을 읽을 수 있었다. 만약 훨씬 더 권위 있는 데서 영감을 얻고자 한다면 뉴턴의 《프린키피아Principia》(1713년판)에 등장하는 환상적인 마지막 문단이나 《광학Opticks》 뒷부분의 질문들에서 "모든 신체에 분포하며 감춰진 가장 섬세한 영혼"에 관한 설명을 읽으면 됐다.3

그 세기의 가장 위대한 과학자는 훗날 그의 독자들이 메스머의 유체와 연결시킬지도 모를 신비스러운 힘과 미덕에 지나치게 골몰했을 뿐 아니라, 비술祕術을 행하는 '보리'라는 이름의 치료사에게 지대한 관심을 보였다("그는 늘 녹색 옷을 입고 다니는 것 같다."4). 어쩌면 그는 메스머의 전생이었을지도 모른다. 뉴턴의 으뜸가는 적수 가운데 하나였던 버클리는 생명의 유체에 대해 나름의 생각을 가지고 있었다. 상록수로 정제된 생명의 유체가 모든 질병을 치유할 수 있는 타르 수액을 만든다는 생각이었다. 실제로 철학자들로부터 충분한 지지를 받은 유체들이 워낙 많아서 18세기 어떤 독자의 지성도 젖어들게 할 수 있을 정도였다. 그 세기는 경험주의와 실험의 세기였을 뿐 아니라 '체계'의 세기였다. 성직자인 경우가 많았던 '과학자들'은 그저 철학으로만 알려졌던 '과학'을 존재의 대연쇄에서 위쪽으로, 물리학 너머의 형이상학meta-physics과 초월적 존재로까지 추구해갔다. 두터운 신앙심을 지닌 원조 과학자로서 가장 유명한 사람

가운데 하나였던 플뤼슈 신부는 파도를 설명하기 위해 중력의 법칙을 이해할 필요가 없었다. 대신 그는 곧장 신학적 원인—배가 항구에 드나드는 것을 도우려는 신의 소망—으로 향했다. 뉴턴의 과학적 노력에는 연금술, 계시록, 야코프 뵈메(1575~1624, 독일의 신비주의 사상가—옮긴이)의 저작들에 대한 연구가 포함되었다. 뉴턴의 독자들은, 빛과 중력에 관한 그의 이론에서 신비주의를 걷어낼 수 있는, 지금은 과학적이라 여길 방법에 대한 이해가 그다지 깊지 않았다. 그들은 흔히 중력을 신비한 힘으로 여겼고 우주의 전기적 영혼과 관련된 것쯤으로, 그리고 하비(1578~1657, 영국의 의학자이자 생리학자—옮긴이)와 데카르트를 따라 심장에서 불타는 생명의 불과 관련된 것쯤으로 여겼다. 앙투안 라부아지에가 근대 화학의 토대를 놓기 전까지 과학자들은 흔히 몇 안 되는 기본 원소로 생명의 모든 과정을 설명할 수 있다고 생각했다. 그리고 일단 자연의 암호를 풀 열쇠를 찾았다고 믿으면 감상적 허구로 빠져들곤 했다. 조르주루이 뷔퐁의 문체가 과학자로서 그의 평판을 그르치지 않았던 데 반해, 자연이 멜론을 구획 지어 가족이 함께 나누어 먹을 수 있게 해두었다고 설명했던 베르나르댕 드 생피에르는 18세기 프랑스인들에게는 과학자였지만 이제는 오직 문학사의 한 인물로만 남았다. 후대 사람들이 허구를 읽는 지점에서 18세기 프랑스인들은 사실을 읽었다.

18세기에 과학은 신학과 서서히 분리되고 있었지만 아직 허구로부터 해방되지 못했다. 과학자들은 현미경, 망원경, 라이덴 병(Leyden jar, 전기에 관한 실험을 하기 위해 전하를 저장할 수 있도록 발명된 병―옮긴이), 화석 발굴, 해부를 통해 드러난 자료들을 이해하기 위해, 그리고 흔히는 '보기' 위해 상상력에 기대야 했다. 바위 속에서 이야기하는 소인들과 인어의 과학적 관찰을 통해 자연을 눈으로만 해독할 수 없다는 사실이 자명해졌다. 즉 당나귀 정액 속에서 당나귀의 성체를 보았다는 보고는 기계장치들이 반드시 인간의 지각을 개선시켜주는 것은 아니라는 사실을 말해준다. 프랑수아 드 플랑타드가 현미경을 통해 인간의 정자 속에서 작은 사람을 보았다고 주장하며 그린 유명한 그림이 그 세기 초반에 진지하게 논의되었다. 그 그림은 날조된 것이었지만 개체발생론 견지에서는 합리적인 것으로 보였고, 이는 모든 개인들의 형상이 난자 또는 정자 시기부터 지금과 같은 모습으로 부모 안에 있었다고 주장한 샤를 보네의 전성설前成說보다는 우스꽝스럽지 않았다. 이를 반박한 후성설은 1828년이 되어서야 비로소 증명되었고, 그때까지는 환상적 이론의 베일이 포유류의 번식 과정을 포착할 수 없도록 과학자들의 부릅뜬 시선을 덮고 있었다.

그 세기 말 한 법학사전은 4년 동안이나 남편을 본 적 없는 한 여인이 꿈속에서 남편의 아이를 임신했다고 주장한 사생아 출산 소송에 대해 어느 정도 의심의 여지를 남겨두었다. "그 부인이 에게메르Aiguemerre를 꿈에 본 것은 여름밤이었다고 한다. 창이 열려 있었고 침대는 서쪽에 놓여 있었으며 이불은 정리되지 않은 채였다고 한다. 때마침 인간 태아, 곧 떠다니는 태아의 유기적 분자를 품은 서풍이 불어와 그녀를 임신시켰다고 한다.[5] 하지만 모든 사람이 모성의 상상력에서 비롯된 힘을 부정할 수 있었던 것은 아니다. 임신을 간절히 바라는 어미의 마음속에 새겨진 이미지들이 아니고서야 무슨 수로 소의 콩팥을 가지고 아이를 만들 수 있겠는가? 린네(1707~1778, 스웨덴의 식물학자—옮긴이)마저도 자신이 현미경으로 꽃가루 입자의 사정射精을 관찰했다고 설명했으며 이후에도 자기를 띤 미세한 유체와 인간의 생리를 참고해 식물의 생장을 설명했다. 그럼에도 린네는 식물이 잠자는 모습밖에 보지 못했다. 찰스 다윈의 할아버지 이래즈머스 다윈은 식물들이 호흡하고 자의적으로 근육을 움직이고 모성의 사랑을 경험한다는 것을 발견했다. 한편 다른 과학자들은 바위가 자라고 대합조개가 싹을 틔우고 땅속에 수많은 혼종의 생명체가 감춰져 있는 것을 관찰했다. 그들은 오늘날 우리가 보는 것과 다른 세계를 봤다. 그리고 그들은 선조로부터 물려받은 정령신앙, 생기론(vitalistic, 생명현상은 물리적 요인과 자연법칙만으로는 설명할 수 없고, 그와는 원리적으로 다른 초경험적인 생명력의 운동에 의해 창조·유지·진화된다는 이론—옮긴이)과 기계론적 이론들을 모아 그들이 할 수 있는 한 최선을 다해 세계를 이해했다. 뷔퐁이 권한 대로 그들은 "정신의 눈l'oeil de l'esprit"으로 보았다. 그런데 그것은 "체계의 정신l'esprit de système"이었다.

메스머주의는 세계에 초점을 맞춘 여러 체계들 가운데 파라셀수스(1493~1541, 스위스의 의사·화학자—옮긴이) 이래 다양하게 분화한 생기론과 가장 많은 공통점을 지녔다. 사실 메스머의 적대자들은 그의 과학적 선조를 거의 직접적인 표적으로 삼았다. 그들은 메스머의 체계가 어떤 새로운 발견이나 관념들을 드러내기는커녕 파라셀수스, 판 헬몬트, 로버트 플러드, 윌리엄 맥스웰 등을 곧바로 계승했다는 것을, 곧 개인의 소우주와 유체, 인간의 자력磁力과 만물의 신비한 영향력을 담고 있는 천체 대우주의 조화로운 상태를 건강한 상태라고 설명했던 이들을 곧바로 계승했다는 사실을 보여주었다. 메스머의 이론은 다양한 종류의 유체를 지지했던 명망 있는 작가들의 우주론과도 결부되었던 것으로 보인다. 그들은 중력, 빛, 불, 전기 같은 친숙한 이름으로 그 유체들을 우주로 보내 소용돌이치게 했다. 폰 훔볼트는 달이 자기력을 행사한다고 생각했고, 메스머가 프랑스에서 수백 명을 치료하는 데 동물 자기를 사용한 바로 그 시기에 갈바니는 이탈리아에서 "동물 전기"를 실험하고 있었다. 한편 놀레 신부와 베르톨롱 등은 우주적 전기 유체에서 기적 같은 힘들을 발견했다. 일부 과학자들은 전기 충전으로 식물들이 더 빠르게 성장했다고 보고했으며 전기 뱀장어가 통풍을 치료했다고 말했다(커다란 전기 뱀장어가 든 수조에 매일 들어간 한 소년이 손발 사용에서 보이던 부전 현상을 치료받았다고 보고했다. 실험자들은 그 소년이 어떤 정신적 충격을 받았는지는 기록하지 않았다).

정교한 증명서와 함께 발표된 메스머의 치료법들은 간단하고 비밀 스러운 그의 출판물들보다 더 정교하게 그의 체계를 대변했다. 확실 히 그는 이론가는 아니었다(체계 구축을 책임진 것은 그의 프랑스인 제자들 이었다). 그는 지도도 없는 유체의 바다를 항해해 생명의 유체를 가지 고 돌아온 탐험가였다. 어떤 이들은 메스머의 치료법에서 사기극의 낌새를 알아챘지만 메스머의 도구들은 지극히 보편적이었던 라이 덴 병과 유사했고, 또한 놀레의 《실험의 기술 혹은 물리학에 관한 아 마추어들의 견해L'Art des expériences ou avis aux amateurs de la physique》 (1770)와 같이 전기에 관한 표준적인 연구에서 설명된 장치들과 유 사했다. 이들 아마추어 연구자들은 종종 메스머처럼 사람들로 만든 "사슬"을 통해 전하를 흘려보냈고 전기가 질병을 정복할 마법의 약 이라고 생각했다. 심지어 런던에서 제임스 그레이엄 박사의 다산 침 대를 사용했던 환자들이 그랬던 것처럼 그것이 생명 창조에도 도움 이 된다고 생각했다. 더욱이 프랑스 무대에서는 사기극과 전통 의학 의 결합이 너무 흔한 일이었다. 때문에 몰리에르의 숭배자들이 보기 에 메스머의 기법이 전통 의사들과 이발사-외과의들보다 덜 잔인 하고, 네 가지 액체와 동물 정령에 대한 믿음을 보장하며, 하제(下劑, 설사가 나게 하는 약—옮긴이), 뜸, 고약, 설사약, 습윤제, 발포제, 혈액 유 도제, 혈액 유도기, 부황 등 시술 도구가 전통 의사들의 것에 비해 덜 무서웠을 수도 있다.[6]

18세기 과학의 맥락에서 메스머주의가 부조리해 보이지 않았다고 주장한다 해서 뉴턴에서 라부아지에에 이르는 과학적 사고가 허구의 모음이었다고 말하려는 것은 아니다. 그러나 대중적인 차원에서 과학은 평범한 독자들을 이국적인 '세계론systèmes du monde'의 정글에 휩쓸리게 했다. 독자는 특히 생물학을 구성하는 일원론들 속에서 어떻게 허구와 진실을 구별했을까? 17세기 수리철학자와 기계론적 철학의 계승자 들은 호흡과 생식 등의 과정을 성공적으로 설명하지 못했다. 또한 19세기 낭만주의의 선임자들도 헤아릴 수 없이 많은 내적 생명력들을 활발히 고찰했지만 역시 허구와 진실을 구별하는 데는 실패했다. 기계론자와 생기론자 들은 흔히 상상의 유체로 자신들의 실패를 은폐했는데, 유체들은 보이지 않는 것인 만큼 어떤 체계에라도 맞춰 재단될 수 있었고 통찰력이 뛰어난 몇몇 관찰자들은 전반적으로 드러난 조야한 광경에 낙담했다. 보이지 않는 플로지스톤 유체를 가장 적극적으로 옹호했던 조지프 프리스틀리는 전기의 전반적인 매력에 대해 다음과 같이 말했다. "여기서 보이지 않는 작인이 수없이 많은 가시적 효과를 만들어내는 방식을 구상하는 일은 순전히 상상력의 몫이다. 작인이 보이지 않기에 모든 철학자들은 제멋대로 그것을 어떤 것이든 자신이 원하는 것으로 만든다." 라부아지에 역시 화학자들 사이에서 나타나는 이런 경향을 언급했다. "사람들이 볼 수도 느낄 수도 없는 물질로 상상의 나래를 펴지 못하도록 막는 것이 중요하다."7 계몽사상의 가장 새로운 전선을 좇는 아마추어 과학자 같은 이들의 열정에는 한 치의 주저함도 없었다. 그들은 여러 세대 동안 전기, 자기장, 중력과 함께 편안히 지내왔다. 그러나 보이지 않는 화학 기체들이 세기 후반기의 여러 위대한 발견과 함께 그들의 세계에 진입하기 시작했다. 조지프 블랙은 1755년에 "비휘발성 기체"(이산화탄소)를 발견했다고 보고했다. 그리고 다음 30년 동안 헨리 캐번디시와 조지프 프리스틀리처럼 눈에 띄는 여러 과학자들은 "가연성" 혹은 "연소되는" 기체(수소), "활성" 혹은 "탈脫플로지스톤" 기체(산소), 수세기 동안 평범한 공기 속을 떠다녔지만 아리스토텔레스와 그의 계승자들은 알지 못했던 그 밖의 여러 놀라운 것들을 발견해 동시대인들이 현기증을 일으키게 했다. 살롱에 드나드는 사람이 이 기체들을 자신의 세계관에 통합해 넣는 데 느꼈던 어려움은 1784년 4월 30일《주르날 드 파리Journal de Paris》에 실린 기사 한 편으로 가늠해볼 수 있다. 그 기사는 라부아지에의 실험 가운데 하나가 네 가지 액체설에 결정타를 가했다고 보도했다. 기사는 철학이 시작된 이래 사람들은 물이 네 가지 기본 원소 가운데 하나라는 데 동의했지만 라부아지에와 뫼스니에(1754~1793, 프랑스의 수학자·엔지니어—옮긴이)는 과학아카데미Académie des sciences에 물이 가연성 기체와 탈플로지스톤화된 기체의 혼합물이라는 점을 보여주었다고 논평했다. 그리고 "물이 실은 물이 아니라 기체라는 사실을 받아들이기 위해서는 분명 큰 대가를 치러야 한다"라며 다음과 같이 결론지었다. "이로써 원소 하나가 줄어들었다."

이런 기체들의 발견으로 잡지 구독자들은 큰 대가를 치렀다. 그런 발견은 세계를 보는 유서 깊고 합리적인 방식 하나를 포기한다는 의미였기 때문이다. 과학자들이 아리스토텔레스의 원소들을 빼기만 한 것이 아니라 자신들의 원소들, 곧 소금, 유황, 수은 그리고 파라셀수스 시대 이래로 축적해온 다른 "중요 물질들"은 물론이고 활성의 탈플로지스톤화된 기체들을 보태기도 하면서 혼란은 더 커졌다. 과학자들도 이런 혼란을 함께 겪었고 "초월적이고" "일반적이며, 철학적인 화학"을 창안할 "새로운 파라셀수스"가 필요했지만, 그들은 앞다투어 자신들이 발견한 진공을 메울 우주론에 뛰어들면서 세상 사람들을 더욱 당황스럽게 만들었다. 혼란이 가중되면서 진공상태에서 충돌하는 보이지 않는 힘들이 살롱과 아카데미에서도 충돌하며 명사들 사이에 반향을 불러일으켰다. 미지의 것들을 통제하려는 여러 아카데미의 시도가 미개한 독재라는 비난을 사는 한편, 미처 옛 것을 피할 새도 없이 새로운 과학적 공상들이 빠르게 등장했다.《주르날 드 피지크 Journal de Physique, de Chimie, D'histoire Naturelle et des Arts》는 1781년 12월에 이런 상황에 염증을 느낀 듯 "최근 몇 년 사이만큼 우주에 관해 그렇게 많은 체계, 그렇게 많은 이론이 등장한 적이 없었다"는 말로 그것들이 상호모순적이라는 점을 덧붙였다.[8]

당시 과학계의 정기간행물들을 살펴보면 대중적인 차원에서 우주론이 확산되었던 것을 알 수 있다. 어떤 사람은 생명체의 "생장력生長力"으로 생명의 비밀을 설명할 수 있다고 주장했고, 다른 누군가는 새로운 종류의 움직임 없는 천체를 알리면서 "모든 국가의 최고 지성들이 그렇게 오랫동안 찾아 헤매던 모든 과학의 열쇠"를 찾았다고 말했다. 또다른 이는 우주를 하나로 묶어주는 보이지 않는 "우주적 작인"으로 뉴턴의 진공을 채웠다. 태양으로부터의 역연소backward-combustion가 실제로 행성들을 밀어낸다는 사실을 뉴턴이 이해했다고 설명함으로써 중력이라는 "우상"을 전복시킨 이도 있었다. 누군가는 뉴턴의 에테르, 전기를 띤 "동물"판 에테르가 우리 몸 안을 흐르며 피부색을 결정한다고 주장했다. 예를 들어《라네리테레르L'Année littéraire》는 "불의 성질을 띤 핵" "우주적 유체"에 관한 경쟁 이론에 근거해 메스머주의를 공격하고 다음과 같은 생리학을 발표했다. "사람과 동물의 폐는 전기 기계로 지속적 운동을 일으켜 공기와 불을 분리한다. 불은 혈관 속으로 침투해 뇌로 향한다. 뇌는 그것을 분배하고 밀어내서 동물의 영혼으로 만든다. 동물의 영혼은 신경 속에서 순환하며 자발적이거나 비자발적인 모든 운동을 낳는다."9 이런 생각이 순전히 공상에서 비롯된 것만은 아니다. 그런 생각들은 슈탈(1660~1734, 독일의 의학자이자 화학자—옮긴이), 부르하버(1668~1734, 네덜란드의 의학자이자 화학자—옮긴이), 심지어 라부아지에의

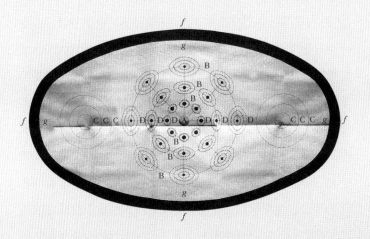

M

　　전형적인 우주도宇宙圖. 카라의 책《새로운 물리학 법칙Nou-
veaux principes de physique》(1781) 1권 끝부분에 수록되어 있다. 이 그림
에 대한 해설은 카라의 환상을 설명해주는 것으로 다음과 같다. "A. 이 우주의 중
심, 우주적 메커니즘의 거대한 추. B.B.B. 평행 지대. C.C.C. 부차적 평행 지대.
D.D.D. 수많은 별이나 태양으로 구성된 일반 체계. e.e.e. 일반 체계를 지배하는
핵의 외부(거대한 천체). f.f.f.f. 이 우주의 봉인. g.g.g.g. 주변 혼돈." 오른쪽 위편
에서 왼쪽 아래편으로 그어진 e의 사선은 식별하기 어렵다.

생각과도 연결된다.

이론의 포화는 자연스럽게 일반 독자들에게 혼란을 안겼다. 그러나 실망을 안기지는 않았다. 이 보이지 않는 힘들이 때로 기적을 행했기 때문이다. 1783년 10월 15일, 그런 기체 가운데 하나가 필라트르 드 로지에(1754~1785, 프랑스의 과학자이자 열기구 비행선 개발자—옮긴이)를 메츠의 공중으로 실어 날랐다. 사람의 첫 비행에 관한 그 소식은 과학에 대한 열광의 물결 속에서 프랑스인들의 상상력을 자극했다. 여성들은 "열기구 모자"를 썼고 아이들은 "열기구 과자"를 먹었다. 시인들은 열기구 비행에 관한 무수한 송시들을 지었다. 공학자들은 과학아카데미가 후원하는 상을 받기 위해 열기구를 만들고 조종하는 것에 관해 수십 편의 논문을 써냈다. 영웅들은 그 세기 내내 도시에서 열기구 모험에 나섰고, 이들을 환호한 사람들은 비행의 세세한 사실들까지 기록했다. 비행은 역사의 위대한 순간이었기 때문이다. 귀환한 "비행사들"은 도시 전체를 행진했다. 소년들은 말의 고삐를 잡으려고 안간힘을 썼고, 노동자들은 그들의 옷에 입을 맞췄으며, 그들의 초상화가 그에 어울리는 송시와 함께 인쇄되어 거리에서 팔려나갔다. 그들의 여행에 대한 동시대의 설명으로 판단하건대, 그 열기는 린드버그의 첫 비행과 첫 우주탐사에 견줄 만했던 것 같다. "그 순간을 묘사하기란 불가능하다. 눈물을 흘리는 여성들, 깊은 침묵 속에 하늘을 향해 손을 들어 올린 사람들, 군중 속에서 몸을 내밀어 손을 흔들며 기쁨에 넘쳐 소리치는 행인들 … 당신의 눈은 그들을 좇는다. 마치 그들이 듣기라도 하는 것처럼 당신은 그들에게 외친다. 그리고 전율의 감정이 경이의 감정으로 치닫는다. 모든 이가 '위대한 신이여, 오 아름다워라!'라는 말밖에 하지 못했다. 웅장한 군악이 연주되기 시작했고 축포가 그들의 영광을 알렸다."[10]

열기구 비행을 향한 열광은, 과학아카데미에 제출된 라부아지에의 보고서들은 결코 할 수 없는 방식으로 평범한 프랑스인들에게 과학의 중요성을 제대로 일깨웠다. 눈물을 흘리고 응원을 하고 기절하는 수천 명의 구경꾼들이 낭트에서 비행을 지켜보았다. 보르도에서 비행이 취소되었을 때는 군중이 폭동을 일으켜 두 사람이 죽고 열기구와 매표소가 파괴됐다. 《주르날 드 브뤼셀Journal de Bruxelles》은 "그들은 아무것도 보지 못한 채 하루 노동을 공친 것에 격분한 노동자들이었다"라고 설명했다. 그렇게 해서 《주르날 드 피지크》를 읽을 수 없었던 대부분의 청중에게 비행 소식이 전달되었다. 예를 들어, 일단의 농민들은 "당신들은 인간입니까? 신입니까?"라고 외치며 들판에 착륙하는 열기구에 인사했다고 한다. 그리고 프랑스 사회의 반대편 끝에서는 열기구에 열광했던 명문가 출신의 한 인물은 "고대의 신들이 구름을 타고 움직이는 것"을 보고 있다고 상상했다. "물리학의 기적으로 신화가 현실이 되었다." 과학자들은 인간을 신으로 만들었다. 자연을 제어하는 과학자들의 능력은 프랑스인들에게

EXPERIENCE AEROSTATIQUE.

Faite à Lyon en Janvier 1784. avec un Ballon de 100 pieds de diametre.

Vue prise du Pavillon méridional de S.t Antonis Spréafico, aux Brotteaux,

Un espace infini nous séparoit des Cieux :
Mais, Grace aux Montgolfier, que le génie inspire).
L'Aigle de Jupiter a perdu son Empire),
Et le faible mortel peut s'approcher des Dieux).

A Paris chez Crépy rue S.t Jacques à S.t Pierre près la rue de la parcheminerie).

M

       1784년 1월 리옹에서 열기구 하나가 이륙했다. 과학은 자연의 법칙을 이해하고 그것을 통제할 수 있는 인간 이성의 힘을 입증했다. 아래는 과학이 인간을 거의 신과 같은 존재로 만들었다는 당시 널리 퍼져 있던 믿음을 표현한 시로, 마지막 행은 다음과 같다. "죽을 수밖에 없는 유한한 자들이 신의 경지에 이를 수 있다네."

1784년 1월 리옹에서 직경 100피트의 열기구로 비행 실험이 이루어졌다. 브로토 Brotteaux의 생 앙토니오 스프레아피코St. Antonio Spréafico 남쪽 정자에서 본 광경.

무한한 우주가 천상과 우리를 갈라놓았지.
그러나 천재가 발명한 몽골피에식 열기구 덕분에
주피터의 독수리는 자신의 제국을 잃었다네.
그리고 죽을 수밖에 없는 유한한 자들이 신에 이를 수 있네.

경외감을, 거의 종교적 열광을 불러일으켰다. 그리고 그것은 파리의 과학 단체들을 넘어, 읽고 쓰는 능력의 한계를 넘어 널리 확산되었다. 문학적 주제들이 닿을 수 있는 데까지 글의 경계를 넘어 퍼져나갔다. 열기구 비행에서 영감을 얻은 인간 이성의 고귀함에 관한 수십 편의 시 가운데 한 편은 다음과 같다.

> 당신의 시험관이 공기의 무게를 달았네.
> 당신의 프리즘이 빛줄기를 갈랐네.
> 불, 땅, 물이 당신의 법 아래 놓였네.
> 당신이 자연의 모든 것을 길들였네.

과학은 인간 진보에 대한 무한한 전망을 열어놓았다. "지난 10년 동안 엄청나게 증가한 놀라운 발견들은 … 인간의 대담함으로 전기 현상들이 측정되고 원소들이 변형되었고, 공기가 분해되고 이해되었으며, 태양광선이 압축되었고, 공기가 자세히 고찰되었고, 서로 다른 여러 현상들이 우리의 앎의 영역을 놀랍게 확장시켰다. 우리가 얼마나 더 멀리 갈 수 있을지 그 누가 알겠는가?"[11]

그러므로 1780년대의 싸구려 문학에서 하나의 결론을 이끌어내는 것이 안전해 보인다. 곧 그 시대의 독자층은 과학의 힘에 도취되었고 과학자들이 우주에 이식한 실제의 힘과 가상의 힘에 놀랐다.

대중은 실재와 상상을 구별할 수 없었기에 자연의 경이를 설명한다고 약속하는 것이면 그것이 무엇이든, 어떤 유체든, 과학적인 것처럼 들리는 어떤 가설이든 거기에 집착했다. "탄성 신발" 발명에 관한 사기극은 1783년에 이런 태도들을 적나라하게 드러냈다. 12월 8일 《주르날 드 파리》는 'D'라는 어느 시계 제조공으로부터 받은 편지를 게재했다. 그가 물수제비를 토대로 새로운 원리를 발견했으며 그 원리에 따라 사람이 물 위를 걸을 수 있을 것이라는 내용의 편지였다. D는 새해 첫날 자신이 발명한 특별한 신을 신고 센 강 위를 걷겠다고 약속했다. 퐁네프 부근에서 그가 도착하는 것을 기다리려면 200루이를 지불하고 예약을 해야 했다. 일주일 만에 그 신문은 프랑스에서 가장 저명한 사람들 가운데 일부로부터 3,243리브르를 거둬들였다. 라파예트(1757~1834, 프랑스의 정치가이자 군인─옮긴이)도 거기 포함되어 있었고 가장 큰 몫을 한 사람 가운데 하나였다. 그 기획에 대한 폭발적인 열광, 예약자 명단에 오른 인상적인 이름들, 그 신문이 어떤 경고도 받지 않았다는 점 역시 같은 태도를 드러낸다. 인간은 이제 막 공중을 정복했다. 그런데 물 위를 걷는 것은 왜 안 되겠는가? 인간의 이성이 보이지 않는 힘을 통제하지 못하게 가로막을 한계가 무엇이겠는가? 12월 말 그것은 사기극으로 드러났다. 그 신문은 모금한 돈을 자선기금으로 전환했다. 2월 7일까지 그 신문은 곤경을 잘 극복했고 어둠 속에서 볼 수 있는 기술을 선전하는 한 통의

VUE DU TRAJET DE LA RIVIERE DE SEINE À PIED SEC,

au dessous du Pont neuf au moyen des *SABOTS* élastiques.

Dedié aux Souscripteurs.

Gravé d'après le Dessin du Rédacteur du Journal
de Paris Janv.r n.º 34 .

De la part de M. de Combles
Magistrat de Lyon, Inventeur.

M

   "탄성 신발" 실험을 그린 어느 화가의 작품. 대부분의 사기극이 그렇듯 이 실험도 당대의 태도를 그대로 드러낸다. 이 경우에는 과학적 진보가 인간이 무엇이든 할 수 있음을, 곧 하늘을 날 수도 있고 물 위를 걸을 수도 있으며 모든 질병을 치료할 수 있음을 뜻한다는 믿음을 드러낸다.

탄성 신발을 신고 퐁네프 아래를 발이 젖지 않은 채로 걷고 있는 광경. 예약자들에게만 공개되었다.

편지를 게재했다. 열기구의 열렬한 지지자들로 이뤄진 모임은 "야맹증 환자, 광견병 환자, 몽유자와 수맥탐지자"의 지지를 확신하며 그 기술을 후원했다.[12]

메르시에는 신종 비행 기계의 관람 예약에 대해 기록하면서 늘 그렇듯 통찰력을 발휘해 동시대인들의 정신을 묘사했다. "기적적인 것에 대한 사랑이 언제나 우리를 정복한다. 우리가 자연의 힘에 대해 아는 것이 얼마나 적은지 절감하며 자연의 힘을 발견할 수 있도록 우리를 이끄는 것이면 무엇이든 환영한다." 그는 과학에 대한 파리 시민들의 열정이 문자에 대한 그들의 오랜 관심을 능가한다는 것을 알았다. 파리의 유행을 예리하게 포착했던 또다른 평론가 마이스터 역시 같은 말을 했다. "어느 모임이든, 어느 저녁 식사 자리든, 심지어 사랑스러운 여인들의 파우더룸에서조차 우리는 아카데미에서 하듯이 실험, 대기, 가연성 기체, 비행 마차, 공중 비행에 관해서만 이야기한다." 파리 시민들은 신문에 광고된 과학 관련 대중 강연에 몰려들었고 필라트르 드 로지에, 콩도르세, 쿠르 드 게블랭, 라블랑셰리가 설립한 과학 리세움과 박물관에 앞다퉈 등록했다. 성인 교육강좌에 활력을 불어넣은 열의는 지방 출신의 한 신사가 고향 친구에게 파리의 최신 유행에 관해 적어 보낸 한 통의 편지에 잘 나와 있다(부록2 참조). 강연의 기조는 라블랑셰리박물관이 출판한 잡지의 한 기사로 가늠할 수 있다. "과학에 대한 편애가 우리 사이에서 퍼져나가기 시작한 이래 우리는 물리학, 자연사, 화학에 연이어 골몰하는 대중을 목격했다. 대중은 그것들의 진보에 관심을 보이는 데 그치지 않고 실제로 그런 것들의 연구에 몰두하는 모습을 보였다. 대중은 그런 주제들을 가르치는 강연에 떼 지어 몰려들고, 앞다퉈 관련 서적들을 읽으며 그런 주제들을 떠올리게 하는 것은 무엇이든 열렬히 환영한다. 부잣집치고 이런 유용한 과학에 적합한 도구를 갖추지 않은 집이 거의 없다."[13]

아마추어 과학자들의 열의는 1780년대 정기간행물들에서 폭넓게 나타났고 조지프 프리스틀리 같은 헌신적인 실험가들의 마음을 뜨겁게 했다. 그는 전기를 증명하는 실험이 크게 유행하고 있다는 것을 알고 나서는 순전히 오락을 위해 고안한 자가 실험에 관해 수십 권의 책을 출간하며 그런 유행을 부추겼다. 프리스틀리만큼 두드러지지는 않았지만 그에 필적하는 프랑스인 놀레 신부는 메스머의 유체와 상당히 유사한 전기 이론에 정통한 인물로 아마추어들을 위한 지침서 몇 권을 집필했다. 그리고《주르날 드 피지크》같은 출판물들은 아마추어 과학자인 폭넓은 독자층을 겨냥해 유사한 작품들의 서평을 게재했다. 유황과 전기를 가지고 실험놀이를 했던 아마추어들은 1784년 5월 11일 장차 지롱드파 지도자가 될 카라가《주르날 드 파리》에 발표한 것과 유사한 어떤 것을 발견하게 되기를 바라기도 했다. 신문들은 독자들에게서 온 그런 기사들을 낚아챘다. "특히 요즘같이 사람들이 어떤 발견과 연결된 모든 것을 열렬히 추구하는 때."《주르날 드 브뤼셀》는 이렇게 표현했다. 그런 언급을 증명이라도 하듯 그 신문은 파리의 카보Caveau 카페 단골들에 따르면 출혈을 멎게 한다는 "지혈수"의 발견 같은 흥미진진한 내용을 다룬 기사들을 게재했다. 경쟁자보다 뛰어나지는 않았지만《쿠리에 드 레우로프》는 빵과 아편의 혼합물로 모든 질병을 치료한다고 주장한 파리 시민에 관한 기사를 싣기도 했다. 그것은 그들의 조리 기구들에 어쩌면 독성이 있을지도 모른다는 경고를 받은《주르날 드 피지크》의 독자들에게 희망을 주는 처방전이었다. 편집자에게 도착한 편지로 미뤄보건대 이 정기간행물 독자들은 과학이 무엇이든 할 수 있다고 믿었던 모양이다. 마르세유의 오두아르라는 사람은 자체 동력으로 영원히 곡식을 갈 수 있는 영구 작동 기계의 발명을《쿠리에 드 레우로프》에 알렸다. 그리고 침대에 오줌 싼 사실을《주르날 드 파리》에 고백한 일곱 살 소년은 정기적으로 전기 충격을 받으라는 조언을 받았다. 진부한 문인 타입의 한 사람은《라네 리테레르》에 "과학을 향한 이런 광증狂症이" 너무 멀리까지 나갔다고 불평했다. "사람들이 문학에 대해서는 무관심에 가까운 열의 없는 존경심을 보이는 것이 고작이지만 과학은 … 보편적인 열광을 불러일으킨다. 물리학, 화학, 자연사는 열광의 대상이 되었다."14

아마추어 과학이 다른 것은 몰라도 즐거움을 준 것은 확실하다.

조제프 피네티 같은 과학자 겸 마술사들은 전국을 순회하며 "재미있는 물리학과 오락에 가까운 여러 실험들"을 시연했다. 캠펠렌이라는 이름의 어떤 사람은 1784년 여름 자신의 경이로운 과학적 성과물인 장기 두는 로봇을 전시해 파리 시민들을 즐겁게 해주었다. 미칼 신부의 "말하는 머리"는 과학아카데미의 진지한 조사를 이끌어냈고, 말레 뒤 팡이 그 연설을 창안하는 새로운 과학에 관한 환희에 찬 편지를 《메르퀴르Mercure》에 보내게 했으며, 과학 전반의 "천 가지 기적"과 "초자연적인 것으로 간주된 실험에 대한 파리 시민들의 전반적인 열광"을 이끌어냈다. 자신을 "교수이자 흥미로운 물리학의 시범자"라고 소개한 앙리 데크랑은 결국 마술사들의 지침서가 된 일련의 대중 과학서들을 통해 이런 태도를 집약적으로 보여주었다. 그는 모자 속에서 튀어나오는 춤추는 달걀과 기계적으로 노래하는 새 같은 수십 가지 기술을 "간단한 물리학이나 수학 문제"로 다루었고, 프리스틀리와 라부아지에가 했던 것과 마찬가지로 당대의 과학적 유행을 분석했다. "가시적이고 충격적인 현상들이 감지할 수도 없고 알 수도 없는 원인에 따른 것일 때 언제나 기적으로 기울던 사람들이 이제 그런 효과들을 자연스레 화학적 원인에 귀속시킨다." 과학의 기적에 대한 대중의 믿음은 1784년 1월 1일 테아트르 드 랑비귀 코미크Théâtre de l'Ambigu-Comique에서 공연된 〈물리학자의 사랑L'Amour physicien〉 같은 연극에서, 그리고 그해 말 테아트르 데 바리에테 아뮈장트Théâtre des Variétés-Amusantes에서 시작된 연극 〈열기구 혹은 물리학 중독자Le ballon ou la Physico-manie〉에서도 드러났다. 심지어 《공중 비행자의 진기한 모험Aventures singulières d'un voyageur aërien》《가난한 내 아저씨의 귀향, 혹은 그의 달 여행기Le retour de mon pauvre oncle, ou relation de son voyage dans la lune》《아기 대나무, 너무나 경이로운 이야기Baby-Bambou, histoire archimerveilleuse》《달세계의 소식Nouvelles du monde lunaire》 같은 공상 과학 소설들에서도 드러났다. 필라트르 드 로지에가 바람만 순조롭다면 열기구를 타고 이틀 만에 칼레에서 보스턴까지 갈 수 있다고 떠벌린 탓에 그런 허구가 지나친 과장으로 보이지 않았을 수도 있다. 대중 과학은 연애편지로 이어지기도 했다. 적어도 링게의 애첩은 그랬다. 그녀는 링게에게 가벼운 시를 보내지 말아달라고 요청했다. "내가 시를 좋아하는 것은 그것이 조금이나마 물리학이나 형이상학의 외양을 걸쳤기 때문이에요." 비슷한 생각을 지닌 미래의 지롱드파 지도자 바르바루는 오직 시만이 전기에 관한 실험의 흥분을 표현할 수 있음을 깨달았다.

> 오 섬세한 불길, 세계의 영혼이여,
>
> 자비로운 전기여,
>
> 그대는 공기를, 지상을, 바다를 채우리라,
>
> 하늘과 그 광대함을 채우리라.[15]

그 시대의 정신이었다. 당시 과학아카데미 총재였던 콩도르세는 인간의 진보에 관한 자신의 시각을 확립하는 데 필요한 자양분을 바로 이런 정신에서 얻었다. 신중한《주르날 드 파리》에서부터《비밀 수기 신문bulletins à la main》에 이르기까지 출판물들을 가득 채웠던 실험 보고서들, 자질구레한 기계장치들, 과학 논쟁들은 대중 과학이 19세기와 20세기 미국이 아니라 혁명 이전 프랑스에서 황금기를 맞았다고 말하는 듯하다.

1780년대에 과학에 대한 대중의 열광이 너무 강렬해서 과학과 사이비 과학의 구분선은 거의 지워진 듯했다(19세기까지 그 구분선이 명확했던 적은 없다). 돌팔이와 사기꾼 들에 대해 분명히 선을 그으려 했던 정부와 식자층은 메스머를 비난했지만 푸아르 생제르맹Foire Saint-Germain 출신으로 보드빌(vaudeville, 춤과 노래 따위를 곁들인 가볍고 풍자적인 통속극─옮긴이) 배우였던 드뢰에게는 찬사를 보냈다. 그는 메스머와 마찬가지로 일반 유체이론을 제시했고 셀르스탱 수도원Couvent des Celestins에서 환자를 위한 자가 치료법을 확립한 인물이다. 장치와 이론을 이용한 속임수는 탄성 신발 같은 몇 가지 기획에 대한 믿음을 부추겼다. 예를 들어 보티노라는 인물은 안개 속에서 배를 알아보는 기술을 개발했고, 블레통이라는 도피니Dauphiny 출신 농부는 1781년에서 1782년 사이에 수맥 탐지 실험의 눈부신 묘기로 3만 명에 이르는 사람들을 즐겁게 해주었다.《쿠리에 드 레우로프》는 드

라 토파나르디에르라는 이가 지하에서 숨을 쉬며 다닐 수 있는 방법을 발견했다는 것(그는 1784년 1월 1일 아비뇽 다리 아래에 굴을 파고 들어가기로 약속했다)이 분명한 사기임을 알아챘지만, 칠레에서 괴물(인간의 얼굴에 사자의 갈기, 뱀의 비늘, 황소의 뿔, 박쥐의 날개, 두 개의 꼬리를 지닌)을 포획한 일은 "신세계와 구세계 과학자들에게 … 멋진 기회"라며 환영했다. 괴물을 새긴 판화들이 파리에 나돌았고 한 주 동안 "모든 대화의" 주제가 되었으며 이에 자극받은 《쿠리에 드 레우로프》는 그것이 하피와 세이렌에 관한 고대 우화의 진실을 증명한다고 진지하게 생각했다. 성적 발생에 관한 고찰에서 난자론자, 극미동물설 주장자, 전성설 주장자, 배종발달설 주장자들이 앞서거니 뒤서거니 하던 시절, 레스티프 드 라 브레톤과 미라보가 프리드리히 2세가 수간으로 켄타우로스와 사티로스를 낳았다고 확신하던 시절, 자크 피에르 브리소가 "모든 이가 송아지 아이와 늑대 아이에 대한 이야기를 들었다"[16]고 말하며 수간으로 인종이 파괴되는 것을 두려워하던 시절에 《쿠리에 드 레우로프》의 이런 의견은 부조리한 것이 아니었다.

"모든 사람이" 터무니없는 기계장치에 관해 들었으며 이는 그럴듯한 기계장치의 발명이라는 측면에서 과학에 대한 무한한 신뢰를 보여주었다. 《주르날 드 브뤼셀》는 물밑으로 이동하는 "잠수hydros-tatergatic" 기계의 발명을 칭송했지만 프로방스에서 한 남자가 날기위해 캔버스를 사용해 만든 날개와 꼬리에 대해서는 의문을 제기했

Description de ce Monstre unique se saisissant de sa Proye.

Ce Monstre à été trouvé au Royaume de Santa Fé en Pérou, dans la Province du Chily, dans la Lac de Fagua, qui est dans les terres du Procque Rocha. Il se noit la nuit pour dévorer les Cochons, les Vaches & les Taureaux des environs. Sa longueur est de onze pieds, ce face est à peu près celle d'un homme, sa bouche est aussi large que sa face, elle est garnie de dents de deux pouces de longueur, il a deux cornes de sa peau de loup, qui ressemblant à celle d'un Taureau, les oreilles ont 5 pouces et sont semblables à celles d'un âne. Il a deux ailes celles des Chauves-souris, ses cuisses et ses jambes ont 10 pouces de long et sont couples d'Aigle, deux pieds flexibles et garnis d'écailles qui lui sert à saisir sa proye et l'autre qui se termine en flèche lui sert à tuer, tout son corps est couvert d'écailles. On l'amène à été pris par un quantité. D'autres qui sa soient tendre des pièges dans lesquels il tombe, il fut entouré; il s'était repondu vivant au Vice-Roi, qui parmet à le recevoir avec un Bœuf ou Vache ou un Taureau qu'on lui donne par jour avec 5 ou 6 Cochons dans lequel il est très friand. Cette si farabull en temps qu'une très grande quantité de bétail pour le nourrir pendant la traversée, qui est de 5 à 6 mois au moins, pour faire courir le cerf de terre, le Vice-Roi a envoyé des ordres en toute. En vue à ce faire pour qui en est l'attention de pouvoir au bouche de ce monstre unique, on le faisant marcher par étape jusqu'au Golfe de Honduras, où il sera embarqué pour la Marine, de là aux Bermudes, de là aux Acores, en l'amène le l'on en qu'on à Cadix, et de Cadix en l'amène à petites journées à la Famille Royale. On compte prendre la famille pour rien pour laisser perdre l'espece en Europe, elle pourront être telle les Marzise qui en regarde jusqu'à cette fabuleux.

M

        남아메리카에서 붙잡혔다고 믿었던 괴물. 이 그림만이 아니라 비슷한 그림들이 파리의 거리 곳곳에서 판매되었다. 일부 신문들은 이 괴물에 대한 기사를 진지하게 다루었다. 유성생식과 이종교배에 관한 18세기 이론의 관점에서 보면 이는 그리 터무니없는 것도 아니었다.

먹이를 잡고 있는 독특한 모습의 괴물. 페루 산타페 왕국, 칠레의 시골 지역, 프로스페르 보스턴 땅에 자리한 파구아 호수에서 발견되었다. 괴물은 그 지역의 돼지, 암소, 황소를 잡아먹기 위해 밤사이 출몰했다. 길이는 11피트이며 얼굴 모양은 대체로 사람과 같고 입이 얼굴만큼 넓으며 2인치 길이의 이빨을 가지고 있다. 황소의 것과 비슷한 24인치 길이의 뿔이 있으며 머리칼은 땅에 닿을 정도다. 당나귀처럼 4인치 크기의 위를 가졌다. 박쥐와 같은 모양의 두 날개를 지녔으며 허벅지와 다리는 25인치, 발톱의 길이는 8인치다. 꼬리가 둘인데 하나는 아주 유연하고 여러 개의 고리가 있어 먹이를 잡는 데 도움이 된다. 다른 하나는 끝이 뾰족해서 먹이를 죽이는 데 쓰인다. 몸 전체는 비늘로 덮여 있다. 덫에 걸렸을 때 여러 사람이 달려들어 붙잡았으며 산 채로 총독에게 그물째 가져갔다. 총독은 수송아지, 암소, 혹은 황소를 먹이로 주는 데 성공했고 매일 돼지 서너 마리씩을 주었는데 이는 일부에 불과했다. 케이프 혼을 지나는데 최소 5~6개월이 걸리기 때문에 가는 동안 먹을 식량으로 엄청난 수의 양 떼를 실어야 했다. 총독은 괴물이 아바나로 향하기 위해 출항하게 될 온두라스 만까지 단계적으로 행진해가는 동안 지나게 될 모든 지역에 이 독특한 괴물에게 필요한 것을 공급하라고 명령했다. 아바나에서 버뮤다까지, 아조레스 제도까지 간 다음 3주 안에 카디스에 상륙할 것이다. 또 카디스에서 다시 왕가로 향하는 짧은 여행을 하게 될 것이다. 이 종이 유럽에서 멸종하지 않으려면 암컷도 잡는 것이 바람직하다. 이것은 지금껏 전설에만 등장했던 하피인 듯하다.

다. "이 실험들은 터무니없는 이런저런 기획들을 열거하면서 하루라도 믿지 않고는 지내기 어려울 정도로 마음 약한 사람들의 머릿속을 파고들었다." A.J. 르노는 당시 분위기를 잘 이용해 투자설명서를 만들어 파리에 배포했다. 2만 4000리브르의 기부금과 에콜 밀레테르(Ecole Militaire, 사관학교)에서 묵게 해주면 기체나 연기 없이 하늘을 날고, 무거운 물건을 들어올리고, 물을 끌어올리고, 곡식을 빻고, 강을 여행할 수 있는 기계를 개발해주겠다는 것이었다. 더욱이 그는 주택 냉난방, 난파선 구조, 엄청난 속도의 원거리 통신, 다른 행성에 있는 사물을 마치 지구상에 있는 것처럼 선명하게 볼 수 있는 새로운 기술을 개발하겠다고 약속했다.[7]

사이비 과학은 이어서 파리 시민들을 신비주의 영토로 데려갔다. 신비주의는 중세 이래 과학과 경계를 맞대고 있었다. 칼리오스트로는 메르시에가 파리에서 찾아낸 많은 연금술사들 가운데 가장 유명한 사람이었다. 거리의 행상인들은 "유명한 연금술사" 생제르맹 백작의 판화를 팔았고 서점 주인들은 클로드 슈발리에가 쓴 《동물, 식물, 광물 세 가지 원칙 혹은 철학의 성소를 열어줄 열쇠의 영향에 관한 철학 논문 Discours philosophiques sur les trois principes animal, végétal & minéral; ou la suite de la clef qui ouvre les portes du sanctuaire philosophique》 같은 연금술 책들을 비치했다. 정식 의사를 찾아갈 수 없었던 가난한 사람들은 늘 그렇듯이 지하 의료계의 돌팔이 의사와 신앙 치료사의 값싼 치료법들을 이용했고 어쩌면 그들에게서 더 나은 치료를 받았다. 《메르퀴르》는 "엄격히 금지되었음에도 온갖 종류의 비법들이 매일 퍼져나갔다"라고 전했다. 그런 치료법들은 아마도 늘 존재해왔겠지만 1784년 7월 《주르날 드 브뤼셀》의 파리 통신원은 그 시대에 "기적, 예지, 점성술 등 오래된 온갖 부조리들을 열광적으로 선동하는 연금술, 카발라(Kabbalah, 유대교의 신비주의 교파―옮긴이), 신지학의 철학자들"이 유별나게 많다고 이야기했다. 당대의 정기간행물들에서 사람들은 거울로 기적을 행했던 레옹 르 쥐프, 철학자의 돌을 지녔던 뤼에, 걸인 치료사 라브르 드 다메트, 성 위베르, 마귀 알라엘, 무아노 가의 예언자, 시조 가의 신앙 치료사, 신비한 기호와 손길로 치료했던 촉진자(觸診子, toucheur), 17세기 케넬름 딕비 경이 발명한 만병통치의 "공명가루" 조달업자, 그리고 땅속을 볼 수 있는 어린아이 같은 인물들, 그 밖에 신원을 정확히 알 수 없는 여러 사람들을 흔히 볼 수 있었다. 진지한 과학자들조차 《주르날 데 사방:Journal des Sçavans》과 《주르날 드 피지크》에 말하는 개와 보기만 해도 총알보다 빠른 속도로 죽일 수 있는 바실리스크 도마뱀 같은 기적들에 관한 기사를 실었다. 순결하지 않은 여성이 목욕을 하면 말라버리는 샘물이 있다고 주장하는 것은 불멸을 가져다주고 모든 병을 치료하는 마법의 약에 관한 신화와 함께 연금술의 유산이 그저 난센스로만 치부될 수 없던 시절의 상식을 증명하는 일이었다. 연금술사, 주술

EXPLICATION.

Les deux Ballons, pleins d'air inflammable, ouvent une direction déterminée, tandis que le troisième dépourvu de son Gaz, et soutenu par l'immense surface qu'il présente à l'air, se dirige à l'aide de son gouvernail vers un lieu propre: les deux Voyageurs qui planent en l'air avec des habits Aérostatiques et des Manivelles en mains, ont quitté ce Bâtiment, amené par le Voyageur qui est à terre; celui ci a son habit retroussé et ses Manivelles près de lui, tous ont des Sisophandres, pour les faciliter à voguer sur l'eau: une Boussole, qui est sur le devant de ces Sisophandres, a pour objet de guider les Voyageurs, lors que les Brouillards ou l'éloignement leurs empêcheront de voir la terre: l'espèce de Lanterne, qui est en haut des Ballons, doit contenir un homme pour faciliter la manœuvre des voiles.

Nil tam difficile est, quin quærendo investigari possiet. *Terent. in Heaut.*

Paris chez M. Fessard, Rue André vieux Maison de M. Berger Sculpteur du Roi, au Bout aux Choux.

A. P. D. R.

M

비행 기계의 전형적인 설계. 이 그림은 대중 과학에 대한 열광적인 반응에서 나타났던 그럴듯한 기계의 발견이라는 양상을 보여준다. 아울러 공중 비행에 대한 근대적 판타지의 기원을 보여준다. 비행선을 떠난 "비행사"가 "비행복"을 사용해 착륙하고 있다. 비행복은 물속을 항해하는 데도 도움을 줄 수 있다.

가연성 기체를 가득 채운 두 열기구가 정해진 방향으로 날아간다. 한편 가스가 떨어져 공기 중에 드러난 거대한 표면으로 지탱하고 있는 셋째 열기구는 방향타를 사용해 적당한 장소로 향하고 있다. 공기역학적인 옷을 입고 손에는 "마니볼(manivole, 날개장갑)"을 낀 채 공중에 떠 있는 두 비행사는 열기구에서 나와 곧 땅에 착륙한다. 비행복을 걷어올린 채 "마니볼"을 옆에 놓아두었다. 그들은 모두 수면 위를 미끄러지기 위해 구명조끼를 입었다. 구명조끼 앞에 달린 나침반은 비행자들이 안개와 먼 거리 때문에 땅을 볼 수 없을 때 그들을 안내하기 위한 것이다. 또 열기구 꼭대기에 있는 까마귀 둥지 같은 것은 운항을 도울 사람을 태우기 위한 것이다.

사, 점쟁이 들이 파리 시민들의 삶에 너무 깊이 자리하고 있어서 경찰은 비밀 정보를 염탐하고 제공하는 데에 그들이 성직자들보다 훨씬 낫다고 생각했다. 생마르탱, 윌레르모, 라바터 같은 정직한 영성주의자들 역시 활약했다. 메스머주의 저작들에 그들이 언급되었고 그들 스스로 메스머의 치료법을 시행하기도 했다. 영성주의는 괴테와 그의 소설 속 주인공 파우스트 같은 과학자들의 노력을 보완하며 초기 과학자들이 그저 겉으로 보이는 무게와 부피만 측정하는 데 그쳤던 물질의 정수에 있는 생명력을 통찰했다. 메스머주의는 영성주의 과학의 하나로 보였다. 사실 일부 메스머주의자들은 메스머주의를 얀선주의Jansenism에 내재한 신비주의적 경향의 근대적이고 과학적인 한 형태로 묘사했다. 경련자들은 메스머적 위기(경련)를 체험했다. 그리고 "생메다르의 묘지는 메스머주의의 통이었다." 한때 진지한 얀선주의자였으며 정부에 대한 파리 고등법원의 저항을 주도했던 장 자크 뒤발 데프레메스닐은 그의 메스머주의 치료술을 칼리오스트로, 생마르탱, 제임스 그레이엄 박사의 지원과 결합시켰다.[18]

그렇게 해서 메스머주의는 스펙트럼의 중간 부근, 곧 과학이 사이비 과학과 신비주의로 변해가는 스펙트럼의 중간 부근에 자리를 잡은 듯했다. 1788년, 혁명 전 파리 여론의 추이를 대부분 반영했던 《파리의 풍경Tableau de Paris》의 저자 메르시에는 메스머주의를 뛰어넘어 세상이 보이지 않는 유령들로 가득 차 있다고 주장하는 "새로운 분파"에 대한 믿음으로 눈을 돌렸다. 그는 "우리는 알 수 없는 세계에 있다"라고 설명했다. 그 시절에 그런 믿음들은 기이한 것이 아니었으며 오히려 유행의 최첨단이었다. 예를 들어 연극 〈일루미나티Les illuminés〉는 "유행을 아는 청년이자 일루미나티un jeune homme à la mode et illuminé"인 클레앙트를 등장시켰다. 세련된 살롱에서 논쟁을 주도했던 클레앙트는 유령과 소통하고 메스머주의를 옹호하기 위해 "우리의 생각이 한쪽 끝에서 다른 쪽 끝으로 파고들게 하는 감상적 언어"를 사용했다. "그보다 더 빛나는 것은 없다. 그것은 진정한 우주 체계이며 모든 것을 움직이는 동인이다." 파리의 클레앙트들은 그런 낭만적 감정의 표출이 비과학적이라고 여기지 않았다. 그들은 그것이 과학과 신비주의의 올바른 양식, 혹은 자신들이 "고등과학haute science"이라고 부르는 것이라 느꼈다. 메스머 추종자들 가운데 신비주의적 성향이 가장 컸던 이들조차 그들이 당대의 과학적 진보를 부정한다는 주장을 일축했다. 《원시 세계Le Monde Primitif》의 저자로서 크게 존경받았던 쿠르 드 게블랭은 메스머주의와 "초자연적 과학"을 최신 과학 발견의 자연스러운 산물이라고 했다. 그의 동료이자 메스머주의자였던 한 사람은 "어디서나 물리학이 마법의 자리를 차지한다"며 기뻐했다. "과학 위에 마법이 있다. 과학의 결과가 아니라 완성으로서 마법이 과학에 뒤따르기 때문이다." 메스머의 생각과 그의 생각을 공격했던 학자들의 훌륭한 공상 사이에 존재하는

LE PETIT-MAITRE PHYSICIEN

Sur Terre je suis excédé,   *Je fuis dans l'Air, c'est décidé,*
Et de dettes et de caresses.   *Adieu Créanciers et Maitresses.*

A Paris chez Esnauts Rapilly ...

M

유행에 따라 멋을 낸 아마추어 과학자를 풍자한 그림. 이 "물리학자"는 열기구 옷을 입고 멀리 날아가는 것으로 빚쟁이와 연인에게서 도망칠 계획을 세운다.

멋쟁이 청년 물리학자.
맙소사 난 망했어.
빚과 쾌락에 빠진 탓이지.
하늘을 날아 도망칠 테야.
안녕, 빚쟁이들이여, 연인이여.

유사성은 이런 주장을 강화시켰다. 메스머주의를 비난한 왕립위원회 보고서를 작성한 J. S. 바이는, 메스머주의 팸플릿이 언급했듯 과학 이론들이 당황스러울 정도로 메스머의 이론과 비슷하며, 독자들이 위원회의 또다른 회원 라부아지에의 칼로릭에 관한 설명과 메스머 유체에 관한 설명을 혼동할지도 모른다고 주장했다. 요컨대 메스머주의는 혁명 이전 10년 동안 과학과 "고등과학"에 대한 관심을 충족시키기에 적합한 것이었으며 계몽사상의 정신에도 모순되지 않았다. 메스머주의와 어느 정도 유사성이 있는 작품을 쓴 동시대 메스머주의 저자 명단은 다음과 같다. 로크, 베이컨, 벨, 라이프니츠, 흄, 뉴턴, 데카르트, 라메트리, 보네, 디드로, 모페르튀, 로비네, 엘베티우스, 콩디악, 루소, 뷔퐁, 마라, 베르톨롱. 첫 단계에서 메스머주의는 이성에 대한 계몽사상의 극단적 믿음을 표출했다. 그것은 계몽사상의 거친 경향으로 차후에 낭만주의 형태의 반대편 극단으로 치닫게 될 운동을 촉발할 터였다. 메스머주의는 이 낭만주의 운동에서도 한몫을 했고 두 극단이 만나는 지점을 보여주었다. 그러나 1780년대 중반 메스머주의는 아직 이 지점에 이르지 못했다. 그리고 한 현자는 이를 명쾌하게 보여주었다.

전에는 몰리니즘 추종자
이어서 얀선주의자

그다음엔 백과전서파

그리고 그다음엔 경제 이론가

지금은 메스머주의자 …![19]

메스머주의는 글을 아는 프랑스인들에게 아주 잘 맞아서 전국신
분회를 소집한 1788년 7월 5일 칙령이 있기 전 10년 동안 다른 어떤
화제나 유행보다 많은 관심을 불러모았고 정치적 팸플릿 작성의 무
한 경쟁을 촉발했다. 이런 관심을 정확히 측정하기는 어렵지만 변화
는 확실했으며 1779년부터 1784년까지 꾸준히 증가하다가 1785년
감소했다. 동시대의 기사들은 라 아르프의 말처럼 하나같이 메스
머주의가 "프랑스 전역을 휩쓴 전염병"처럼 번져갔다고 지적한다.
1783년과 1784년 사이 메스머주의가 크게 유행하던 시절에 《비밀
회고록Mémoires secrets》과 《주르날 드 파리》에서 메스머주의는 다른
어느 주제보다 많은 지면을 차지했다. 1785년 《알마나 데 뮈제》에
는 메스머주의에 관한 (대체로 적대적인) 시들이 가득했다. 서적 판매
상이던 아르디는 자신의 일기에 메스머주의의 "광기"가 열기구 비
행에 대한 열광마저 뛰어넘었다고 적었다. 《비밀 회고록》은 "남성,
여성, 아이들 모두 끌려들었다. 모두가 메스머 유체로 치료를 받는
다"라고 말했다. 마이스터는 다음과 같이 결론지었다. "모든 이가 메
스머주의에 사로잡혀 있다. 사람들은 그 기적에 놀라고, 설사 그 힘

을 의심할지라도 … 적어도 감히 그 존재를 부인할 사람은 더이상 없다." 《쿠리에 데 레우로프》는 "파리에서 오가는 모든 대화에서 가장 중요한 주제는 여전히 동물 자기론이다"라고 말했다. 《주르날 드 브뤼셀》은 다음과 같이 보도했다. "우리는 오직 동물 자기론에만 관심이 있다."[20] 메스머주의는 학회에서, 살롱에서, 카페에서 토론거리가 되었다. 경찰의 조사 대상이 되었고, 왕비의 후원을 받으며 어떤 때는 무대 위의 조롱거리가 되었고, 대중가요에서, 서툴게 쓴 시에서, 풍자화에서 희화화되었으며, 프리메이슨 같은 비밀결사체들의 연결망 안에서 실행되었고, 봇물처럼 쏟아진 팸플릿과 서적 들에 의해 대중화되었다. 심지어 빈에서 전성기를 구가하던 메스머의 친구 볼프강 아마데우스 모차르트가 작곡한 〈코지 판 투테Cosi fan tutte〉에도 메스머주의가 등장했다.

프랑스혁명 전야에 메스머주의에 대한 엄청난 관심은 이 시기 글을 아는 프랑스인들의 정신세계를 엿볼 수 있는 단서를 제공한다. 전국신분회가 소집되기 전 10년 동안 팸플릿 문학에서 토지세 같은 중요한 쟁점들에 관한 세련된 정치적 관념이나 분석은 거의 찾아볼 수 없었다. 프랑스의 팸플릿 작가들은 첫 번째 명사회(the Assembly of Notables, 프랑스 구체제 아래서 국왕이 소집한 귀족·법관·성직자 대표로 이뤄진 자문기관—옮긴이)와 함께 찾아왔던 6개월의 정치적 위기보다 메스머주의에 관해 최소 두 배 이상 많은 글을 쏟아냈다. 혁명을 예견하지 못했던 프랑스인들은 정치 이론에는 관심이 없었다. 그들은 메스머주의와 그 밖의 비정치적인 다른 유행들을 화제로 삼았다. 사실 칠레의 괴물이나 비행 기계, 과학의 놀랍고 보이지 않는 힘들이 그들에게 제공하는 여러 기적이 그들의 머릿속을 채우고 있는데, 무엇 때문에 《사회계약론》같이 어렵고 당찮아 보이는 추상적인 관념들과 씨름하며 괴로워하겠는가? 사실 검열 당국은 프랑스 유일의 일간지 《주르날 드 파리》 같은 출판물들에서 정치에 관한 진지한 논의를 금지했다. 또한 로베스피에르 등은 기실 1789년 이전에 《사회계약론》을 심각하게 받아들이지 않았다. 미국독립혁명은 로크의 추상적 관념들을 현실화했다. 아카데미 프랑세즈는 1781년 농노제 폐지라는 뜨거운 주제를 경연 주제로 제시하기도 했다. 모든 것들 가운데 가장 뜨거운 화제이자 논쟁을 촉발하고 열정을 불러일으킨 주제이며, 당대 언론인들의 눈에 "뉴스 가치"가 있는 것으로 비친 항목들은 메스머주의, 열기구 비행, 그 밖에 대중 과학의 경이로운 사실들이었다. 검열관과 경찰관의 손길에서 자유롭게 널리 읽히던 《비밀수기 신문》은 '다이아몬드 목걸이 사건' 같은 커다란 추문이나 친림법정(lits de justice, 비상 시 국왕이 고등법원에 임석하여 자신의 권위를 과시하던 제도—옮긴이) 같은 눈에 띄는 행사가 아니고서는 정치에 큰 관심을 보이지 않았다. 정치는 베르사유 같은 동떨어진 세계에서 파리의 대신이던 브레퇴유 남작의 음모나 재무총감이던 샤를 알렉상드르 드

M

1785년 6월 15일 영불해협을 횡단하던 도중 열기구가 화염에 휩싸여 죽음을 맞은 필라트르 드 로지에. 그는 바람만 순조롭다면 이틀 안에 대서양을 건널 수 있다고 떠벌렸다. 이 참사로 열기구 비행의 인기에 제동이 걸렸다. 열기구 비행이 절정에 다다랐던 시절에는 과학이 전쟁에 끼치는 영향 같은 쟁점들이 제기된 적도 있었지만 이제 사람들은 바람이 순조롭지 않을 때 열기구를 어떻게 조종할 것인가 같은 좀더 사소한 문제에 매달려 허우적댔다.

칼론의 음모처럼 분명치 않은 분파들을 둘러싼 모호한 음모의 형태로 일어났고, 이런 음모들은 1787~1788년 사이에 혁명 전 위기가 나타나기 전까지 프랑스인 대부분의 삶과 거의 무관했다. 글을 아는 대중의 눈에 1785년 6월 15일 영국해협을 횡단 비행하던 중 열기구가 불길에 휩싸여 죽음을 맞은 열기구 영웅 필라트르 드 로지에와 비교해 외무대신 베르젠의 죽음 같은 중요한 정치적 사건들은 과연 무엇이었을까? 장 폴 마라에게 팸플릿 쓰기의 본능을 일깨운 것은 명사회가 아니라 필라트르의 죽음이었다. 마라는 "그(필라트르)는 내 목소리에 귀 기울이지 않았고, 그래서 나는 마치 내가 카산드라라도 되는 것처럼 황야에서 울부짖었다"라고 말했다. 마라의 팸플릿은 젊은이들에게 정치가 아닌 물리학을 연구할 것을, 특히 마라의 《불에 관한 물리학적 연구Recherches physiques sur le feu》(1780)를 공부할 것을 주장했다. 그리고 그보다 2년 앞서 로베스피에르는 피뢰침과 과학 일반을 공개적으로 옹호하고 나서면서 대중의 시선 속으로 첫발을 크게 내디뎠다. 설명이 장황해질 수도 있지만 그 점은 강조할 만한 가치가 있다. 누구도—실상 1780년대 프랑스인들 이후로 아무도—메스머주의와 그 밖의 대중 과학을 진지하게 받아들인 적이 없기 때문이다. 그들은 우리와 전혀 다른 세계에서 사물을 바라보았기에 우리는 그들의 세계를 거의 파악할 수가 없다. 우리 자신의 우주론이 19세기와 20세기 과학자와 철학자 들에게 알게 모르게 동화된

탓에 우리의 시야가 가려졌기 때문이다.[21]

그러므로 1789년 이전에 마라와 같은 급진주의자들이 빛, 열, 열기구 비행에 관한 기상천외한 논문들에 골몰하는 것을 발견한다고 해도 놀랄 일이 아니다. 혹은 라파예트, 아드리앙 뒤포르, 자크피에르 브리소, 장 루이 카라, 니콜라 베르가스, 롤랑, 뒤발 데프레메스닐 같은 미래의 중요한 혁명 지도자 몇 사람이 메스머의 열렬한 지지자들 속에 포함된 것을 발견하더라도 놀랄 필요가 없다. 다음과 같은 점들을 고려한다면 이 사람들의 정신세계를 이해하는 데 도움이 될 것이다. 혁명 전야에 그들이 유령이나 멀리 떨어진 행성과 교신하고 서로 장거리 통신을 했다는 점, 개인의 얼굴 모양으로 성격을 분석했다는 점, 어둠 속에서 볼 수 있다거나 수맥을 탐지할 수 있다는 괴짜들의 주장을 지지했다는 점, 잠자는 동안 자신의 내면을 파악하고, 병이 났을 때 자신이 언제 어떻게 회복하게 될지 처방하는 등의 특별한 일을 행했다는 점…. 그들의 사상은—일시적이고 모호하며 때때로 두 세기의 시간을 샅샅이 살펴보고 있는 이들이 감지하지 못한—계몽사상의 정점을 이루었던 일단의 여러 견해들 사이에서 표류했다. 어렵기는 하지만 멀리 떨어진 정신의 우주를 관찰하는 일은 혁명 전야의 급진주의에 대한 이해를 증진시킬 것이다. 급진 사상이 대중 독자들에게 여과되어 전달될 수 있었던 것은 루소가 자주 인용되었기 때문이 아니라 그사이 동시대인들의 관심에 핵심적인 요소가 되었기 때문이다. 그러므로 누군가는 급진 운동들이 어떻게 글을 아는 프랑스인들의 정신 속으로 파고들었는지 알기 위해 1780년대 가장 큰 유행이었던 메스머주의로 향할 것이다.

2 · 메스머주의 운동 ·

널리 쟁점이 된 앙시앵 레짐의 대의명분들이 전형적으로 겪었던 극적인 우여곡절의 과정을 메스머주의 운동 역시 겪어야 했다. 창조주와 다름없는 그 운동의 창시자는 주로 니콜라 베르가스 같은 제자들을 통해 말을 했고, 베르가스는 창시자에게 충실할 것을 설파했으며 창시자의 이름으로 편지를 쓰고 팸플릿을 발행했다. 메스머의 진짜 목소리는 역사에 묻혀버렸다. 칼리스트로의 웅얼거림이 더 명료하게 들렸을 만큼 알아듣기 어려운 독일어 억양으로 전달된 그의 목소리는 그의 동시대인들조차 이해할 수 없는 것이었다. 사람들은 그가 사기꾼인지 아닌지 판단할 수 있을 만큼 그에게 가까이 다가설 수도 없었다. 그가 사기꾼이었다면 그는 동료 사기꾼들을 보잘것없이 만들었던 게 분명하다. 모차르트의 친구이자 후원자로 파리에서 일급의 유명인사였던 메스머는 자신의 시대에 영향력을 행사했고 그 시대는 "최면에 걸린" 청중이나 "자석 같은 흡인력을 지닌" 인품 등의 표현으로 의상과 의례 뒤에 숨은 그의 힘을, 우리가 제대로 파악한 바로 그 힘을 증명한다.[1]

메스머는 1734년 독일 콘스탄츠 부근 이츠낭 마을에서 태어났다. 이후 오스트리아의 빈대학교에서 의학을 공부하고 개업의로 활동했다. 빈 의과대학은 1766년에 그가 제출한 박사학위 논문《행성이 인간의 신체에 끼치는 영향De planetarum influxu in corpus humanum》을 승인했다. 그 논문은 점성술과 뉴턴 사상이 혼합된 것이었다. 1773년 메스머는 예수회 소속의 천문학과 교수와 함께 '자기치료소magnetic clinic'를 운영했고, 나중에 슈바벤 출신의 신앙 치료사의 영향을 받아 자석 없이도 자성을 띤 유체로 질병을 치료할 수 있다는 사실을 발견했다. "광물" 자기磁氣에 대비되는 "동물" 자기 시술이 의료계의 반발을 산 이후, 그는 18세기 유럽에서 경이로운 것들의 메카였던 파리로 떠날 결심을 한다.

1778년 2월 메스머는 파리에 도착했고 고위층 인사들을 소개받았다. 방돔 광장에 위치한 집에 그의 첫 통이 설치됐다. 그의 위엄 있는 태도와 장비, 그리고 초기 치료법 덕분에 순식간에 그에 대한 관심이 커지자 메스머는 과학아카데미에 초청되어 자신의 이론을 개괄해 설명했다. 학자들은 그를 무시했지만 그는 또다른 기지를 발휘했다. 자신이 모아온 일단의 환자들과 함께, 그는 크레테유 부근 마을로 물러갔고 자신의 치료법이 진실임을 입증해줄 것을 아카데미에 요청했다. 아카데미가 그의 제안을 무시하자 메스머는 왕립의학회에 조사를 요청했다. 그러나 그는 환자들을 치료하는 문제를 두고 학회에서 파견된 위원들과 마찰을 빚었고 이후 학회는 그와 관계를 끊었다. 그러자 메스머는 파리대학교 의과대학 교수회에 손을 뻗었다. 메스머에게 전향한 첫 번째 주요 인물은 샤를 데슬롱이었다. 그는 의사회 교수이자 다르투아 백작의 주치의로서 저녁 만찬 자리에서 열두 명의 의사회 교수들에게 메스머를 소개했다. 그러나 의사들은 메스머의 게르만식 형이상학을 진지하게 받아들이려 하지 않았고 메스머의 첫 프랑스어 출판물인《동물 자기에 관한 회고록Mémoire sur le magnétisme animal》을 받으려 하지도 않았다. 메스머의 치료법을 조사한 의사회 회원 세 사람이 그것을 자연치유법으로 분류했기 때문이다.

점점 더 많은 수의 메스머주의 팸플릿들이 발표되고 알려지면서 이 치료법은 그 어느 때보다 많은 관심을 끌었고, 영향력 있는 일부 인사들을 포함해 메스머에게 전향하는 사람들의 수가 꾸준히 증가했다. 유행을 좇는 아마추어 과학자들 사이에서 메스머가 거둔 성공에 전문가들은 긴장했다. 1779년부터 전문가들은 팸플릿과《주르날 드 메드신Journal de Médecine》《가제트 드 상테Gazette de Santé》

Mille jaloux aspects en vain t'ont voulu nuire,
Mesmer, par tes soins généreux,
Nos maux ont disparus, l'humanité respire.
Poursuis tes destins glorieux ;
Quoique la jalousie en gronde ;
Qu'il est beau, qu'il est grand d'avoir des envieux,
En faisant le bonheur du monde.

M

메스머의 초상. 메스머에 관해 쓴 다음과 같은 시도 있었다.

질투심에 사로잡힌 수많은 영혼들이 헛되이 해를 입히려 하지만,
메스머, 당신의 자비로운 보살핌으로
우리의 병은 사라지고, 인류는 숨을 돌린다.
당신의 영광스러운 운명을 따르라.
질투심에 사로잡혀 불평하는 이도 있으리라.
그러나 얼마나 아름다운 일인가.
세상을 행복하게 하느라 질투심을 일으키는 것이라면.

에 게재한 신랄한 기사로 그를 공격하기 시작했다. 메스머주의자들은 스승의 인도를 받아 같은 방식으로 응수했다. 메스머는 자신의 저서《동물 자기 관련 사실들의 정확한 역사Précis historique des faits relatifs au magnétisme animal》(1781)에서 상처받은 순수함과 기성 과학계에 대한 적대감을 드러내는데, 이는 메스머주의 저술의 특징이 되었다. '팸플릿 전쟁'의 폭력성과 규모는 커졌고 의사회는 데슬롱을 제명함으로써 이단을 근절하기로 했다. 그러나 데슬롱의 제명은 훨씬 더 큰 논쟁을 불러왔다. 대부분의 의사회들이 다 그렇듯이 파리 의사회도 내부 도전자들의 공격을 받았기 때문이다. 서른 명의 젊은 의사들이 새로운 의술의 열렬한 지지자임을 선언했고 데슬롱은 추첨으로 뽑은 환자 스물네 명의 치료를 놓고 메스머와 시합을 해보자며 늙은 파수꾼들을 향해 대담하게 도전장을 던졌다. 의사회의 보수적인 다수 구성원들은 메스머를 지지하고 나선 서른 명의 젊은 의사들에게 정통 의학에 충실할 것을 선서하든지 아니면 제명을 선택하라고 선포하며 반격에 나섰다. 두 명의 의사가 데슬롱을 따라 민간 의술의 좀더 자유로운 영역으로 옮겨갔고, 의사회의 "지극히 독단적인 의견"에 맞서는 선언문을 발표했다. 1781년 9월부터 1784년 9월 사이에 전개된 데슬롱의 제명, 의사회의 극적인 모임, 타협, 법적 조치로 이어진 복잡한 과정은 메스머주의자들에게 순교자 한 사람을 안겨주었다. 그러나 데슬롱이 메스머와도 집안 싸움을 벌였고, 결국

1786년 8월 데슬롱이 메스머 유체의 시술을 받던 중 죽음을 맞은 사실 때문에 순교의 효과는 퇴색했다. 메스머의 건강도 염려스러운 상태였다. 그는 프랑스 학계의 관료주의 때문에 입은 상처들을 온천수로 달래겠다고 선언했다. 사실 그는 배은망덕한 프랑스인들을 영원히 질병에 걸린 상태에 놓아두고자 했다. 그러나 세귀르 백작 같은 궁정 메스머주의자들의 영향을 받은 마리 앙투아네트가 개입해 자신의 백성들을 구원하려 했다. 그녀는 1781년 3월과 4월 모르파와 다른 정부 신료들을 시켜 메스머와 협상하게 했다. 그들은 정부에서 파견된 세 "제자"의 감시를 받는 조건으로 메스머에게 2만 리브르의 종신연금과 더불어 병원 설립을 위한 연 1만 리브르의 추가 연금을 제안했다. 난항 끝에 메스머는 왕비에게 드리는 대중의 편지라는 과장된 몸짓으로 그 제안을 거절했다. 그는 마리 앙투아네트에게 "내 원리의 준엄함"을 가르침으로써 파리 시민들에게 충격을 주었다. 그는 제자에게 평가받기를 거부했다. 왕비의 제안은 뇌물의 냄새를 풍기는 데다 충분히 후하지도 않았다. 그는 이제 시골의 장원을 요구했다. 왕비마마에게 "40~50만 프랑 정도"가 뭐 그리 대수롭겠는가?[2]

그럼에도 메스머가 우주조화학회와 관계를 유지하며 프랑스에 계속 머문 것은 돈 때문이었다. 이 단체는 리옹의 부유한 상인 가문 출신으로 철학자이자 법률가이며 심기증 환자였던 니콜라 베르가스와

LE DOIGT MAGIQUE
OU LE MAGNÉTISME ANIMAL
Simius Semper Simius

M

　　주머니가 볼록해지도록 돈을 가득 채운 매스머주의자 사기꾼이
더할 수 없이 아름다운 미녀를 몽유 상태에 빠뜨린다. 메스머 유체 시술은 일종의
성적 마법이라는 믿음이 만연했고 왕립위원회의 비밀 보고서는 이 치료법이 도
덕에 위협이 된다는 점을 국왕에게 경고하기도 했다.

그의 가장 친한 친구인 스트라스부르 출신의 부유한 은행가 기욤 코른만이 설립했다. 베르가스와 코른만은 1781년 봄 매월 10루이의 통상적인 요금을 내고 메스머의 통을 이용했다. 1782년 메스머주의 운동에서 제명된 데슬롱이 파리에 자신의 진료소를 열었을 때 두 사람은 스승 메스머를 중심으로 재결집했다. 데슬롱은 1783년 말 10주 동안 옛 둥지로 돌아왔지만, 메스머가 이론의 궁극적 비밀을 밝히려 하지 않자 다시 떠났다. 이후 베르가스는 미래의 분리주의자들로부터 메스머를 보호하고, 회원 한 사람당 100루이의 입회비를 받아 그의 첫 12사제회를 하나의 단체로 결성해 메스머의 재정적 필요를 충당하기로 했다. 힘겨운 협상 끝에 메스머는 그 단체에 자신의 비밀을 알려주기로 합의했다. 그리고 그 단체는 (베르가스가 보관한 합의서에 따르면) 메스머에게 2,400루이를 지불하는 대가로 인류의 이익을 위해 그 비밀을 자유롭게 공개할 수 있었다. 메스머가 사기꾼이든 아니든 그 이론의 대부분을 그가 만들었다는 것만은 분명했다. 1785년 6월에 이르러 메스머는 코케롱 가의 쿠아니 호텔Hôtel de Coigny에서 호화로운 생활을 누렸다. 그는 우아한 마차를 타고 파리 주변을 돌며, 우주조화학회 회계 담당자에 따르면 34만 3764리브르를 모금했다. 학회 역시 번성했다. 1789년 파리어머니모임 회원이 430명에 이르렀고, 스트라스부르, 리옹, 보르도, 몽펠리에, 낭트, 바욘, 그르노블, 디종, 마르세유, 카스트르, 두에, 님 그리고 최소 10여 곳의 다른 도시에도 지부가 설치됐다.

대중의 관심이 커진 것은 사회의 성장에 상응한다. 메스머주의가 치료는 몰라도 즐거움을 주는 힘이 있다는 데는 논란의 여지가 없었기 때문이다. 변절한 메스머 추종자들은 1784년 2월과 3월 《주르날 드 파리》에 갈라르 드 몽주아가 투고한 것과 같은 편지들을 통해 대중들에게 메스머 이론의 비밀을 엿볼 매력적인 기회를 제공하곤 했다. 이름난 화학자였던 베르톨레는 메스머의 치료법을 은밀히 조사했고 그것이 상상력의 결과라고 선언해 파문을 일으켰다. 그리고 《쿠리에 드 레우로프》는 그들이 유황을 사용했다고 폭로했다. 그러나 그런 폭로는 대중의 열광을 증폭시켰을 뿐이다. 메스머의 마법적 힘에 관해 메스머의 설명을 직접 들을 정도의 경제적 여유가 없는 이들은 적어도 거리에서 팔리는 가짜 통과 그림들 속에서 메스머의 장비와 기술을 배울 수 있었다. 만약 프랑스국립도서관에 소장된 풍자화들이 1780년대의 관심을 고스란히 대변하는 것이라면, 파리 시민들의 관심은 온통 메스머주의, 열기구 비행, 영웅주의와 인도주의의 위업들에 쏠려 있었던 게 확실하다. 이런 그림들의 외설적 특징은 그런 흥미로운 주제에 대해 상상력을 펼치는 데 도움을 주었다. 위기의 방에서는 무슨 일이 벌어졌을까? 왜 통상 남성들이 여성들에게 메스머 유체를 시술했을까? 왜 유독 심기증 환자였을까? 대중 가요와 마구잡이로 쓴 시들은 다음과 같은 후렴구들로 그런 관심을 부추겼다.

　　사기꾼 메스머,

　　또다른 협잡꾼들과 함께

　　많은 여인들을 치료하네.

　　그는 여인들의 고개를 돌려놓네.

　　그들을 어루만지네. 어딘지는 나도 모르지.

　　미친 짓이야,

　　정말 미친 짓이야,

　　나는 결코 믿지 않아.

　　또는

　　남녀노소

　　모두 그 의사를 사랑하네.

　　그리고 모두가 그를 믿네.

　　작은 벽보에 담겨 회자되는 형태로 가장 널리 재생산된 엉터리 시의 핵심 문구는 다음과 같다.

어떤 이가 상식을 벗어나

어리석은 주장을 계속 고집한다면,

그에게 이렇게 말해도 되겠지.

자기론 … 동물 자기론을 믿게나.

추문과 새소식의 집결지인 '카보 카페'의 단골들은 같은 시를 메스머주의를 지지하는 내용으로 변형시켜 전파했다. 위의 시는 다음과 같이 끝맺는다. "자기 … 동물 자기를 멀리하게." 더 평범한 싸구려 글쟁이들은 《증기 철학, 혹은 아름다운 여인의 편지La philosophie des vapeurs, ou correspondance d'une jolie femme》《메스머주의 도덕가Le moraliste mesmérien》 같은 팸플릿으로 상상력에 불을 지폈다. 후자는 다음과 같이 끝맺는다. "요컨대 뉴턴이 우주 관련 이론을 위해 했던 일을 동물 자기론의 저명한 작가는 사랑을 위해 했다네."[3]

메스머주의 운동은 카페나 살롱에서 회자되다가 결국 《비밀 회고록》에 기록된 별난 사건들에 관한 보도를 바탕으로 번성했다. 예를 들어 1784년 12월 한 젊은이가 왕을 알현하는 자리에 뛰어들어서는 왕의 발치에 엎드려 "저를 마귀 들리게 한 자는 바로 악당 메스머"이니 "저를 홀린 악마"로부터 구해달라고 애원했다. 메스머를 가장 적극적으로 지지했던 사람 가운데 하나인 에르비에 신부는 보르도에서 경련을 일으킨 한 교구민의 감각을 되살리기 위해 설교를 중단하

LES EFFETS DU MAGNETISME —— ANIMAL.

Se vend chez Paris M.ᵉ d'Estampes Sur le Boulevard du Temple vis-à-vis le Caffé d'Alexandre.

M

　　유행하던 엉터리 시의 후렴구에서 주제를 취한 풍자화. 이 그림은
메스머와 추종자들을 개로 표현해 동물 자기의 동물성을 강조한다. 개와 같은 메
스머의 몸짓은 음악으로 강조되어 난장판을 만든다. 벽에는 메스머주의 장비의
판매와 반메스머주의 연극 〈현대 의사들〉을 광고하는 벽보가 붙어 있다.

고 그에게 메스머 요법을 실시했다. 그 "기적"은 일대 파란을 일으켰다. 도시는 에르비에를 성인으로 추앙하는 사람들과 마법사로 여기는 사람들로 양분되었고 이 때문에 그는 설교를 금지당했다. 그 뒤 에르비에는 보르도 고등법원의 후원을 받아 복직했다.[4]

훨씬 더 극적인 것은 샤스트네 드 퓌세귀르 형제들이 최면 유도법을 (재)발견했다는 사실이다. 그들은 뷔장시의 영지에서 메스머 유체의 시술을 받은 양치기 소년이 그들의 명령에 따라 선 채로 잠에 빠지고, 일어서서 걷거나 대화하는 것을 발견했다. 그들은 이 "메스머식 몽유 상태"와 함께 가장 특별한 효과를 내는 법을 알게 되었다. 메스머 요법을 시행해 죽은 것이 분명한 개를 되살려냈고, 메스머 유체를 처치한 나무 둘레에 여러 농민들을 묶고 최면을 유도했다. 메스머 요법을 시행하는 동안 몽유 상태에 있는 사람은 자신의 내면을 볼 수 있고 질병을 진단할 수 있으며 회복 날짜를 예측할 수 있고 죽었거나 멀리 있는 사람과 교신할 수 있다는 사실을 발견했다. 1784년 가을 퓌세귀르 후작은 바욘에서 지방 관리들의 열정적인 후원을 받아 엄청난 규모로 메스머 요법을 시행했다. 그의 업적에 관한 이야기는 직접적인 메스머 요법을 시행한 치료 기록과 함께 전국에 회자되었다.[5]

세심하게 기록되고 때로 공증까지 거친 수백 가지 치료법이 공표되면서 많은 프랑스인은 종래의 의사들이 사용하는 하제나 출혈 요법에 대한 믿음을 잃어갔다. 지역의 젊은 신사 몽로지에 백작은 아마도 메스머주의로 전향한 전형적인 인물이었던 것 같다. 그는 계몽사상가들의 작품에 열중하고 크게 유행하던 자유사상의 견해들을 받아들이고 과학 연구에 매진함으로써 어린 시절 자신의 교육을 이끌었던 아우구스티누스회 수도사들의 조야한 종교적 태도에 반발했다. 신문과 편지는 메스머를 향한 열광적 반응에 관한 소식을 오베르뉴의 그의 영지로 실어 날랐다. 몽로지에 백작은 그곳에서 다양한 자연과학 실험을 진행하느라 분주했다. 데슬롱의 제자 한 사람이 인근에 도착해 2년 동안이나 병으로 고생하던 한 여성을 치료하자, 몽로지에는 메스머 유체의 시술을 시도해보기로 결심했다. 즉각 성공을 거둔 데 고무된 그는 시골을 돌며 농민들과 귀부인들을 치료했고 한동안 무신론에 대해 품었던 관심을 거두었다. 그는 더 깊이 있고 만족스러운 종류의 과학을 발견했다. 그 과학은 그가 철학에 공감하는 것을 방해하지 않으면서 동시에 그의 종교적 욕구에도 어느 정도 여지를 남겼다. 《백과전서》에 필요한 "새로운 파라셀수스", 디드로 그리고 디드로의 달랑베르(1717~1783, 프랑스의 수학자이자 물리학자·철학자로 디드로와 함께 《백과전서》를 편찬했다—옮긴이)가 품었던 꿈들을 자극하는 낭만적이고 활력 넘치는 자연과학이었다. 몽로지에는 메스머주의가 "세상의 얼굴을 바꿔놓을 것"만 같았다. 그리고 이런 열광은 1830년에도 여전히 강하게 불타올랐다. "그 어떤 사건도, 심지어 혁명조차 내게 메스머주의만큼 생생한 통찰을 주지 못했다."[6]

　메스머주의가 그 지지자들의 내적인 삶을 어떻게 지배했는지는 세르방의 편지를 통해 확인할 수 있다. 세르방은 법철학자이자 루소주의자이며 볼테르, 달랑베르, 엘베시우스, 뷔퐁과 편지를 주고받는 사이였다. 세르방은 맹목적으로 신비주의에 뛰어들지는 않았다. 오히려 그는 관찰 가능한 사실에 집착했고 로크와 콩디악이 형이상학자들을 상대로 거둔 승리의 근거를 강력히 고수해야 한다고 강조했다. 그럼에도 과학적 진보에 대한 그의 열광은 경험의 경계를 훨씬 뛰어넘는 것이었다. 열기구 비행에 놀란 그는 메스머주의를 받아들이지 않는 친구에게 다음과 같이 썼다. "전기에 관해서라면, 내게는 나를 매일 즐겁게 해주는 전기기계가 있다네. 그런데 그 기계는 나를 놀라게 하는 일이 더 많다네. 메스머주의 효과도 그 기계만큼 나를 놀라게 한 적은 없었지. 내게 우주적 유체의 존재를 확인시켜주는 것이 있다면, 수없이 많은 그 다양한 현상의 변화에 작용하는 유일무이한 작인의 존재를 확신시킨 것이 있다면, 그것은 바로 내 전기기계일 걸세. 그 기계는 내게 메스머의 언어로 자연에 관해 말한다네. 나는 황홀감에 젖어 그 이야기를 듣는다네." 세르방의 전기기계는 헨리 애덤스의 발전기처럼 그를 과학적 명상에서 종교적 명상으로 옮겨가게 했다. 그는 계속해서 다음과 같이 말했다. "결국 가장 원대한 사상에서 그렇듯이 가장 섬세한 감정에서도 여러 개의 파이

프를 갖춘 꽤 멋진 오르간이 아니라면 과연 우리가 무엇이겠는가? 그런데 그 오르간의 송풍부는 데카르트의 송과체(松果體, 뇌의 내부 기관으로 데카르트가 '정신의 자리'라고 여긴 곳—옮긴이)에도, ○○[이름을 알아볼 수 없다]의 골수 물질에도, 일부 몽상가들이 생각했던 횡격막에도 존재하지 않았으며 앞으로도 거기 있지 않을 것이다. 그것은 오직 온 우주를 움직이는 바로 그 원리 안에 있다. 자유의지를 지닌 인간은 오직 자연 전체의 운율에 맞춰 걷고, 온 자연은 단일한 명분의 운율에 맞춰 움직인다. 그렇다면 그 명분은 진정한 우주적 유체, 자연의 모든 것 속에 파고든 그 유체가 아니고 무엇이겠는가?"7

진지한 사상가들은 설사 이런 결론에서는 물러섰을지 모르지만 메스머주의를 진지하게 고려해야 한다고 느꼈을 것이다. 메스머주의의 폭넓은 유행과 그 주창자들이 보여준 설득력 때문에 사람들은 메스머주의의 과학적이고 종교적인 원칙들을 진지하게 고려할 수밖에 없었다. 콩도르세는 계몽사상의 수많은 태도들을 대표하던 인물로서 메스머주의를 거부했지만, 자신의 거부를 정당화할 필요가 있다고 느꼈고 그 이유를 글로 썼다. 콩도르세는 메스머가 의사와 물리학자 들을 포함한 몇몇 탁월한 인물들을 전향시킨 사실에 주목했다. 더욱이 그들은 "특이한 사실들"을 선호했던 저명인사들이었다. 그렇다면 떠들썩하게 충성을 요구하는 체계들 속에서 허구와 사실을 어떻게 구별할 수 있었을까? 이는 18세기 철학자들을 괴롭혔던 질문이고 이에 대해 콩도르세는 만족할 만한 답을 얻지 못했다. "특이한 사실과 관련해서 믿을 수 있는 유일한 증인은 그에 대해 판단할 능력이 있는 사람들이다." 그런데 증언이 상충할 때 과연 누구를 적절한 판관이자 목격자로 생각해야 할까? 콩도르세는 그것은 "인간의 이성으로는 어려운 일임"을 인정하며 그저 "평판 좋은" 사람이라고 결론지었다. 메스머주의자들의 답이 된다는 것은 어려운 정도가 아니라 터무니없는 일이었다. 프랑스를 떠들썩하게 하는 체계의 정당성이 그에 대해 유리하게 말하는 사람의 명망으로 판단되는 것이라면, 학계와 살롱의 마법적 경계 밖에서 살아남을 사상은 없을 것이기 때문이다.[8]

그러므로 메스머주의는 지나가는 유행 이상의 어떤 것을 표상했다. 심지어 그것은 얀선주의의 세속적 부활로 여겨졌을 수도 있다 (마이스터는 세르방의 메스머주의 관련 저술을 파스칼의 《시골 친구에게 쓴 편지Les Provinciales》에 견주었다). 메스머주의는 동시대인들의 태도의 핵심을 파고들어 과학과 종교가 만나는 모호하고 사변적인 영역에서 권위가 필요하다는 점을 드러냈다. 개인의 편지와 일기라는 사적인 영역에서 그것은 양심의 문제로 나타난다. 곧 사려 깊은 사람의 여러 신념들이 불완전하게 배합된 모습으로 나타난다. 그 문제를 대중 앞으로 가져간 논쟁적인 문헌에서 보면 그것은 권위에 대한 도전─교회 내 에르비에 신부의 윗사람들만이 아니라 기성 과학계와 정부에 대

Le Magnétisme dévoilé

왕립위원회의 보고서와 벤저민 프랭클린이 휘두르는 지팡이에 메스머주의자들이 혼비백산한다. 그들은 부서진 "통"을 남겨둔 채 사기로 갈취한 것들을 들고 달아난다.

한 도전—으로 비친다. 1784년 봄, 《주르날 드 브뤼셀》이 "조만간 메스머주의가 유일한 의학이 되는 것"은 아닌지 염려하자, 정부는 그것이 통제를 벗어나고 있음을—특히 우리 모두가 알고 있듯이 메스머주의자들이 그들의 사이비 과학 담론 속에 급진 정치사상을 섞어 넣고 있다는 파리 경찰의 비밀 보고서가 제출되었기 때문에—걱정하기 시작했다.9 《비밀 회고록》은 1784년 4월 24일자에서 메스머주의를 조사하기 위한—메스머와 그의 추종자들이 믿었던 대로 프랑스의 가장 특권적이고 편견에 찬 과학자들이 메스머주의에 일격을 가하고 이를 분쇄하기 위한—왕립위원회의 임명을 보도하며 다음과 같이 말했다. "생메다르의 묘지도 메스머주의보다 더 많은 사람들을 끌어들이지 못했으며 그보다 더 이상한 것들을 만들지도 않았다. 메스머주의는 마침내 정부의 시선을 끌었다."

그야말로 특권적이었던 위원회는 기요탱을 포함한 의사회에 소속된 네 사람의 뛰어난 의사, 그리고 바이와 라부아지에와 저명한 벤저민 프랭클린을 포함한 과학아카데미 회원 다섯 사람으로 구성되었다. 정부는 또 의사회와 경쟁 관계인 왕립의학회 회원 다섯 명으로 구성된 또다른 위원회를 구성했는데, 그들은 자체 조사 보고서에서 메스머주의를 비난했다. 가장 큰 관심을 받은 것은 첫 번째 위원회였다. 메스머가 데슬롱의 동물 자기론을 인정하지 않는다는 내용을 담아 프랭클린에게 보낸 공개 서한에도 불구하고 위원들은 데슬롱의 이론 강의를 청취하고 환자가 경련과 수면 상태에 이르는 것을 지켜보며 몇 주를 보냈다. 이어서 그들은 메스머의 치료법을 직접 체험했지만 아무런 효과를 느끼지 못했고, 데슬롱의 병원이라는 자극적인 환경 밖에서 그 유체의 작용을 시험해보기로 결정했다. 그들은 문을 통해 메스머 유체를 시술받고 있다는 거짓 이야기만으로 한 여성 환자가 "위기"에 빠지는 것을 발견했다. 또다른 "예민한" 환자는 다섯 그루의 나무로 차례차례 인도되었다. 파시에 있는 프랭클린의 정원에서 데슬롱은 그 나무들 가운데 한 그루에 메스머 유체를 처치했다. 그런데 환자는 엉뚱한 나무 둥치에서 기절했다. 라부아지에의 집에서는 데슬롱의 한 환자 앞에 보통의 물이 담긴 네 개의 컵을 놓아두었다. 환자는 넷째 컵의 물을 마시고 경련을 일으켰고 메스머 유체로 처치한 다섯째 컵에 담긴 물은 보통의 물이라고 생각해 차분히 삼켰다. 그런 일련의 실험들은 명백하고 합리적인 방식으로 보고되었고 위원회의 결론을 뒷받침했다. 메스머의 유체는 존재하지 않으며 경련과 그 밖의 다른 메스머 요법의 효과들은 메스머주의자들의 지나친 상상력의 결과일 가능성이 있었다.[10]

그 보고서는 메스머주의자들을 들끓게 했고 그들의 명분, 곧 그들이 본 대로 하자면, 이기적인 학자 집단에 맞서 인류애의 명분을 지키려는 글들이 봇물을 이루었다. 같은 주장을 담은 팸플릿들도 줄을 이었다. 위원들은 메스머가 실천했던 정통 학설에 대한 조사를 거부함으로써 편견을 드러냈다. 상상력만으로 메스머 유체 시술의 비상한 효과들을 만들어낼 수는 없었다. 조사위원들은 유체의 힘을 입증하는 가장 중요한 증거, 곧 메스머 요법으로 행한 수백 건의 치료 사례들을 외면했다. 그리고 어찌되었든 어떤 것도 기존 의학의 치명적인 특성보다 더 확실할 수는 없었다. 이 팸플릿들은 오늘날 읽기에는 따분한 것들이지만 그 양만으로도 1784년에 보고서가 불러일으킨 열광적 반응을 증명한다.[11]

《주르날 드 파리》가 1784년 11월 27일 코메디 이탈리엔에서 있었던 〈현대 의사들Les Docteurs Modernes〉 개막 공연을 보도한 기사에서 언급한 대로 "우리에게 그토록 확실한 영향을 끼치는 저 무기" 곧 반메스머주의 운동의 조롱이 메스머주의의 열정에 더욱 불을 지폈다. 그 연극은 데슬롱(의사), 메스머(카산드라, 뻔뻔한 사기꾼. "내가 부유한 의사가 된다면/어디서나 나를 가난한 의사라고/선언하는 것쯤 아무렇지도 않다."), 그리고 그들의 추종자들을 풍자했다. 코러스가 메스머의 통 주위에 "사슬"을 이룬 채 마지막 악장을 노래하며 추종자 무리를 연기했다. 〈현대 의사들〉은 21회의 공연을 이어가며 이러한 화제들로 엄청난 성공을 거두었다. 이 연극은 끝없는 추문거리를 제공했고 라 아르프 같은 문학계 거장들의 논문과 메스머주의자들의 신랄한 반격을 낳았다. 반격을 주도한 것은 장 자크 데프레메스닐로, 그는 장차 정부를 겨냥한 파리 고등법원의 공격을 주도할 인물이었다. 데프레메스닐은 그 연극의 첫날 공연이 진행되는 동안 3층 특별 관람석에서 관객들을 향해 그 연극은 중상 비방이라고 비난하는 내용의 팸플릿을 살포했다. 그는 고등법원, 경찰 그리고 국왕이 직접 나서서 그런 도발을 진압하게 하려 했지만 성공하지 못했다. 그래서 그는 메스머주의에 대한 자신의 신념을 밝힌 또다른 선언문을 인쇄해 다른 회차의 공연에 참석한 청중들에게 배포했다. "치안 판사지만 메스머의 제자라는 내 개인적 입장 때문에 법적으로 그를 직접 도울 수 없다. 나는 적어도 인류애의 이름으로 그의 인격에, 그가 발견한 것에 빚진 바 있고, 그래서 이 자리를 빌려 그에 대한 내 찬사와 감사를 대중 앞에 증언한다."

또다른 메스머주의자는 자신의 하인에게 소란을 피우게 해 공연을 무산시키려고까지 했다. 그러나 그의 하인들은 동시 공연이 있다는 것을 미처 알지 못하고 엉뚱한 공연장에 가서 소란을 피웠다. 연극의 조롱과 반메스머주의 팸플릿과 시들이 메스머주의 운동의 추진력을 가로막지는 못했다. 토머스 제퍼슨—확고한 합리주의로 메스머주의를 "미국에서라면 법의 고발을 받을" 자연에 대한 "심각한 훼손"으로 여겼다—은 1785년 2월 5일자 일기에 간단히 "동물 자기는 케케묵은 것이며 우스꽝스러운 것"이라 적었다.[12]

메스머주의는 제퍼슨이 생각하는 것보다 훨씬 더 질긴 생명력을 지녔다. 프랑스혁명 때까지 강력하게 지속되었기 때문이다. 1785년 이후 팸플릿 수는 감소했지만 파리의 두 극단은 1786년 〈현대 의사들〉의 모방작─〈의사La physicienne〉〈온 세상에 맞서는 의사Le médecin malgré tout le monde〉─을 만들기에 충분할 만큼 메스머주의에 화제성이 있다고 여겼다. 1784년 12월 11일 《주르날 드 브뤼셀》은 메스머 이론의 회복에 관해 보도했다. "가장 신랄한 조롱의 말에도 불구하고 촌사람들은 메스머의 이론을 진지하게 받아들인다. 정말로 열성적인 실천자들이 있는 곳도 그런 곳이다." 지방의 메스머주의 진료소들에서 쏟아져나오는 치료에 관한 설명들로 미뤄보건대, 1786년부터 1789년 사이 그 운동에 가장 중요한 추진력을 제공한 것은 지방이었다. 예를 들어 1785년 카스트르 주재 왕립의학회의 한 통신원은 그 도시에서 가장 이성적인 사람조차 메스머주의에 관해서만 이야기한다고 썼다. 그리고 1786년 3월 24일자 《비밀 회고록》에 수록된 브장송에서 온 편지에는 다음과 같은 내용이 적혀 있다. "당신은 이 도시에서 메스머주의가 얼마나 급속히 성장했는지 믿지 못할 것입니다. 모든 사람이 메스머주의에 관여합니다."

1785년에 메스머주의에 적대적이었던 왕립의학회가 발표한 방대한 양의 조사 보고서는 일정 규모 이상의 프랑스 도시들 가운데 메스머주의 진료소가 없는 곳이 거의 없음을 보여주었다. 데프레메스닐 같은 지도적인 메스머주의자들과 메스머 자신은 1786년 봄, 승리를 자축하며 남부 지방의 조화학회들을 순회했다. 가장 활동적인 단체 가운데 하나였던 스트라스부르 우정결사조화학회Société Harmonique des Amis Réunis of Strasbourg가 그 지역의 행정 수장이던 제라르의 보호 아래 영성주의의 깊은 수렁으로 빠져들고 있었다. 제라르는 파리에서 그 이론에 입문한 뒤 친구에게 다음과 같이 편지를 썼다. "가르침을 받는 데 많은 어려움이 있었다네. … 그리고 나는 이 작인의 존재는 물론이고 그 유용성에도 확신을 갖게 되었다네. 그래서 나는 우리 도시를 위해 가능한 모든 편익을 도모하겠다는 희망에 부풀어 있네. 이에 관해 몇 가지 생각해둔 것이 있다네. 좀더 정리되는 대로 다시 연락하겠네." 1787년에 스톡홀름 스베덴보리 주석과 자선학회Swedenborgian Exegetical and Philanthropic Society of Stockholm는 스트라스부르의 메스머주의자들에게 폭넓은 영적 경험을 약속하는 장문의 편지와 스베덴보리주의의 안내서를 보냈다. 편지는 스톡홀름에서 천사들이 몽유자들의 내적 존재를 장악했고 "미약하나마 보이지 않는 세계와 최초로 직접 교신한 징후"를 전한다고 설명했다. 아울러 메스머주의와 스베덴보리주의가 서로를 완벽하게 보완하며, 스트라스부르와 스톡홀름의 단체들은 서로의 작업을 확산시켜 인류를 재창조하는 일에 협조해야 한다고 주장했다.[13]

스트라스부르의 메스머주의와 비슷했던 리옹의 메스머주의는 두 도시의 지도적 신비주의자들인 장 바티스트 윌레르모, 페리스 뒬뢱, 로돌프 잘츠만, 베르나르 드 튀르카임 같은 이들이 기대한 대로 비밀결사와 같은 유대로 결속되어 있었다. 그러나 리옹의 회원들은 환자에게 손을 대지 않고 메스머주의자의 감각만으로 환자의 질병을 짚어내는 독특한 치료법을 시행했다. 슈발리에 드 바르브랭이 이끌던 그들은 고통을 겪고 있는 말들에게 이런 식으로 메스머 요법을 시행했고 해부를 통해 그들의 진단이 다른 사람은 몰라도 그들 자신에게는 만족스러운 것이었음을 확인했다. 그럼으로써 메스머 유체의 시술이 "동물-기계(말)"에는 없다고 추정되는 능력인 상상력에만 영향을 줄 뿐이라는 비난에 응수했다. 리옹 회원들 역시 페테탱이 유도된 강경증強勁症, 곧 환자들이 어느 순간 자신의 내면을 보는 상태에 이르도록 유도하는 방법을 발견했다고 자랑했다. 페테탱 추종자들은 통증 없이 최면된 이를 뽑고 신체를 절단하는 길을 열었다. 그리고 그것은 19세기까지 메스머주의와 관련된 논쟁들을 촉발했다.

그러나 리옹에서 가장 논란이 된 종류의 메스머주의는 전통적인 신비주의 토양에 뿌리를 둔 영성 숭배와 관련이 있었다. 리옹의 메스머주의 단체인 화합회La Concorde는 장미십자회Rosicrucians, 스베덴보리회, 연금술사, 카발라 신봉자, 주로 비밀결사인 성지자선기사단Ordre des Chevaliers Bienfaisants de la Cité Sainte에서 발탁된 여러 신지학자들과 함께 번성했다. 이들 신비주의 비밀결사 단원 대다수는 설립자 윌레르모가 신으로부터 받은 상형문자 메시지를 통해 진정한 원시 종교를 보급할 준비가 되어 있었던 영성주의 비밀단체 회원이기도 했다. 신은 또한 조화학회의 몽유자들을 통해서, 자선 기사단Chevaliers Bienfaisants의 전통적인 비의秘義를 통해서, 마르티니즘 교단 엘뤼스 코앵 기사단Chevaliers des Eius Coens을 포함한 여러 신지학 집단들을 통해서 윌레르모에게 말하고 있었다. 윌레르모의 절친한 친구이자 프랑스에서 가장 영향력 있는 마르티니즘 추종자였던 루이 클로드 드 생마르탱은 바르브랭과 퓌세귀르가 그들의 발견이 갖는 의미를 이해할 수 있게 도왔던 것처럼 윌레르모가 이런 메시지들을 통합할 수 있게 도와주었다. 생마르탱은 메스머주의자들의 형이상학적 조언자라는 역할에 걸맞은 자격을 갖추고 있었다. 그는 그 운동을 열심히 따라다녔고 1784년 2월 4일에 스물일곱 명의 회원 가운데 한 사람으로서 파리조화학회Parisian Society of Harmony에 합류했다. 하지만 그는 유체의 작용에 대한 메스머의 강조가 물질주의로 이어질 수 있으며, 그의 추종자들을 "별의 지성astral intelligences"이라 불리는 영들의 해로운 영향에 노출시킬 수 있다고 느꼈다.

생마르탱은 마르티네 드 파스칼리로부터 영들에 관해 배웠다. 마르티네는 마르티니즘 창설자로 카발라 사상과 탈무드 전통, 그리고 가톨릭의 신비주의를 혼합해 설교했다. 생마르탱은 그로부터 자신의 주요 연구 주제를 이끌어냈다. 물질세계는 원시인들이 한때 지배했었고 근대인들이 "재통합"할 필요가 있는 좀더 실재적인 영의 세계에 복속되었다. 윌레르모의 비밀 메시지들은 재통합을 이끌 원시 종교를 드러내겠다고 약속했다. 퓌세귀르의 몽유증은 영의 세계와 직접 접촉할 기회를 제공했다. 바르브랭의 메스머 치료법은 어떤 물질적인 종류의 유체도 제거함으로써 구식 "유체론자"들의 기반을 와해시켰다. 이리하여 생마르탱은 후대의 여러 메스머주의자들을 신비주의 마르티니즘으로 통합해 엮어냈고, 그 결과 몽유를 향한 열렬한 지지의 물결이 계속되었으며 앙시앵 레짐의 마지막 몇 해 동안 메스머주의의 사유에 전형적인 것이 되었다.[14]

혁명이 가까워지면서 메스머주의자들은 상형문자를 해독하고 마법의 숫자를 조작하고 영들과 소통하고 보르도조화학회에 이집트 종교에 관한 담론을 도입했다고 전하는 연설을 듣느라 점점 더 환자들을 외면했다. "형제들이여, 이 신비한 통을 덮고 있는 교단의 조화로운 작품을 보라. 그것은 이사야의 탁자요, 고대의 가장 탁월한 물품 가운데 하나다. 우리 선조들이 동물 자기에 관해 최초로 쓴 상징적 글 속에 메스머주의가 나타난다. 그 열쇠는 오직 메스머주의자만이 가지고 있다." 1786년에 파리조화학회조차 영성주의자들의 수중에 넘어갔는데, 신비주의 필라레테스 교단Ordre des Philalèthes의 창시자, 특히 사발레트 드 랑게 같은 이들에게 넘어갔다. 그는 자신과 그의 염탐꾼들이 파고들 수만 있다면 형태를 가리지 않고 모든 신비주의에 발을 들였다. 그럼에도 본단(本團, mother society)은 리옹의 성미 급한 사람들이 보기에 너무 보수적인 듯했다. 리옹 회원들은 파리와 관계를 단절했다. 반면 스트라스부르 회원들은 과도하게 몽유 상태를 유도하는 것에 대해 공개토론을 벌인 직후까지 파리와 관계를 유지했다. 파리 회원들 가운데 좀더 모험심 있는 사람들은 부르봉 공녀가 신비주의자들에게 문호를 개방해둔 집에서 언제나 환영을 받았다. 그녀는 생마르탱과 베르가스와 함께 꾸준히 메스머 요법을 시술했다. 베르가스 역시 슈바이처와 그의 아내 막달레나의 집에서 열리는 영성주의 집회들을 찾아다녔다. 이 부부는 취리히의 메스머주의자이자 신비주의자인 그들의 친척 라바터가 개발한 관상 이론의 대가들이었다. 칼리오스트로의 길을 따르는 또다른 형식의 독일 신비주의가 스트라스부르 우정결사조화학회를 통해 프랑스로 밀려들었고 또다른 영성주의자들, 예를 들어 자크 카조트는 프랑스의 메스머주의자들 사이에 자신의 교리를 확산시켰다. 파리와 스트라스부르의 메스머주의자 무리와 친밀했던 도베르키르히 남작부인은 1788년에 쓴 것이 분명한 어느 글에서 이 집단들의 몇몇 집회를 묘사하며 다음과 같이 결론지었다. "확실히 그들은 장미십자회원도, 연금술사도, 예언자도 아니었다. 그들과 연관된 모든 것이 너무 다양하고 강력했다. 대화는 거의 전적으로 이 문제들로 향한다. 그들은 모든 이의 생각을 채우고 모든 이의 상상력을 자극한다. … 주위를 돌아보면 주술사, 신입 회원, 강령술사와 예언자뿐이다. 이들에게는 모두 저마다 중요하게 여기는 자신만의 것이 있었다."[15]

1789년에 이르러서는 이 절충적인 영성주의 형태의 메스머주의가, 즉 19세기에도 살아남게 될 형태의 메스머주의가 유럽 전역에 퍼져 있었다. 메스머의 사상은 그의 통제를 벗어나 관계없다고 믿었던 초자연적 영역으로 거침없이 번져나갔다. 그러나 그즈음 메스머는 더 많은 행운을 찾으러 프랑스를 떠나 영국, 오스트리아, 이탈리아, 스위스, 독일을 여행했고, 1815년 독일의 출생지 부근에서 세상을 떠났다. 메스머가 이 이야기에서 벗어나 혁명 이후 모호한 이력 속으로 모습을 감추기 전 메스머주의 운동에 급진적인 경향을 싹틔운 파리조화학회의 분열을 설명하는 것이 필요하다. 베르가스는 학회의 모임에 영향력을 행사하려는 경향 때문에 메스머와 여러 차례 마찰을 빚었다. 1784년 두 사람의 다툼은 그 학회를 적대적 분파들로 분열시키며 위험에 빠뜨렸다. 그러나 위원회 보고서에 맞서 공동의 명분을 수호해야 했기에 11월까지는 학회가 복구되었다. 그러나 11월에 학회 정관을 개정하자는 제안을 둘러싸고 분쟁이 일어 마침내 학회가 분해되고 말았다. 베르가스, 코른만, 데프레메스닐이 이끄는 위원회는 약정한 바를 이행했으므로 학설을 대중에게 전파할 수 있게 수정해줄 것을 메스머에게 요구했다. 메스머는 난색을 표하며 더 많은 돈을 요구했고 1785년 5월, 학회 전체 회의를 소집했다. 회의에서는 이 운동에 대한 메스머의 최고 통솔권과 이론의 비밀을 보장하는 정관이 채택되었다. 그 뒤로 다양한 작전과 타협하려는 노

력, 고등법원 최고의 스타일로 행한 데프레메스닐의 장황한 연설에
도 불구하고 학회는 베르가스 분파를 축출하고 쿠아니 호텔을 장악
했다. 축출된 이들은 이에 맞서 전체 회의를 소집했고 데프레메스닐
이 초안을 잡은 정관을 채택했지만, 6월에 이르러 메스머가 회원 대
부분의 충성심을 지켜냈으며 자기네 조직이 와해됐음을 시인했다.
그러나 그들은 코른만의 집에서 비공식 모임을 이어갔고, 그곳에서
조화학회의 정통 이론에서 벗어나 메스머주의 이론의 정치사회적
측면을 발전시켰다.[16]

바뤼엘 신부(1741~1820, 예수회 신부로 프랑스혁명이 바바리아 일루미나티
와 자코뱅의 비밀결사에 의해 계획되고 실행되었다는 음모론을 펼친 것으로 유명
하다—옮긴이)가 상상력을 발휘해 지어낸 혁명 전 프랑스의 거대한
음모 속에 놓이는 것을 피할 수는 없었지만 조화학회는 혁명 조직
과 닮은 점이 전혀 없었다.[17] 우선 선견지명이 있는 한 회원의 말처
럼 100루이의 입회비는 가입에 "상당한 장애물un furieux obstacle"이
되었다. 앙투안 세르방이 메스머의 치료법을 방어하며 강조했듯이
그 단체는 해로울 것 없는 그 시대의 비밀결사 단체들과 마찬가지
로 "모든 계층의 사람들이 같은 끈에 묶인" 집회에서 "완벽한 평등"
을 실천했다. 메스머 자신도 "내 집에 와서 서로 다른 신분의 사람들
이 뒤섞인 모습을 보고 불쾌해하는 명문가 사람들의 태도가 그리 놀
랍지 않다"라고 당당히 선언할 정도였다. 그러나 100루이의 입회비

때문에 그 단체의 구성원은 거의 부유한 부르주아와 귀족에 한정되었다. 메스머주의를 적대하는 팸플릿들이 주목한 것처럼 집회의 평등주의조차 꾸며낸 것일 수 있었다. "문은 닫혀 있다. 기부금 순으로 자리가 배정된다. 그리고 잠깐이나마 고위 인사와 동등하다고 느끼는 프티 부르주아는 금테 두른 붉은 벨벳 의자를 위해 자신이 얼마나 많은 돈을 지불하고 있는지를 잊는다." 파리학회의 사회적 성분이 정확히 어땠는지는 알 수 없다. 430명 회원 전원의 사회적 신분을 추적할 수는 없기 때문이다. 그 단체가 설립된 지 몇 개월 지나지 않아 발행된 팸플릿 하나가 그 특성을 잘 보여준다. 팸플릿에 따르면 그 단체는 "48명으로 구성되었으며 그 가운데 18명이 지체 높은 사람들로 거의 모두 명문가 출신이었다. 몰타기사단 둘, 범상치 않은 공적을 지닌 법률가 하나, 의사 넷, 외과의사 둘, 일부는 은퇴했지만 은행가나 상인이 일고여덟이며 성직자 둘과 수도사 셋이 있었다." 지방 단체들에 관해 입수할 수 있는 정보는 귀족 회원이 거의 없었음을 보여준다. 예를 들어 보르도조화학회 회원 59명 가운데에는 상인이 스물, 의사가 열, 귀족은 단 둘뿐이었다. 그리고 순전히 부르주아만으로 구성된 베르주라크조화학회는 훗날 자코뱅 클럽으로 발전했다. 그러나 파리조화학회에는 프랑스 최고의 귀족—예를 들어 로쟁 공작, 쿠아니 공작, 탈레랑 백작(훗날 외무대신의 사촌), 조쿠르 후작—이 일부 포함되었으며 회원들은 자신들의 명분이 존경받을 만한 것임을 내보이기 위해 그들 가운데 있는 궁정인의 숫자를 자랑삼았다. 심지어 세귀르 백작은 왕비에게까지 그 학회의 명분을 옹호하기도 했다. "정부에 대한 맹목적인 존경"을 권장했던 한 메스머주의 팸플릿이 시사하는 것처럼 "조화"라는 메스머의 이상은 정치적 평화주의를 위한 하나의 공식으로 쉽게 해석될 수 있었다. "우리는 사회 질서를 뒤흔들려는 어떤 행동도, 아니 어떤 생각조차도 거론한 적이 없지 않은가?" 또다른 팸플릿은 전원의 풍경을 그린 그림으로 대중에게 호소했다. 그 그림에서 메스머주의자인 "장원의 영주는 꾸밈없이 그리고 근심 없이 그저 질서를 유지하기 위해서만 모습을 나타내 존경을 받는다." 조화학회는 혁명적 비밀결사의 은신처가 되기는커녕 부유하게 잘 자란 이들을 위한 최첨단 실내 게임 같은 것을 제공했다.[18]

그 단체의 구성과 예식이 그런 판단을 확인시켜준다. 심지어 메스머의 치료는 그의 환자들이 높은 지위에 있는 사람들이라는 것을 시사했다. 네 개의 통 가운데 하나는 가난한 이들을 위해 무료로 이용할 수 있게 마련되었지만 거의 사용되지 않았다. 그러나 나머지 세 통에 달린 자리는 오페라 좌석처럼 사전 예약을 해야 했고 한 달에 300루이를 벌어들였다고 한다. "수유하는 귀부인들"을 위한 통은 꽃으로 구별했다. 그리고 메스머의 독일인 문지기는 환자의 사회적 지위에 따라 서로 다른 세 종류의 호루라기로 그들의 도착을 알렸다고 한다. 그 단체의 집회는 메스머가 거주하며 진료했던 쿠아니 호텔에서 열렸다. 단체의 임원은 다양했지만 통상 다음과 같았다. 메스머는 종신 회장이었지만 형편없는 프랑스어 실력 때문에 집회 참석이 제한적이었다. 고등법원의 일원이자 미래에 푀양파派(Feuillant, 프랑스혁명기 당시 푀양수도원을 중심으로 결성된 보수파 정치 클럽—옮긴이) 지도자가 될 아드리앙 뒤포르와 뛰어난 군인이자 문인이던 샤스텔뤼 후작이 부회장이었다. 베르가스는 강연자로서 간혹 다른 이들의 도움을 받았다. 코른만은 재무를 담당했다. 그 외에 한두 사람의 예식 주관자, 한 사람의 기록자와 한 사람에서 네 사람에 이르는 비서가 있었고, 각 회원들은 메스머로부터 정성 들여 만든 증서를 받았다. 증서는 회원에게 비밀 엄수의 의무를 지우고 제자들의 서열에서 회원의 위치를 인증한다. 베르가스가 첫째, 코른만이 셋째, 뒤포르는 34째, 라바에트는 91째, 데프레메스닐은 136째였다. 단체의 모임을 주도했던 베르가스는 모임의 성격을 순수하게 철학적인 것으로 만들려 했다. 하지만 "내 바람에도 불구하고 '집회소lodge'라는 꼴사나운 이름으로 불리던 이 학회를 위해 내규를 마련해달라고 요청받았다."[19]

그 단체의 활동에 대해 직접 설명을 남긴 코르베롱 남작의 일기에서 발췌한 글들로 판단할 수 있듯이(부록3) 모임, 입회식, 수련 과정에는 신비주의와 프리메이슨 같은 의례의 결합이 수반되었다. 코르베롱은 쿠아니 호텔의 집회실에서 열린 공식 모임에서 프리메이슨의 영향이 강하게 나타나는 것을 주목했지만 훈련 과정에 관한 그의 설명은 파리의 여러 박물관과 리세움에서 진행되는 과학 강연들과 유사했다. 베르가스는 신입 회원들에게 교수 같은 태도를 취했다. 그는 지시봉을 들고 강연했고 정교한 도식을 그렸으며 우주를 관통하는 원자 운동을 표상하기 위해 밀랍으로 만든 공들을 준비했다. 심지어 충돌하는 분자, 자기장의 흐름, 그리고 빛, 열, 중력, 전기처럼 밀고 당기고 팽창하고 소용돌이치는 다른 유체들에 관한 삽화들이 가득 실린, 과학 교과서를 흉내낸 책을 쓰기도 했다. 입회식에서 신입 회원들은 종교적 서약을 암송하고 예식을 주재하는 사람과 메스머식의 "친밀 관계"에 놓인다. 예식을 주재하는 사람은 신입 회원들을 품에 안고 "가서 손을 대고 치료하라"라고 말한다. 코르베롱은 입회식을 마치면 신입 회원들이 두 개의 학습 집단으로 나뉜다고 말한다. 그들은 향후 한 달 동안 일주일에 사흘씩 만나 완전한 회원이 될 준비를 한다. 코르베롱이 참석했던 열한 차례의 모임은 주로 베르가스의 강의로 이루어졌고 강의 내용은 베르가스가 《동물 자기에 관한 고찰Considérations sur le magnétisme animal》(1784)에서 발표한 주장과 대체로 일치한다. 베르가스는 신, 물질, 운동을 세 가지 기본 요소로 소개했다. 그리고 행성들 사이에서, 모든 신체 안에서, 특히 인간 안에서 메스머 유체의 작용을 설명했고, 메스머 유체 시술 기법, 질병과 치료, 본능의 본질, 인간의 내적 감각에 미치는 유체의 작용을 통해 얻을 수 있는 비학 지식을 이야기했다. 코르베롱은 베르가스가 모임을 장악하고 있어 "파리에 메스머 요법to mesmerize만큼이나 베르가스 요법to Bergassize을 좋아하는 동조자들이 많다"고 평했다. 남아 있는 학회 서류에는 코르베롱의 일기와 마찬가지로 정치 활동의 지표들이 나타나지 않는다. 곳곳에서 전달된 103통의 편지는 일상적인 입회 신청이 주된 내용이며 당시 일반적이던 인도주의적 표현들로 가득하다. 올리비에 씨가 보내온 편지가 전형적이다. 그는 자신이 가진 "훌륭한 유체"를 "고통받는 인류를 살리는 데" 사용하고 싶다고 썼다.[20]

조화학회는 여러 학계 단체와 정부로부터 위협을 받던 시기에 메스머의 교리와 재산을 안전하게 지키기 위한 기획으로 출발했다. 분열이 있던 시기에 그 학회에는 귀족들과 저명한 부르주아들이 대거 유입되었고 심지어 학자인 샤틀뤼 후작도 입회했다. 그가 메스머주의의 시각에서 중력을 반대하며 쓴 "지구의 특별한 분비물"에 관한 논문이 베르가스의《동물 자기에 관한 고찰》에 수록되었다. 그런 공동 작업은 상류층 인사들이 즐겨 찾는 몇몇 살롱으로 통하는 문을 열어주었고 베르가스는 이를 반겼을 것이다. 하지만 베르가스가 학회에서 축출되면서 그 문은 닫혔고 베르가스는 상류층이 즐기는 잘 가꿔진 종류의 메스머주의에 대한 반감을 키워갔다. 베르가스와 함께 추방된 그의 친구들은 메스머가 자신의 발견을 돈벌이에 이용하면서 인류의 이익을 위해 대중에게 전파해야 할 의무를 저버렸다고 비난하는 내용의 팸플릿을 여러 편 작성하고 "그런 불화를 조장하는 종자들cette espèce criard"을 비난했다. 그들 자신은 1785년 여름부터 적어도 1787년 봄까지 메스머주의에 관한 대중 강좌를 열어 이런 의무를 이행했다. 주로 베르가스와 데프레메스닐이 했던 강연은 메스머의 사상과 상당한 거리가 있었다. 베르가스는 이를 다음과 같이 지적했다. "나는 메스머의 체계를 전복했다. 그리고 그 잔재 위에 훨씬 더 방대하고 훨씬 더 공고한 체계를 구축하고 성장시켰다." 조화학회의 제한된 조직과 이론에서 해방된 베르가스는 자기 이론의 사회정치적 측면들—그가 메스머와 자신의 차이를 요약하면서 말한 것처럼 "보편적(우주적) 도덕성, 입법의 원칙들, 교육, 습관, 예술 등등"에 관한 자신의 관념들—을 발전시켰다. 베르가스와 그의 친구들은 코른만의 집에서 비밀 회합을 가지며 이런 생각들을 발전시켜나갔다. 독신이던 베르가스는 프랑스혁명이 일어날 때까지 그곳에서 지냈다. 코른만 집단은 메스머가 "학계의 독단"에 맞선 그 운동 본래의 투쟁을 배신했다고 비난했다. 그리고 그들은 이런 투쟁을 정치적 독재에 맞선 더 큰 투쟁으로 확대했다.[21]

분열 직후의 코른만 집단에 관해서는 설명이 없지만 아마도 코른만, 베르가스, 데프레메스닐, 라파예트, 아드리앙 뒤포르가 포함되었을 것이다. 1787년부터 1789년 사이 가장 활발한 활동을 보였던 그 집단은 정치적 위기에 전념하기 위해 메스머주의를 거부했다. 그리고 미래의 지롱드파 지도자들인 에티엔 클라비에르와 앙투안 조제프 고르사 같은 인물들을 회원으로 맞았다. 1785년 여름에는 자크 피에르 브리소가 합류했다. 메스머주의의 전반적인 매력과 관련 저술들의 설득력 있는 어조에 영향을 받은 브리소는 베르가스를 수소문했다. 베르가스는 "몇 가지 매우 특별한 사실들"을 증명하면서 브리소를 전향시켰고 브리소는 거의 매일 "아주 친밀한 우정으로" 그를 만나기 시작했다. 브리소는 코른만 집단의 신입 회원으로서 자신의 메스머주의 선언서 《파리 아카데미 회원들에게 전하는 한마디Un mot à l'oreille des académiciens de Paris》를 저술했다. 그는 베르가스와 함께한 "감동적인 수업(토로épanchement)" 뒤 영감을 받아 서둘러 그 글을 썼고, 메스머는 언급도 하지 않은 채 베르가스와 데프레메스닐에 대한 찬사만 가득 담았다. "베르가스는 자신이 메스머주의를 향한 제단을 높인 것은 오직 자유의 제단을 높이기 위해서였다는 사실을 내게 감추지 않았다. 그는 내게 이렇게 말하곤 했다. '이제 프랑스에 필요한 혁명을 이룰 때가 되었다. 그러나 공개적인 혁명 시도는 실패를 부를 것이다. 혁명을 성공시키려면 그것을 신비감으로 포장해야 한다. 물리학 실험을 구실로 사람들을 규합할 필요가 있다. 그러나 실제로는 전제정치를 전복시키기 위한 것이다.' 그는 코른만의 집에 기거하면서 이를 염두에 두고 정치적 변화에 대한 열망을 공언하는 사람들의 모임을 결성했다. 그 모임에는 라파예트, 데프레메스닐, 사바티에 등이 참여했다. 좀더 작은 규모의 문인 단체들이 더 있었고 그들은 혁명을 준비하는 데 그들의 펜을 사용했다. 가장 중요한 사안들은 저녁 식사 자리에서 논의되었다. 나는 거기서 공화주의를 설파하곤 했다. 그러나 클라비에르를 제외하곤 누구도 공화주의를 중요하게 여기지 않았다. 데프레메스닐은 프랑스가 고등법원의 통치 아래 놓일 수 있게 '부르봉 왕가에게서 벗어나는 것to de-Bourbonize'(이는 그의 표현이다)을 원했을 따름이다. 베르가스는 한 사람의 국왕과 양원을 원했지만 무엇보다 자신이 직접 그 계획을 수립하고 엄격히 실행하고 싶어했다. 그는 광적으로 자신이 리쿠르고스(Lycurgus, 기원전 9세기경 스파르타를 군국주의 사회로 바꾼 전설적인 입법자—옮긴이)라고 믿었다."

"베르가스와 그[코른만]의 집에 모여들었던 이들의 노력이 혁명을 촉진하는 데 크게 공헌했다는 점은 부인할 수 없다. 그 집단은 수를 헤아릴 수 없을 정도로 많은 글들을 출판했다. 내각을 겨냥해 1787년 출간되고 1788년 배포된 거의 모든 작품이 이 집단에서 나왔다. 그리고 코른만은 응분의 비용을 지불해야 했다. 그는 자기 재산의 상당 부분을 이 출판물들을 위해 사용했다. 출판물들 가운데 일부는 고르사의 작품이었다. 당시 고르사는 풍자적인 글을 쓰려 했고 군주정, 독재정, 퐈양파, 무정부 상태를 신랄하게 다루었다. 카라 역시 그 전투에서 눈부신 활약을 펼쳤으며 나 역시 어느 정도 가담했다."[22]

혁명 전야에 코른만 집단이 담당했던 중요한 역할은 이 연구의 범위를 벗어나지만, 전반적으로 비정치적이고 상류층이 애호했던 메스머주의 운동 안에서 진화한 급진적 경향의 최종 단계를 보여주는 하나의 예로서 주목받아 마땅하다. 그리고 그런 경향의 존재는 한 가지 의문을 불러일으킨다. 과연 메스머주의의 어떤 요소가 혁명전의 급진적 정신에 호소했을까?

3 · 메스머주의의 급진적 경향 ·

1785년 메스머주의로 전향한 자크 피에르 브리소는 1782년 제네바에서 공화주의 혁명을 목격했다. 그는 루소의 작품들―《사회계약론》부터 노래들까지 ― 에 동화되었고 프랑스 사회의 해악을 고발한 여러 편의 글을 발표했다. 그 덕분에 바스티유에서 절망적인 두 달의 시간을 보내야 했다. 브리소에게 메스머주의가 새로운 급진사상은 아니었다. 베르가스가 메스머주의 이론에서 드러내 보여준 루소주의 시각들을 그는 이미 흡수하고 있었고 그것을 활용한 탓에 고초를 겪었다. 그에게 루소의 사상을 세속화한 베르가스의 노력은 《사회계약론》을 펼쳐본 적 없는 여러 독자들과 폭넓게 소통할 수 있는 하나의 수단으로서 호소력이 있었을 것이다. 그리고 전반적으로 메스머주의가 그를 매료시킨 것은 아마도 수많은 동시대인들을 매료시켰던 것과 같은 이유, 곧 자연의 보이지 않는 힘에 대해 새로운 과학적 설명을 제공하는 것처럼 보인다는 이유 때문이었을 것이다. 그러나 브리소가 표상하는 메스머주의의 급진적 경향은 메스머주의 운동의 또다른 요소에 대한 하나의 대응으로서 발전했다.

메스머주의자들이 발행한 팸플릿에서 메스머는 줄곧 인류의 고통을 종식시킬 발견을 품에 안고 파리에 도착한, 그리고 순진하게 프랑스 학계와 과학계의 지도적 인사들을 만나 지원을 호소한 헌신적인 사람으로 묘사되었다. 과학아카데미, 왕립의학회, 의사회, 마지막으로 기성 학계의 축소판인 왕립위원회가 차례로 그를 타박하고 모욕하고 박해했다. 공개 진료를 통해 자신의 치료법을 입증해 보이고 전통적인 의사들과 경쟁하겠다는 메스머의 제안은 박해자들의 간계에 휘말렸다. 그의 체계는 전문가 집단을 위협했고 그들은 인간의 고통이라는 대가에도 아랑곳하지 않고 그 위협을 무력한 것으로 만들기 위해 기존의 다른 이익집단들과 결탁했다. 그리하여 메스머는 학계의 관료주의에 등을 돌렸고 비전문가들에게 호소했다. "나는 대중에게 호소한다." 대중을 향한 이런 호소는 수백 편의 팸플릿에서 목소리를 내며 정부에 경종을 울렸다. 일부 메스머주의 관련 저술들이 짙은 정치색을 띠게 된 데는 충분한 이유가 있었던 것이다. 그들은 정부의 후원을 받는 특권적인 기구들이 다수의 민중을 개량하기 위한 운동을 억압하려 한다는 것을 보여주었다. 예를 들어

1784년 그르노블 고등법원의 급진적인 검사이자 미래 지롱드파 내각에서 장관이 될 조제프 세르방의 형 앙투안 세르방은 그의 거침없는 저서 《바스티유의 변명Apologie de la Bastille》을 떠올리게 하는 표현들을 사용하며 의사들을 질책했다. "[당신들은] 인간이 할 수 있는 가장 지독한 독단을 멈추지 않고 있다. … 당신들은 병든 민중들에게 절대군주 노릇을 하고 있다." 브리소는 메스머주의를 열정적으로 옹호하며 학계를 비난했다. "당신들은 독단에 맞선 외침 속에서 당신들 스스로 가장 강력한 독단의 지지자가 되었다고 수도 없이 들어왔을 것이다. 당신들 자신이 구역질나는 독단을 지지하고 있다는 이야기를 말이다." 일부 메스머주의자들은 그들의 지도자가 모르파와 타협하는 것을 지켜보며 기존 질서를 수호하기 위한 정부와 학계의 사악한 유착을 감지했다. 베르가스는 의학 개혁을 막으려는 국가에 행동을 촉구하는 의사회 소속 의사의 표상이었다. 그가 말했듯이 국가가 의학 개혁을 막으려는 것은 다음과 같은 이유 때문이다. "[민중 사이에서] 하나의 지속적인 교화력으로서 의학을 존경스럽게 하는 모든 해악들을 유지하는 것이 중요하다. … 의사 집단은 하나의 정치기구다. 그들의 운명은 국가의 운명과 연결되어 있다. … 그러므로 사회질서 안에는 절대적으로 질병과 약과 법이 있어야 한다. 그래서 약품 보급자와 질병은 그 법의 수호자들만큼이나 한 나라의 습성에 큰 영향을 끼친다." 또다른 메스머주의자는 의사회와 왕립의학회를 수호하는 것은 이미 "국가 정책"이 되었고 "국가 정책에서는 이 두 기구를 유지하는 것이 중요하다"라고 주장했다. 이런 시각을 지지하면서 메스머주의자들은 정부가 위원회 보고서 1만 2000부를 인쇄해 배포했다는 점, 메스머주의에 대한 학계의 결의안을 다시 발행해 보급한 점, 왕립의학회 소속이면서 메스머의 가장 중요한 적수였던 투레가 메스머주의를 겨냥해 작성한 장문의 공격문을 출판한 점, 메스머주의를 지지하는 저작들을 탄압한 점을 언급했다. 위원회 보고서가 나온 뒤 메스머 추종자들은 동물 자기를 불법으로 규정하는 칙령을 예상했고 메스머는 자신이 렝게나 레날이라도 되는 양 봉인장(lettre de cachet, 프랑스 국왕이 발부하는 체포 영장—옮긴이)을 피해 영국으로 도주할 채비를 했다.[1]

이 시점에서 메스머주의 운동의 역사에 가장 중요한 인물인 데프레메스닐이 베르가스에게 메스머의 이름으로 파리 고등법원에 청원서를 제출할 것을 제안했다. 베르가스는 이에 동의했고 위원회 보고서가 정의와 법의 가장 기본적인 법칙과 "자연법의 제1원칙"을 위반했다고 고발했다. 베르가스는 고등법원이 메스머주의를 특별 보호 아래 둠으로써 왕의 후원을 받은 무법자들에 맞섰다고 썼다. 그는 고등법원에 메스머주의에 대한 정직한 조사를 지원해달라고 요청했고 "우주의 가장 오래된 미신인 저 치명적 과학의 말살, 요람에 있는 인간을 장악하고 종교적 편견과 같이 인간에게 압력을 가하는 전횡적인 의학의 말살"을 요구했다. 고등법원은 그 청원을 받아들여 1784년 9월 6일 자체 조사위원회를 꾸렸지만 조사는 이뤄지지 않았다. 조사위원회가 그 일을 꺼리자 또다른 조사위원회가 구성되었다. 하지만 그들은 모임조차 갖지 않았다. 그러나 그 청원의 목적은 달성됐다. 베르가스는 일 년 뒤 다음과 같이 적었다. 그 일로 "당국의 통상적인 신중함과 조심스러움이 되살아났다. 그렇게 해서 메스머주의와 그 창설자가 더이상 두려워할 공개적인 박해는 없었다."[2]

메스머주의에 대한 정부의 위협이 심각했다는 사실과 고등법원이 메스머주의를 보호하는 일에서 중요한 역할을 했다는 사실은 당시 파리 경찰 치안총감이던 장 피에르 르누아르의 회고록에서 발췌한 글로 판단할 수 있다. "1780년 파리에서 메스머주의가 유행하기 시작했다. 경찰은 이 고대의 관행을 경계했다. … 그것이 도덕에 끼치는 영향 때문이었다. … 모르파가 살아 있는 동안 정부가 메스머주의를 반대했다고 하나 기껏해야 무관심에 가까운 태도를 보였을 뿐이다. 그러나 그의 사후(1781년) 어느 시기에 경찰은 메스머주의 집회에서 종교와 정부에 반기를 든 선동적 연설이 있었다는 익명의 제보를 받았다. 그 뒤 경찰의 보고를 받은 국왕의 대신들 가운데 한 사람이 외국인 메스머를 프랑스에서 추방하라고 주장했다. … 다른 신료들은 불법적이고 부도덕하며 반종교적인 모든 분파와 모임에 대한 고발은 고등법원 안에서 이뤄져야 한다는 의견을 냈고 그런 의견이 더 쉽게 수용되었다. 나는 검찰총장을 소환하라는 지시를 받았다. 검찰총장은 자신이 만약 대재판부grand chambre에 메스머주의 집회에 대한 고발장을 제출하면 그 사건은 법원 전체회의chambres assemblée에 상정될 것이고, 거기에는 메스머주의를 지지하고 비호하는 자들이 있을 것이라고 내게 대답했다. 그래서 고발은 이뤄지지 않았다." 고등법원은 절체절명의 순간에 메스머주의를 구해주기는 했지만 적극적으로 나서서 매스머주의를 전파하지는 않았다. 그리고 그것은 결코 베르가스가 원하거나 바라는 바도 아니었다.[3]

고등법원의 입장 덕분에 메스머주의자들과 고등법원은 최적의 관계에 있었다. 얼마나 많은 참사관들이 메스머주의에 동조적이었는지에 관해서는 기록이 없지만 라 아르프는 고등법원 절반이 메스머주의를 지지했다고 말했고 이는 상당히 믿을 만한 추정이었을 것이다. 라 아르프 자신이 메스머주의의 여러 집회에 참석했기 때문이다. 물론 고등법원이 혁명 기구는 아니었으며, 고등법원의 지지를 받았다고 해서 메스머주의가 급진적 명분으로서 명성을 얻게 된 것도 아니었다. 그러나 메스머주의자들이 활용할 수 있는 유일한 반정부세력은 고등법원에서 나왔다. 그리고 1785년에 이르러 많은 메스머주의자들에게 정부는 악의 화신으로 각인되었다. 그들이 당대 가장 인도적인 운동이라 믿었던 것을 정부가 박해했기 때문이다. 3년 뒤 고등법원이 칼론과 브리엔 내각의 프로그램에 반대하며 전국신 분회 소집을 요구했을 때 코른만 집단은 이에 대한 대중의 지지를 호소하며 정부에 대한 적개심을 드러내고 고등법원이 베푼 은혜에 보답했다. 1787~1788년 뒤포르와 데프레메스닐 같은 과격파 참사 관들과 브리소와 카라 같은 급진적 팸플릿 작가들 사이의 중요한 동 맹 관계가 메스머의 통 주변에서 발전했다.[4]

라파예트는 이 동맹에 적극 가담했지만 자신의 메스머주의 이념 을 드러내는 흔적은 거의 남기지 않았다. 그는 작가나 연설가는 아 니었다. 말에 오르거나 발코니에 서서 혁명적인 군중 앞에 나서는 것으로 역사에 등장한 부류였다. 다만 글로 남은 증거들은 그가 미 국독립혁명에서 겪은 경험과 토머스 제퍼슨과 나눈 우정이 그의 정 치사상에 강한 영향을 주었다거나, 나아가 그 스스로 미 공화국에 대한 헌신과 메스머주의 사이에 어떤 관계가 있다고 여겼음을 보여 준다. 심지어 1784년 6월에 젊은 영웅 라파예트가 미국으로 출정 하기 직전 루이 16세는 그에게 다음과 같은 질문을 던지며 이 두 가 지 관심사를 연결지었다. "자네가 메스머의 숙련된 약사가 된 사실 을 알면 워싱턴이 어떻게 생각할까?" 사실 워싱턴은 이미 알고 있었 다. 1784년 5월 14일 라파예트가 그에게 다음과 같이 썼기 때문이 다. "메스머라는 이름의 한 독일인 의사가 동물 자기에 관한 가장 위 대한 발견을 이루었고 제자들을 가르쳤습니다. 그들 사이에서는 당신의 미천한 종이 가장 열정적인 사람의 하나로 여겨집니다. 저는 주술사들만큼 많이 알고 있습니다. … 출발하기 전 당신에게 메스머의 비밀을 알려줄 수 있도록 허락을 받으려고 합니다. 그것은 당신이 의지할 만한 위대한 철학적 발견일 것입니다." 라파예트는 뱃멀미에 대한 메스머의 특별 치료법(그가 돛대를 끌어안으면 그것이 메스머의 "극"으로 작용해 매스꺼움을 막아줄 것이라는 처방을 받았지만 불행히도 돛대 아랫부분에 타르를 입혀놓아 그렇게 할 수 없었다)과 더불어 미 전역에 지부 설립을 계획하고 있는 조화학회로 사람들을 전향시키겠다는 특별한 소임을 가지고 항해에 나섰다. 라파예트가 이 소임을 너무 열정적으로 수행한 탓에 당시 베르사유에 파견된 미국 대표 제퍼슨은 영향력 있는 친구들에게 메스머주의에 반대하는 팸플릿과 위원회 보고서 사본을 보내 미국에서 일고 있는 메스머주의의 물결을 막으려 노력했다. 제퍼슨의 노력은 찰스 톰슨을 안심시켜주었다. 톰슨은 라파예트가 활발히 캠페인을 벌여왔다면서 이렇게 썼다. "라파예트는 필라델피아에서 철학 학회라는 이름의 특별 모임을 열어 사람들에게 멋진 저녁 시간을 선사했다. 그는 자신이 어떤 비밀을 알게 되어 전수받았지만 이를 마음대로 누설할 수 없다고 말했다." 라파예트는 심지어 자신의 캠페인에 셰이커교도 공동체 방문도 포함시켰다. 그는 그들이 몸을 떠는 것이 토착 메스머주의의 한 형태라고 여겼다. 라파예트가 메스머주의를 급진 정치사상들과 연결시킨 증거는 없지만 1787년 그는 프랑스아메리카회Gallo-American Society에서 베르가스, 브리소와 연합했다. 파리에 근거를 둔 그 단체는 미국에 대한 열정을 프랑스의 가장 뛰어난 대신인 샤를 알렉상드르 드 칼론에 대한 공격과 결합시켰다. 1788년에 그는 급진주의의 중심이 된 또다른 단체, 프랑스흑인동지회에서 프랑스아메리카회 회원들과 합류했다. 물론 이런 연합이 라파예트가 1789년 이전에 확신에 찬 혁명가였음을 입증하지는 않는다. 그의 친한 친구 세귀르 백작이 말했듯이 아마도 그는 철학적 자선의 정신에서 그저 부르주아 친구들의 급진주의에 손을 댔을 것이다. "사람들은 원할 때 다시 올라올 수 있다고 믿는 한 내려가기를 즐기려 한다. 그 덕분에 우리는 앞날을 모른 채 귀족적 질서와 평민적 철학의 이점을 동시에 누릴 수 있었다." 결국 라파예트는 대귀족으로 남았다. 아마도 그의 사회적 지위가 자크 피에르 브리소나 장 루이 카라 같은 미래의 혁명가들에게 가장 호소력 있었던 메스머주의 요소들에 반응할 수 없도록 그를 가로막았을 것이다.[5]

이 급진주의자들을 그 운동으로 끌어들인 것은 학술 단체들에 맞서 싸우는 메스머의 태도였다. 그 단체들은 문학계나 과학계 인사로 인정받기 위해 몰려드는 급진주의자 자신들처럼 무명의 개인들에게 성공이나 실패를 분배했다. 메스머의 투쟁은 곧 그들 자신의 투쟁이었다. 메스머는 조정자들을 공격하고 있었고, 게임의 규칙 자체를 겨냥함으로써 그 투쟁에서 승리했다. 그리고 메스머의 모범에 자극받아 그들은 더 대담한 공격에 나섰으며 특권적인 지위에 접근하지 못하게 그들을 가로막는 기득권층만이 아니라 사회질서에도 저항했다. 기득권층에 적대적인 이런 종류의 급진주의는 브리소, 카라, 베르가스의 메스머주의 관념들에서 가장 잘 엿볼 수 있다.

브리소의 초기 저작 전체에, 심지어 그의 회고록에도 지방 선술집 주인의 열셋째 아들인 자신을 철학자로 혹은 파리 살롱과 학계 인사들과 대등한 인물로 만들려는 야심이 흐르고 있었다. 정치에 대한 그의 관심을 자극한 것은 이런 야심을 충족시키려는 그의 투쟁이었다. 그가 철학자들의 세계를 정치적 차원에서 보게 되었기 때문이다. "과학의 영역은 독재자로부터, 귀족과 선제후(選帝侯, 신성로마제국에서 독일 황제의 선거권을 가졌던 일곱 사람의 제후—옮긴이)로부터 자유로워야 한다. 그 영역은 완벽한 공화국의 그림을 제시한다. 그 안에서는 미덕만이 영예의 유일한 자격 조건이다. 독재자, 귀족, 선제후를 용인하는 것은 … 사물의 본성, 곧 인간 영혼의 자유에 위배되는 일이다. 그것은 여론에 대해 죄를 짓는 일로서, 여론만이 천재에게 왕관을 씌울 권리가 있다. 그것은 구역질 나는 폭정을 불러들이는 것이다." 철학자, 법률가, 과학자, 언론인의 지위를 얻으려던 시도가 줄줄이 좌절되면서 브리소는 태생 좋은 지방 청년들도 파리의 살롱, 학계, 전문 직종 앞에서는 초라해 보인다는 것을, 문단은 자신처럼 "독립적인 사람들", 재산도 사회적 지위도 없는 젊은이들을 억압하고 조롱하는 "독재체제"로 타락했음을 깨달았다. 이런 버려진 철학자들은 그들의 가슴에 새로운 진실을, 사회질서를 전복하고자 위협을 가하는 진실을 품었다. 리슐리외와 그의 독재적 계승자들은 학계를 만들고 그곳에 엄청난 부와 교양과 무지를 갖춘 이들을 포진시켜왔다. 자유민주적인 정부에는 학계가 없었다(브리소는 편의에 따라 영국의 왕립학회와 미국철학학회의 존재를 무시했다). 프랑스 같은 정부들은 "그들의 독재를 위한 새로운 도구로" 학계를 이용해 여론을 통제하고 과학과 철학의 새로운 진실들을 고사시켰다.[6]

브리소는 한 사람 밑에서 이 교훈을 배웠다. 혁명 전 파리에서 뉴턴과 볼테르가 되기를 열망했던 많은 이들의 좌절된 야망과 정치적 급진주의의 관계를, 중요하지만 제대로 평가받은 적 없는 관계를 요약적으로 보여주는 그 사람은 바로 장폴 마라였다. 1779년 마리베츠 남작이 마라에게 브리소를 소개했다. 마리베츠 남작은 메스머주의와 아주 흡사한 우주론적 공상 《세계의 물리학Physique du Monde》의 저자였고 후에 조화학회 일원으로서 그 책을 보급했다. 1782년에 이르러 브리소는 마라의 헌신적인 친구가 되어 있었다. 그는 글과 대화에서 마라의 과학 이론들에 능통했다. 그는 마라의 저작들을 번역해 배급하는 일을 준비하느라 애썼고, 실험을 반복하면서 사람들이 마라의 사상을 받아들이게 했던 것이 분명하다. 마라는 우정을 가장 따뜻하게 표현하는 것으로 이에 답했다. "내 가장 친애하는 친구여, 자네가 내 마음에 어떤 자리를 차지하는지 자네도 알 걸세." 두 사람에게는 공통점이 많았다. 두 사람 모두 명망 있는 계몽사상가가 되겠다는 야심을 품고 소박한 고향을 떠나 파리에 정착했다. 그리고 귀족적인 분위기를 받아들이고(검을 차고 이름에 귀족적 어미를 붙여) 자수성가의 주요 통로들에서 분투하면서, 곧 학계에서 제공하는 여러 상과 회원 자격을 얻기 위한 경쟁에서 분투하면서 이런 야심을 드러냈다. 브리소보다 열두 살이나 위였던 마라는 더 오랫동안 분투해온 덕에 그의 어린 친구에게 이렇게 조언할 수 있었다. "자네처럼 솔직하고 정의로운 영혼을 지닌 사람들은 독재자의 모리배들이 행하는 왜곡된 방식에 관해 아무것도 모른다네. 오히려 그자들이 자네 같은 이들을 경멸한다는 사실을 모르지." 마라는 과학아카데미에서 자신의 정당한 자리를 얻기 위해 여러 해 동안 투쟁해온 사람의 권위로 말했다. 그는 그 자리가 자신의 것이라고 믿었다. 위대한 뉴턴을 그 자리에서 밀어내고—메스머의 것과 같은 보이지 않는 유체들이 만들어낸—빛, 열, 불, 전기의 진정한 성질을 세계에 보여주기 위해 수백 가지 실험과 씨름해왔기 때문이다.7

사실 파리의 과학 엘리트들과 결별하려는 마라의 시도는 메스머의 시도와 같은 시기에 이루어졌다. 마라는 1779년 자신의《불, 전기, 빛에 관한 마라의 발견Découvertes de M. Marat sur le feu, l'électricité et la lumiére》을 승인해달라고 아카데미에 요청했다. 그 시기에 아카데미로부터 당한 수모에 격분한 메스머는 자신이 발견한 것을 다룬 첫 번째 《회고록Mémoire》을 출간했다. 처음에 아카데미는 메스머보다 마라를 호의적으로 대했지만 마라의 후속작들이 더 터무니없는 이론들을 발전시키고 뉴턴을 능가하겠다는 주장까지 점점 심해지자 그에게 등을 돌렸다. 1784년 아카데미가 메스머를 비난했을 때 마라는 자신도 박해를 당하고 있다고 확신했다. 사실 그는 뉴턴의 철학과 그의 사악한 동맹자들이 프랑스 전역에서 권력자의 자리에 앉아 자신을 겨냥한 음모를 꾸미고 있다고 믿었다. 또한 그들이 자신의 책을 몰수하고 자신이 보낸 편지를 신문에 싣지 못하게 공모했으며 심지어 (메스머주의를 분쇄하려는 의사회 모임이 그랬던 것처럼) 의사회의 비밀 회동에서 그의 새로운 진실을 은폐하려는 음모가 진행되고 있다고 믿었다. 과학아카데미에 대항해 복수하겠다는 마라의 바람은 그의 기이한 혁명 이력에 중요한 추진력을 제공했다. 사실 그것은 주로 음모자들에 대항하는 운동이었다. "그토록 강력한 분파에 맞서 싸우는 이에게는 친구의 열정이 필요하다." 그는 1783년 브리소에게 이렇게 털어놓았다. 당시 메스머 역시 같은 분파와 싸우고 있었고 마라는 아마도 유사한 투쟁을 벌이는 메스머에게 공감했을 것이다. 그러나 마라가 1783년 6월 19일 룸 드 생 로랑에게 보낸 편지에서 다음과 같이 공표한 것 외에 다른 증거는 없다. "메스머 씨를 살펴보고 자네에게 상세히 알려주겠네. 그러나 그것은 결코 그냥 지나가는 일이 아니네. 입 밖으로 내기 전에 내가 얼마나 상세히 상황을 검토하고 그들을 살피려 하는지는 자네도 잘 알 걸세." 여하튼 브리소는 1782년 마라가 "용기 있게 학계의 숭배 대상인 우상을 전복시켰으며 뉴턴의 광학 이론을 잘 증명된 사실들로 대체했다"라고 칭찬하면서 기성 학계를 음모 세력으로 보는 마라의 시각을 받아들였다. 마라와 마찬가지로 기성 학계가 자신이 계몽사상가가 되는 것을 가로막고 있다고 느낀 브리소는 1789년 그의 앞에 펼쳐질 혁명가의 일에 매진했다. 1780년대에 그의 문학적·과학적 야심이 좌절된 데서 비롯된 분노는 혁명가의 이력에, 그리고 아마도 그와 같은 많은 이들의 이력에 중요한 요소를 제공했을 것이다.[8]

메스머주의는 정치적 급진주의의 길에서 브리소가 마라보다 훨씬 더 멀리 나아가도록 했다. 메스머주의가 그에게 기득권층에 맞설 하나의 완벽한 명분을 제공했기 때문이다. 더욱이 그 명분은 대중의 관심을 사로잡고 장악했으며 이후 코른만의 집에 모여 브리소에게 가담을 제안했던 급진주의자 집단이 그 명분 아래 결집했다. 브리소는 학계 인사들을 맹렬히 공격한 또다른 글을 발표하며 그 집단의 초청에 응했고 그 운동에 투신했다. "신사 여러분, 나는 당신들에게 교훈을 주러 왔습니다. 그리고 내게는 그럴 권리가 있습니다. 나는 독립적입니다. 그리고 당신들 가운데에는 노예 아닌 사람이 없습니다. 나는 어떤 단체와도 관련이 없지만 당신들은 당신들의 집단에 속해 있습니다. 나는 어떤 편견에도 기울지 않았지만 당신들은 당신들이 속한 집단의 편견에 얽매여 있습니다. 그리고 당신들은 마음속에서는 권좌에 앉은 모든 이들을 경멸하면서도 비굴하게 그들을 우상처럼 섬기며 그들의 편견에 얽매여 있습니다."

브리소는 메스머주의자이자 관상가이자 신비주의자인 라바터에게 보낸 편지에서 이런 공격을 담은 팸플릿을 "내 신념의 공표"라고 묘사했다. 팸플릿으로 판단하건대 그의 신념은 무한했다. 브리소는 그 시절 신비주의의 특징이던 무차별적 믿음의 정신으로 메스머주의의 가장 극단적인 교리에 대한 믿음을 선언했다. "예외적인 사실은 우리가 알고 있는 사람이나 우리가 만들어낸 법칙들과 연결되지 않는다. 그렇다면 우리가 그 모든 것을 안다고 믿어야 할까?" 그는 그 어떤 발견도 메스머주의만큼 철저히 규명된 적이 없다고 선언하며 베르가스, 퓌세귀르, 세르방의 저작들을 근거로 인용했다. 또한 "마음에 불행을 품은 사람들을 지닌" 쿠르 드 게블랭의 이론, 메스머주의의 색채가 짙은 그의 이론에 대해 학계 인사들이 보인 경멸을 비난했다. 심지어 수맥 연구자 블레통과 예언자 보티노처럼 그 운동의 주변부에 있는 이들까지 감쌌다. 그뿐 아니라 자신의 내면을 인지할 수 있고 멀리 떨어져 있는 사람들이 서로 교신할 수 있다고 주장하는 몽유자들도 옹호했다. 사실 브리소는 자신도 그런 경험을 공유한다고 고백했다. "하지만 의사들을 두려워하는 아버지로서 나는 메스머주의를 사랑한다. 그것이 나와 내 아이들을 하나로 연결시켜 주기 때문이다. … 내 내면의 목소리에 복종하고 몸을 웅크린 채 내 품에 안겨 잠든 아이들의 모습을 지켜보는 것은 얼마나 정겨운 일인 가! 젖을 물린 어미의 상태가 영속적인 메스머주의의 상태다. 일에 얽매여 사는 우리 불운한 아버지들은 우리 아이들에게 실제로는 아무것도 아니다. 우리는 메스머주의를 통해 다시 한 번 아버지가 된다. 그러므로 이는 새롭고 사회에 유익하며 너무나 필요한 일이다!" 모유 수유와 가족의 정서에 대한 이런 비유가 루소를 떠올리게 한다면, 그것은 브리소가 루소의 저작들에서 신비주의적 메시지들을 읽어냈기 때문이다. "우리의 행성 너머 더 나은 세상에서 빛나는 숭고함"을 인식했다고 선언한 또다른 팸플릿 《비판적 검토Examen critique》에서 그는 일루미니즘을 비난하는 것은 "거의 모든 진정한 철학자들, 특히 루소를 비난하는 것"이라고 주장했다. "루소가 자신과 나누는 대화들을 읽어보라. 그것들은 마치 다른 세계에서 쓴 것처럼 보인다. 단지 여기[세상]에만 존재하는, 그 한계를 넘어본 적이 없는 저자는 결코 그런 글을 단 두 문장도 쓰지 못할 것이다."

브리소의 루소주의는 그가 메스머주의 이론에서 "훨씬 더 정치적이고 훨씬 더 도덕적인" 여러 함축을 볼 수 있도록 영감을 주었다. 그래서 브리소의 메스머주의 팸플릿은 평등을 향한 새로운 힘을 선언했다. "예컨대 당신들[학계의 인사들]에게는 메스머주의가 사회 계급들을 더 긴밀히 결속시키고 훨씬 인간적이게 만들며 그들을 진정으로 가난한 이들의 아버지로 만드는 것이 보이지 않는가? 당신들은 하인들의 건강을 돌보고 시간을 할애해 그들에게 메스머 유체를 시술하는 … 가장 뛰어난 이를 보고도 교화되지 않는가?" 그러나 브리소가 예리하게 지적했듯이 학계 인사들은 "정부를 자극해 메스머주의를 지지하는 사람들과 맞서게 하려 했다." 그래서 그는 그들의 의료와 정치를 비난했다. "나는 독단의 습관이 당신들의 영혼을 화석으로 만들까봐 두렵다."

브리소의 비난이 너무 격했던 탓에 메스머주의를 옹호하는 일은 학계에 자리한 "저열한 기생충들"과 "조국의 탄압자들", 살롱의 "거물과 부자와 귀공자 들" 주변의 "야비한 아첨꾼들", 그리고 "진정 재능 있는 사람들을 숨게 만들고 자신들을 내세우는 재능 없는 자들아!"에 대한 독설을 쌓아가는 것보다 부차적인 듯했다. 브리소는 런던에서 계몽주의 언론인으로 입지를 굳히려던 자신의 노력을 넌지시 내비쳤다. 하지만 그 노력은 바스티유에 투옥되는 바람에 무위로 돌아갔었다. "당신 앞에 이런 자유롭고 재능 넘치는 사람이 있다면 … 그를 칭찬하고 가여워하라. 그러나 그의 펜이 위험하다는 것, 정부가 그의 펜을 박탈하리라는 것, 정부의 그런 박해는 언론에 대한 박해로 이어질 것임을 알아두라." 학계 인사들은 메스머주의자 같은 독립적인 철학자들에게 문호를 닫았고 그들을 막도록 정부를 자극했다. 베르가스와 데프레메스닐 같은 메스머주의 지도자들이 지닌 용기만이 그들의 투옥을 막았다. 그리고 학계 인사들은 진실을 억압하는 한편 라아르프의 리세움 같은 기관들을 찾아다니며 유행을 좇는 대중들의 환심을 샀다. "요컨대 당신들은 그런 곳들을 찾아다니며 세련된 여성들[상류사회 여성들]을 즐겁게 해주고 문학이나 역사 수업을 춤이나 펜싱 수업 받듯 하는 젊은 남성들을 지루하게 한다." 브리소는 이런 낯선 상류층의 세계를 증오했다. 그와 그의 메스머주의자 친구들이 그 세계를 위협했을 때 그는 그 세계가 혁신, 이성, 진보에 대해 늘 해왔던 대로 곧 박해를 수단 삼아 자신들에게 가해진 위협에 대응한다는 것을 알았다. "당신들[학계 인사들]이 음모의 정신, 거만한 독재, 거물과 여성 들 사이에서 술수를 드러내는 것은 특히 여기서[메스머주의에 관해서]다." 브리소의 메스머주의는 "우리 문학계 귀족들nos aristocrates littéraires"에 대한 그의 증오를 귀족들에게로 옮겨 가는 과정의 한 단계였다. 1789년에 이르면 학계의 소수 독재에 맞선 "독립적인 이들"의 투쟁이 독립을 위한 좀더 일반적인 투쟁으로 흡수되었다. 브리소의 전기 작가들이 《파리 아카데미 회원들에게 전하는 한마디》라는 꼭 맞는 제목을 붙인 그의 메스머주의 선언문을 찾을 수 없었기 때문에9 브리소의 급진주의가 지닌 이런 측면은 오해를 받았다.

브리소의 경우처럼 장루이 카라에게도 메스머주의는 파리의 선도적 계몽사상가들 틈에서 자신의 정당한 자리를 허락받지 못해 생긴 분노를 달랠 길을 열어주었다. 브리소와 마찬가지로 카라는 방대한 범위의 지식을 조사하고 통합해 발표함으로써 계몽사상가로서 자신의 자리를 주장했다. 그는 한 편의 낭만주의 소설과 두 편의 형이상학적·윤리적·정치적 논문들, 동유럽에 관한 두 권의 책, 그리고 열기구 비행에 관한 논문 한 편을 썼으며, 존 길리스의 고대 그리스사를 여섯 권으로 번역해냈고 물리학과 화학에 관한 난해한 연구논문 세 편을 썼다. 당대의 대중 과학서에서 출세하기 위해 애쓰는— 예를 들어 쿠르 드 게블랭의 박물관에서 "광파vibrations luci-fiques"와 "음파vibrations conifiques" 진동을 비교한 글을 발표했고 유황을 가지고 실시한 몇 가지 실험에 관한 글을 《주르날 드 파리》에 게재하는—그를 엿볼 수 있다. 심지어 그는 과학아카데미에서 열기구 제안서 발표 기회를 갖기도 했는데, 호박단 천으로 만든 날개를 저어 나아가는 그 기구는 난해한 기하학 공식을 응용한 것이었다. 그러나 과학아카데미는 열기구 조종을 위한 최고의 기획에 수여하는 상을 그에게 주지 않았다. 디종 아카데미 역시 불은, 카라가 주장했듯이 라부아지에가 심각하게 오해했던 기체들에 의해 만들어지는 것이 아니라, 마라의 "화기성 유체"와 마리베츠의 메스머 에테르의 "반동-충격"으로 만들어진다는 카라의 발견을 검토조차 하지 않왔다.

과학계의 명망 있는 사람 가운데 누구도 카라를 진지하게 받아들이지 않았던 것 같다.《주르날 데 사방》에 실린 다음과 같은 공허한 찬사들이 비아냥거림을 뜻하는 것이라면 말이다. "그는 창조적 천재다. 그는 꽃향기에 이르기까지 모든 것을 원심력으로 설명한다." 나중에 그 신문은 카라에게 할애했던 기고란을 없애버렸다. 좀더 전형적인 것은 천문학자이자 아카데미 회원인 조제프 랄랑드가 1783년 1월 17일자《쿠리에 드 레우로프》에 게재한 편지였다. 랄랑드는 카라가 아카데미를 터무니없이 비방했다면서 그들은 그의 저작을 있는 그대로—천치의 어리석음과 꿈으로—다루었다고 주장했다. 카라는 세속적 성공을 경멸하는 이해받지 못한 천재이자 "철학적 예언자prophète philosophe"의 자세를 취하면서 이런 대접에 응수했다. "자연과 이성의 특권을 부여받은 소수의 사람을 제외하고 나머지 사람들은 나를 이해할 수 없다." 그러나 그는 이런 태도를 정상에 있는 사람들, 특히 귀족과 왕에 대한 분노로 비화시킴으로써 신뢰성을 깨뜨렸다. "어디서나 화염을 토하는 괴물 같은 악어 떼, 그들의 눈은 붉게 충혈되었고 그들은 그 모습만으로도 생명을 해친다." 이는 결코 철학적으로 초연한 사람의 어조가 아니었다. 그것은 거의 발작에 가까운 마라의 연설과 더 비슷했다. 물론 마라의 과학적 연구에 대한 카라의 존경 어린 언급을 근거로 두 사람이 마치 그들의 경이로운 유체들로 앙시앵 레짐을 날려버린다는 환상을 공유한 미치광이 과학자들처럼 실험실에 격리되어 있었다고 결론 지을 수는 없다. 그러나 그들의 과학 논문들에는 광기 어린 일촉즉발의 분위기가 배어 있었다. 예를 들어 카라는 가난한 이들에게 그들의 자연권을 요구하라고, 부자와 귀족과 왕에게 항거하고 "지구를 망치는 괴물들이 차지한 이 지구를 정화하라"고 호소하면서 지구의 양극이 어떻게 2만 4000년 만에 적도로 옮겨갔는지에 관한 지질학적 설명을 서문으로 썼다.

기존 질서에 대한 그의 증오가 그의 내면 깊숙한 곳에서 곪아갔다. 권력은 그의 삶을 박살냈고 열여섯 살 나이의 그를 도둑질 혐의로 감옥에 보냈다. 그즈음 그의 어머니가 세상을 떠났다. 아버지는 그가 일곱 살 때 이미 세상을 떠났다. 그리하여 감옥에 있는 동안 그는 가족과 친구로부터, 마콩의 훌륭한 예수회 아래서 라틴어, 수사학, 철학을 계속 공부하는 그의 학교 친구들을 기다리고 있던 미래의 직업 같은 모든 것으로부터 격리되었다고 느꼈을 것이다. 청년 카라는 분명히 감옥에서 다른 방식으로 철학을 했을 것이다. 그곳에 2년 4개월이나 있었으므로 그에게는 생각할 여유가 있었다. 석방된 뒤 그는 신통치 않은 글을 쓰고 닥치는 대로 일을 해 생계를 해결하며 독일과 발칸 지역을 떠돌아다녔다. 메스머가 과학계의 기득권층과 전투를 시작했을 때 카라는 왕립도서관 직원으로, 자칭 뉴턴의 후계자로, 그리고 마라와 브리소처럼 전문직 이방인으로서 파리에 정착했다. 카라의 관점에서 메스머주의는 혁명적인 명분으로 보였고 실제로 그를 혁명으로 이끌었다. 거기서 마침내 그는 정치인으로서, 언론인으로서 그리고 한때 코른만 집단에서 메스머주의를 함께 지지했던 브리소의 후원자로서 억압된 증오의 배출구를 찾았다.[10]

파리 문단의 폐쇄적이고 귀족적인 성격에 대해 브리소와 카라가 느끼고 있던 혐오감을 니콜라 베르가스 역시 느끼고 있었다. 그러나 그는 "품위와 명예에 이르는 통로인 미덕에 문호를 개방하라"라는 브리소의 더 광범위한 요구에 좀더 공감했다. "야심은 얼마나 대단한 권력의 원천인가! 국가는 행복이다. 그곳에서 첫째가 되기 위해서는 그저 덕이 가장 커야 한다." 거듭해서 베르가스는 동일한 주제를 이야기했다. 그리고 《세습 귀족들의 편견에 대한 비판Observations sur le préjugé de la noblesse héréditaire》에서 그 주제를 가장 완전하게 발전시켰다. "우리의 자유를 우리에게 돌려줘야 한다. 모든 직업이 우리에게 열려 있어야 한다." 이 주제는 브리소보다 베르가스에게 더 자연스럽게 다가왔다. 혁명 직전 브리소는 파산 위기에 직면해 있었지만, 베르가스에게는 가족으로부터 받는 상당한 수입이 있었기 때문이다. 베르가스의 아버지는 리옹의 유망한 상인 가문의 딸과 결혼했고 1740년대에 상업에 투신했다. 베르가스의 형제 넷은 부유한 상인이 되었다. 그 역시 항상 상업에 관심이 있었지만 오라토리오 수도원 학교에서 가르치기를 더 좋아했다. 그 뒤 변호사 자격을 얻었고 마침내 좋지 않은 건강을 돌보는 동안 은밀히 철학을 공부했다. "내가 부유하다는 것은 잘 알려진 사실이다. 내게 필요 이상의 것들이 제공된다는 사실은 비밀이 아니다. 그리고 그 덕분에 내가 절대적으로 독립적일 수 있다는 사실 역시 비밀이 아니다." 그는 1789년에 이렇게 썼고, 1790년 12월 약혼자 페르페튀 뒤 프티투아르에게 쓴 편지에서 자신의 재산을 대략적으로 설명했다. "이 선한 사람들이 자유롭고자 한다는 사실을 기쁘게 여기기 전 내게는 5,000리브르에서 6,000리브르의 수입을 가져다주는 자본이 있었고, 그 외에도 연간 1만 리브르 정도를, 그리고 나중에는 그보다 더 많은 액수를 안겨줄 형제들 회사의 주식도 있었다." 베르가스는 전국신분회를 자신들의 경제적 중요성에 상응하는 정치적 역할을 얻을 수단이라고 여겨 그 소집을 반겼던 상업 부르주아를 대변했다. 그는 1789년 전국신분회의 구성을 다룬 가장 중요한 팸플릿에서 이런 시각을 발전시켰다. 학계는 물론이고 교회, 군대, 사법부에서 귀족이 지배하는 것을 비난한 그는 "봉건 정부의 서글픈 혼란" 속에서 출생에, 귀족 혈통에 기반을 둔 특권층의 부조리와 부당하게 부여받은 직책들을 성공적으로 수행하지 못하는 그들의 무능력을 목청껏 비웃었다. 9년 전 그는 "나라의 근면한 계급"의 이름으로 자유무역을 주창한 글에서 그의 요구들이 갖는 부르주아적 성격을 강조한 바 있다. 그 논문은 주로 베르가스 같은 상인과 지주 들로 구성된 계급과 "재산이 전혀 없는 서민 계급"을 분명하게 구별했다.[11]

베르가스는 처음 메스머주의 팸플릿《동물 자기에 관한 또다른 공상Autres rêveries sur le magnétisme animal》에 쓴 주석에서 반反귀족적 관념들을 발전시켰다. 그 글은 그의 친구이자 메스머주의로 전향한 조화학회 간사 프티오 신부가 쓴 것이다. 그 팸플릿은 학계 인사들의 "과학적 불관용"을 비난했고 메스머주의를 향한 공격에 대해 다음과 같은 결론을 도출했다. "일반적으로 배타적 특권들은 귀족정 같은 것에 유리하다. 오직 국왕과 백성들만이 지속적인 공동의 관심사를 지니고 있다." 이런 메스머주의의 옹호는 1789년 급진적 선동의 주된 추진력을 예고했다. 왕과 제3신분은 귀족 정치에 대항해 동맹을 맺어야 한다. 베르가스는 그의 기록에서 이런 입장을 분명히 했다. 그런 입장은 학계의 특권에 반대하는 주장을 "봉건적 무정부 상태"에서 도출된 모든 특권에 대한 광범위한 공격으로 바꿔놓았다. 그는 귀족과 연결된 모든 것—그 문장紋章, 허세, 조상을 이유로 내세우는 특권의 주장, "기사도의 미신"—에 대한 비난을 쌓아갔다. 당시 활력을 얻고 있던 봉건적 반동에 분개하며 그는 다음과 같이 항의했다. "계급을 결정하고 왕이 그 계급 안에서 자신의 가계와 군대를 위해 복무할 사람을 선택해야만 하는 귀족 체계를 왕좌 가까이에 둬야 한다고 감히 주장하는 사람이 있다면, 그는 14세기 전에 태어난 사람이 분명하다." 부르주아라면 전통적 특권을 주장하는 귀족들에 맞서서 "그는 고트어를 읽을 줄 모른다"라고 응수해야 한다. 베르가스는 모든 고위 직을 제3신분에게 개방할 것을 요구했고 "같은 목적에 두 목소리를 내는qui conserve deux voix pour le même vœu" 두 특권 계급 사이의 충돌 을 조심하라고 경고했다. 그는 민중에게 "모든 시민을 고귀하게 만들 고 모든 귀족을 시민으로 만들기 위해" 왕과 결속할 것을 주장했고, 1789년의 팸플릿에서 끝없이 되풀이되었던 큰 질문을 제기했다. "어 떻게 오래된 귀족에게서 그 영향력을 박탈할 수 있다고 기대하는가? 그들의 케케묵은 권력보다 더 수지맞는 것이 어디 있겠는가?" 그리 고 그 질문에 대해 그는 다음과 같이 답했다. "당신에게는 오직 법과 백성과 왕만 있을 것이다." 이런 호소는 1789년 제3신분의 요구에 관 한 시에예스 신부의 고전적 설명 못지않게 극단적인 것으로, 1784년 동물 자기론에 대한 왕립위원회 보고서를 비난할 의도로 작성된 팸 플릿에서 모습을 드러냈다.[12]

이 지점에서 급진주의의 저류가 메스머주의 운동을 관통해 흐르 고 있었으며 과격한 정치 팸플릿들에서 때때로 분출되었다는 점을 분명히 해야 한다. 메스머주의는 브리소, 카라, 베르가스에게 그들의 출세와 그들이 속한 계급의 출세를 가로막는 것으로 보이는 악덕을 비난할 기회를 제공했다. 그러나 메스머주의를 지지하는 그들의 동 료 가운데 일부—특히 라파예트, 뒤포르, 데프레메스닐—는 앙시앵 레짐에서 아주 높은 지위를 누렸다. 라파예트와 뒤포르는 그들의 지위를 이용해 1787년부터 1789년까지 혁명의 명분을 이끌어냈지만 데프레메스닐은 역사가들에 의해 반동주의자의 배역이 맡겨졌다. 사실 많은 역사가들이 데프레메스닐을 프랑스혁명을 촉진시킨 1787~1788년 귀족 반란의 지도자로 여긴다. "귀족 반란"이라는 주제의 모호함은 이 연구의 범위를 벗어나는 것이지만 데프레메스닐의 모호한 역할은 동시대의 관점에서 사건을 재구성하는 데 중요한 가치가 있다. 1788년 9월 25일 전국신분회는 귀족이 선호하는 방식으로 조직되어야 한다는 고등법원의 추천이 있기 전까지 데프레메스닐과 파리 고등법원이 반동적이라고 생각한 프랑스인은 거의 없었다. 서적상 아르디가 전형적인 파리 부르주아의 시각을 대변한다면, 데프레메스닐은 "인도적이고 자비로운 거물"로, 대담하게 "시민의 자유에 대한 공격을 분쇄하는" 대중의 영웅으로, 1788년 6월 "일부 대신들의 무자비한 박해"의 결과로 투옥되는 희생을 감수해서 "길이 이름을 남길" "애국지사"로 여겨졌다. 이런 관점이 틀린 것이었을 수도 있지만 분명히 존재했고 1788년 여름의 사건들에 중요한 영향을 끼쳤다. 아마도 바스티유의 불쾌한 광경 때문에 귀족 반란이 당시 파리 시민 대부분의 시야에서 멀어졌을 것이다. 여하튼 코른만의 집에서 이뤄진 데프레메스닐과 뒤포르 같은 고등법원 구성원들과 브리소와 카라 같은 팸플릿 작가들의 제휴에 부조리한 것은 없었다. 그리고 그들의 동시대인들이나 그들 자신이 정부에 대한 공격이나 혁명에 대한 메스머주의 이론에서 반동적이라고 생각할 만한 것은 없었다.[13]

4
급진적 정치 이론의서의 메스머주의

메스머주의는 카라처럼 분노에 찬 삼류 작가들에게 파리의 배타적인 과학계와 문학계에 맞설 무기를 제공했다. 그러나 대부분의 독자들에게 메스머주의는 과학적 우주론의 하나로 제시되었다. 카라와 그의 친구, 특히 베르가스는 메스머주의의 우주론적인 측면을 다루면서, 전혀 정치적이지 않았지만 모호하고 거만한 메스머의 말에서 정치 이론을 끌어냈다. '정치 이론'은 그들이 왜곡한 메스머 사상을 지칭하기에는 너무 품격 있는 용어일지도 모른다. 그리고 경찰은 그들을 국가에 대한 위협으로 보았다. 메스머주의 집회가 얼마나 정치적이었는지를 말하기는 어렵다. 코른만의 집에서 지속된 토론에 관한 기록이 없기 때문이다. 또한 급진적 메스머주의자들은 검열관과 경찰 때문에 그들의 출판물에 신중을 기할 수밖에 없었다. 그래서 출판물 곳곳에 흩어져 있는 갖가지 발언들을 이어 붙여야만 그들의 정치사상을 재구성할 수 있다.

카라의 이념은 메스머주의와 메스머를 분리시키려는 코른만 집단의 시도를 보여주는 것이지만, 사실 그의 이념은 메스머에게 크게 빚지고 있다. 심지어 카라는 유체에 대한 메스머의 이해를 비난했음에도 메스머의 통과 "사슬" 유체 시술을 하기도 했다. 카라의 유체 개념은 메스머주의에 대해 다소 호의적이면서 이견을 드러낸 왕립 의학학회 조사위원 쥐시외의 보고서에서 나왔다. 쥐시외는 메스머 요법의 효과가 부분적으로 몸을 둘러싼 "대기"에서 비롯된다고 여겼는데, 카라는 서로 연결된 유체들이 존재하며 모든 사람과 사물의 주변에 퍼져 있다고 주장함으로써 이런 해석을 자신의 우주론에 통합했다. 그는 이 유체들로 공기, 빛, 열 전기, 불(그는 새로운 이론들로 이 모두를 설명했다)을 제시하고 그것들을 메스머의 유체와 같은 하나의 일반적인 유체와 연결시켜, 곧 하나의 우주적인 에테르와 크고 작은 모든 신체들을 둘러싼 구체적인 대기 사이에 매개체로 작용하는 하나의 일반적인 유체와 연결시켜 그것들이 작용하게 했다.

비록 모호하기는 했지만 카라의 대기이론은 과학적인 것처럼 보이는 정치에 대한 접근법을 그에게 제공했다. 신체적 원인들이 질병을 일으키는 것과 마찬가지로 부당한 법 같은 도덕적 원인들은 한 사람의 주변 대기를 오염시켜 그의 건강을 해친다. 반대로 신체적 원인들이 훨씬 더 광범위한 규모로 도덕적 효과를 낳을 수도 있었다. "사회에서도 매 순간 동일한 효과가 나타난다. 그리고 사람들은 아직 감히 그 원인들의 중요성을 인정하지 못하고 있다. 아직 도덕적인 것과 물리적인 것을 충분히 연결시키지 못한 탓이라고 나는 확신한다." 혁명 기간 동안 카라는 자신의 글《새로운 물리학 법칙》에서 자신의 공화주의적 정치관을 하나의 예언으로까지 밀고 나갔다. 곧 "인류의 도덕적이고 정치적인 일들을 지배하는 우주의 가장 위대한 물리적 체계가 그 자체로 하나의 진정한 공화국이기 때문에" 프랑스는 공화국이 될 것이라는 예언으로 나아갔다. 1787년에 이르러서 그는 주저 없이 미덕과 악덕을 "우주의 메커니즘"과 연결시켰다(47쪽 참고). 그리고 그는 정치와 의학이 아주 밀접하게 연결되어 있어 물리적 질환과 사회적 병리가 모두 냉수마찰, 머리 감기, 식이요법, 철학서 들로 치료될 수 있다고 생각했다. 그는 고대의 예언자와 마법사 들이 원시적 메스머주의를 실천했으며 델피 신탁의 예언과 리쿠르고스의 입법을 지지한 것은 정치적 메스머주의의 한 형식이었다고 주장했다.

카라는 중요한 자신의 메스머주의 연구서《동물 자기의 물리학적 검토Examen physique du magnètisme animal》(1785)를 주변 대기의 유체에 관한 이론화에 대체로 한정시켰다. 하지만《도덕의 정신과 철학의 정신Esprit de la morale et de la philosophie》(1777)에서 윤곽을 그린 역사의 세 단계 가운데 셋째 단계를 시작하는 데 메스머주의가 도움이 된다고 선언함으로써 그 이론의 정치적 면모를 드러냈다. 익명으로 발표한 이 글에서 카라는 왕과 귀족을 비난했고, 루소의 인민주권 이론의 승리라면서 미국독립혁명의 발발을 환영했다. 그는 이 원칙이 역사의 셋째 단계이자 마지막 단계, 곧 "적극적 자연권droit naturel postif"의 단계를 지배할 것이라고 예언했다. 그는 무인도에 있게 된 왕과 한 사람의 양치기에 관한 우화로 그 단계를 설명했다. "한 사람은 더이상 왕이 아니지만 나머지 한 사람은 언제나 양치기다. 혹은 그들은 이제 진정한 평등의 상태에 놓인 두 사람에 다름 아니다. 진정한 공동체 상태에 있는 두 친구일 뿐이다. 정치적 차이는 사라졌다. … 자연, 곧 평등은 그들의 모든 권리를 복원시켰다. … 여러분의 구체적 의지가 이 모범을 따라 작용해 일반선general good을 산출하는 데 통합될 수 있게 지휘하는 일은 내 동료이자 형제인 여러분에게 달려 있다." 카라는 우주의 정신 및 도덕적 요인들이 이런 혁명을 초래할 것이라 믿었고 1785년에 이르면 그 요인들이 작용을 시작했다고 확신했다. 그는 1780년대 중반에 나타난 이상 기후를 보고 종말이 임박했음을 감지했다. 짙은 안개, 지진, 화산 분출은 1783년 여름, 유럽의 여러 지역을 혼란에 빠뜨렸다. 1783~1784년 겨울에는 추위가 혹독했다(《주르날 드 피지크》는 영하의 날씨가 69일간 지속되었으며 유기遺棄와 늑대의 습격으로 많은 사람들이 숨졌다고 기록했다). 그리고 봄에는 엄청난 홍수가 이어졌다. 카라에게는 이것으로 충분했다. 1785년 그는 메스머주의 혁명이 임박했다고 선언했다. "계절이 변화하는 과정에서 뚜렷한 격변으로 지구 전체가 물리적 변화를 맞을 준비가 된 것 같다. … 사회에서 대중은 그 어느 때보다 술렁이며 마침내 그들의 도덕과 입법의 혼란에서 깨어나려 하고 있다." 카라의 메스머주의 사상은 하나의 일관성 있는 철학으로 응결되지 못했지만 몇몇 혁명가들을 만들어낸 과학적 극단주의와 정치적 극단주의의 기이한 결합을 보여준다.[1]

다른 급진적 메스머주의자들도 비슷한 생각을 견지했던 것이 분명하다. 예를 들어 아드리앙 뒤포르는 자신의 메스머주의 이론에 물리학. 신비주의, 정치를 섞어 넣었다. 시에예스 신부에 따르면 "그런 다음 그는 동물 자기론의 교리를 최고 수준의 계몽으로 고양시키겠다고 주장했다. 그는 그 안에서 모든 것을 보았다. 의학, 윤리, 정치, 경제, 철학, 천문학, 과거, 모든 곳의 현재, 심지어 미래까지. 이 모두는 그의 폭넓은 메스머주의 견해의 아주 작은 일부만을 채웠다."[2] 롤랑 부부와 미래 그들의 지롱드파 동료인 프랑수아 랑테나는 혁명 전에 메스머주의의 단계를 지나왔다. 그들이 메스머주의를 정치 이론과 연결시켰다는 증거는 없지만, 그들은 1791년 친구인 브리소가 표명한 신념을 공유했을 것이다. "자유는 … 건강의 원칙이다." 1788년 미국 여행 중에 만난 미국인들의 건강함에 깊은 인상을 받은 브리소는 터무니없이 뻔한 결론으로 비약했다. "신체적 건강의 위대한 원칙이 모든 존재의 평등함이며 의견과 의지의 독립성이라는 것을 확신할 날이 오리라는 데에 의심의 여지가 없다." 그러나 브리소는 메스머주의를 하나의 체계적 정치 이론으로 통합한 적이 없었다. 자신의 사상에 대해 철저한 기록을 남긴 유일한 메스머주의 이론가는 니콜라 베르가스였다. 코른만 집단을 창설하기 전까지 그는 가장 빼어난 메스머 지지자였다. 조화학회의 신입 회원들에게 강연을 했던 사람은 메스머가 아니라 베르가스였다. 베르가스는 그들이 공부해야 할 교과서를 서술했다. 그는 메스머의 이름으로 분리주의자들을 비난하는 교리 조항들을 작성했고 메스머주의의 《신학대전Summa Theologica》에 해당하는 《동물 자기에 관한 고찰》을 출간했다. 그러므로 브리소가 학계 인사들을 공격하며 지적했듯이, 베르가스의 친구들이 전반적으로 베르가스에게 동조했음을 전제할 때, 메스머주의의 가장 중요한 정치적 형태를 알기 위해서는 베르가스를 연구해야 한다. "메스머주의의 가장 열렬한 주창자인 베르가스가 《그의 심오한 고찰ses profound Considérations》에서 당신의 보고서를 철저히 논박했을 때 당신은 이렇게 말했습니다. '그는 정신력이 강하지만 지나치게 열정적이다.'" 브리소는 "독립적인 정신의 소유자를 짓밟으려" 한다는 이유로 학계 인사들을 비난했다. "그러나 사람들은 그런 사람을 이렇게 묘사하며 칭찬한다. 어떤 이가 열정적이라고 말하는 것은 그의 생각이 일상적인 생각의 범주를 훨씬 뛰어넘는다고 말하는 것과 같다. 곧 그에게는 부패한 정부 치하의 시민적 미덕이 있고 미개인들 사이에서 볼 수 있는 자애로움이 있으며 독재체제 아래 인권에 대한 존중이 있다고 말하는 것이다. … 그리고 이는 베르가스의 진정한 모습이다."[3]

카라와 마찬가지로 베르가스는 특히 왕립위원회 보고서 이후 수많은 메스머주의 저술들에서 하나의 중심 주제였던 호혜적인 도덕적·물리적 인과관계에 관한 동시대의 대중적 이론 위에 메스머주의 체계를 확립했다. 보고서는 경련과 같은 메스머주의의 물리적 효과를 "도덕적" 능력, 곧 상상력에 귀속시킴으로써 메스머주의를 불신했고, 바이는 과학아카데미에 왕립위원회의 조사가 "도덕적인 것이 물리적인 것에 끼치는 영향에 관한 새로운 과학"을 촉진했다고 말했다. 동물 자기론이 이런 새로운 과학이라고 반김으로써 메스머주의자들은 바이의 분석으로 바이를 공격했다. 앙투안 세르방은 기뻐했다. "와! 내가 이해도 못한 채 매일 칭찬하는 그런 물리적 현상과 도덕적 현상이 동일한 작인에 의해 발생한다니…." 그리고 다음과 같이 결론지었다. "그러므로 모든 존재가 내 형제고 자연은 그저 우리 공동의 어머니다!"[4]

베르가스는 자연이 도덕적 세계와 물리적 세계를 모두 지배한다는 데 동의했다. 메스머 유체 ─ "자연의 보존 작용l'action conservatrice

NICOLAS BERGASSE NÉ en 19.

FIDELE à l'amitié, fidèle à la Patrie,
Il apprit aux français à rougir de leurs fers,
Et, fort de sa Vertu, puissant par son Génie,
Il fut l'appui du Juste & l'effroi des pervers.

M

　　　　　니콜라 베르가스의 초상. 메스머의 가장 열렬한 신봉자이자 전도자. 베르가스는 우주조화학회 신입 회원들에게 메스머주의 이론을 강의했다. 이 단체가 분열된 뒤 그는 메스머주의에서 루소의 정치 이론을 보았던 급진주의자 무리를 이끌었다.

de la nature"―가 물리적이며 도덕적인 동인으로서 작용한다고 믿었기 때문이다. 그는 물리적인 동시에 규범적인 질서로서 자연법칙에 관한 동시대의 개념들에 의지해 이런 관념을 발전시켰다. 그의 문서에 남은 두 강연 기록에서 그는 자연이 "하나의 꾸준하고 지속적인 조화"를, 즉 무생물과 인간 사이의 관계를 지배하는 유체의 자연적 상태를 유지할 목적으로 그 법칙을 마련했다고 설명했다. 부조화, 혹은 질병에는 물리적 원인만 있는 것이 아니라 도덕적 원인도 있었다. 사실 미덕은 건강에 필수적이었고 심지어 사악한 생각이 사람을 병들게 할 수도 있었다. 양심은 "우주의 모든 지점으로 향하는 수많은 가느다란 가닥들로 연결된" 하나의 물리적 유기체였다. "우리 자신이 자연과 조화를 이루게 되는 것은 바로 이 기관에 의해서다." 베르가스가 메스머주의에서 "세계의 일반 물리학으로부터 도출되는 도덕성une morale émanée de la physique générale du monde"을 발견한 덕분이다. 그는 "인공적인 도덕적 자기磁氣"와 "인공적인 도덕적 전기電氣" 같은 용어를 사용해 개인과 행성 사이에서는 물론이고 사회와 정치에서 작용하는 물리적이고도 도덕적인 요인들을 묘사했다. 유체의 평화로운 흐름이 축복받을 만큼 건강하고 행복하고 제대로 조직된 프랑스를 만들어낼 것이었다. 그 명칭부터 이런 이상을 시사하는 조화학회 구성원들을 향해 "우리를 노예로 삼는 기관들을 판단할 간단한 규칙을, 주어진 모든 상황에서 인간을 위한 적절한 법을 확립할 어떤 원칙을" 메스머주의가 "제공한다"고 말했다. 조화학회는 "우주의 조화에 대한 고찰"과 "자연의 법칙에 대한 지식"에 전념했다. 그들의 표상은 그들의 물리적 목적과 도덕적 목적(예를 들어 "우주적 물리학" "우주적[보편적] 정의")을 정교하게 다듬은 것이었다. 그리고 사회가 그에 준하는 실천적 활동—환자들이 건강을 되찾고 "불의를 방지하게" 메스머 유체를 시술하는—을 수행하게 할 것을 서약했다. 거기서는 부르주아적 본성의 "사회적 미덕"("근검" "정직" "올바른 행동")이 열거되었고 인간의 자연권인 "안전, 자유, 재산"이 옹호되었다.5

베르가스는 자연법 개념을 수단 삼아 프랑스 사회를 비판했지만 우주로부터 신을 몰아내는 수단으로 삼지는 않았다. 오히려 그는 어디에나 존재하는 유체의 작용을 신의 지성에 귀속시켜야 한다고 생각했다. "단 하나의 법칙에 따라 움직이는 단 하나의 관념의 결과로 형성된 세계라는 생각은 우리가 어떤 초월적 존재에 대해 형성한 개념들에 가장 잘 부합하며 그의 깊은 지혜를 가장 잘 증명한다." 메스머주의의 글쓰기가 대체로 뉴턴적인 태도를 취했음에도 신에 관한 이런 일반적 주장은 설계부터 데카르트에게 빚진 바가 있었다. 사실 일부 메스머주의자들은 데카르트의 "잠행성 물질"을 부정했다는 이유로 뉴턴을 비판했다. 그들은 그 물질을 행성 사이의 메스머적 유체로 해석했다. 그리고 그들은 "중력은 하나의 심오한 미덕, 곧 물질

속에 내재하는 하나의 속성이다"라고 주장함으로써 중력에 대한 뉴턴의 설명에 반기를 들었다. 베르가스는 신입 회원들을 위한 비밀 기록을 데카르트적 문장으로 시작했다. "창조되지 않은 하나의 원칙이 존재한다. 바로 신이다. 자연에는 두 개의 창조된 원칙이 존재한다. 바로 물질과 운동이다." 수많은 메스머주의 저작에서 재생산된 이 신조가 흥미로운 것은 말이 아닌 기호로 쓰였기 때문이다. 메스머주의자들은 그 기록을 "신비스러운 글자로 쓰인 교리서"로 간주했다. 카발라적인 그 기호들은 말의 범위를 넘어서는 의미를 전달했다. 그것은 메스머가 석 달 동안 황무지에 칩거할 때 자연에서 받은 것이기 때문에 그들은 그 순수한 교리를 전파하고자 했다. "동물 자기는 메스머의 손에서 자연 그 자체와 같은 것으로 보인다"라고 데슬롱은 말했다. 또다른 메스머주의자는 그것을 가리켜 "입증된 신의 존재"라고 했다. 그리고 베르가스의 신조를 재생산하면서 제3의 마법적 힘을 선언했고 꼭대기에 "신Dieu"을 두고 양 옆에 "물질la matière"과 "운동le mouvement"을 두어 하나의 삼각형을 그렸다. 상징과 숫자의 신비스러운 힘에 대한 이런 믿음은 일루미니즘과 종교적 신비주의의 유행에서 비롯되었는데, 그런 유행은 그 세기 초반 좀더 냉정하고 때로 무신론적인 합리주의에 대한 앙시앵 레짐 말기의 반작용을 표상했다. 1786년에 조화학회는 회원들에게 신과 영혼의 불멸성에 대한 믿음을 맹세하라고 요구했다. 그리고 "학회는 의식을 상실해 물질주의자가 되어버린 피조물들"을 배제했다. 코르베롱은 베르가스의 강의에 대한 메모에서 다음과 같이 말했다. "이로부터 운동은 신과 통한다는 결론이 이어진다. 이는 명백하며 무신론에 대한 단순하고도 강력한 답이다."[6]

자연에 관한 메스머주의의 신비주의적 관념은 루소를 떠올리게 했다. 마찬가지로 그들은 근대사회의 몰락과 원시적 자연을 대비시켰다. 그들은 때때로 메스머주의가 히포크라테스의 "자연"의학으로 혹은 잊힌 원시인들의 과학으로 회귀했다고 주장했다. 이 이론은 특히 잃어버린 원시과학의 흔적을 찾아 고대의 언어를 추적했던 철학자 쿠르 드 게블랭의 추종자들을 즐겁게 했다. 1783년《원시 세계 Monde primitif》제9권 대신 구독 신청자들에게 보낸 편지에서 게블랭은 그 이론을 채용했다. 동물 자기를 열정적으로 방어하는 과정에서 그는 메스머의 도움으로 쇠약해진 자신의 건강과 메스머주의의 한 형태인 자신의 원시과학의 실마리를 모두 되찾았다고 말했다. 게블랭은 조화학회에 가입했고 메스머와 함께 쿠아니 호텔로 이주했다. 그리고 일 년 뒤 메스머의 통에서 생을 마감할 때까지 그는 메스머의 가장 영향력 있는 전향자 가운데 한 사람이었다. 메스머는 사회를 벗어나 자연과 친밀해지려 노력하는 과정에서 발견한 "원시부터 인정된 진실의 잔존"이라고 자신의 이론을 소개했다. 그는 루소의 '원시인'처럼 석 달 동안 숲에서 혼자 방황했다. "나는 그곳에서 자연에 더 가까워졌다고 느꼈다. 나는 발작을 일으켰고 다음과 같이 외쳤다. 오! 자연이여, 내게 무엇을 원하는가?" 이렇게 고양된 상태에서 그는 사회에서 얻은 모든 관념들(루소는 그것들이 사회의 술책임을 보여준 바 있다)을 마음속에서 지울 수 있었고 자연의 순수한 철학을 흡입할 수 있었다. 그는 문명의 편견에 무감한 채 한 사람의 자연인이 되어 파리에 도착했다. 그리고 "내가 자연으로부터 받은 온전한 순수의 상태로 내 손에 얻은 헤아릴 수 없는 은혜를 인류에게 전할 것"을 맹세했다.7

게블랭 사상과 메스머 사상의 상관관계는 베르가스가 이 자연철학을 적용했던 방식을 보여준다. 그는 근대의 부패를 원시적 미덕과 건강에 대비시키고 자기 시대의 도덕적·정치적 기준들을 공격했다. 이런 기법은 또한 르그로스 신부가 어느 책에서 루소와 게블랭의 연구를 비교하면서 강조했던 것처럼, 근대사회에 대한 루소의 비난을 시사했다. "그들은 태초의 행복에 대해, 편견에 대해, 현시대의 부패에 대해, 혁명의 필요성에 대해, 전반적 개혁의 필요성에 대해 끊임없이 주장했다." 베르가스는 루소의 글들을 읽고 그에게 찬사를 보내는 데 그치지 않았다. 베르가스는 실제로 그를 수소문했고 자신이 선호하는 주제로 그들의 대화를 이끌었다. "그가 도덕과 정부의 현 체제에 관한 논의에 직접 뛰어들었을 때 우리의 대화는 더 엄숙해졌다. … 그는 우리가 위대한 혁명의 문턱에 있다고 덧붙였다." 그가 약

혼자 페르페튀 뒤 프티투아르에게 쓴 편지에서 지적했듯, 베르가스는 심지어 자신을 메스머주의의 루소로 여겼다. "나와 당신의 좋은 친구 루소 사이에 몇 가지 닮은 점이 있다고 말한 사람이 당신이 처음은 아닙니다. 하지만 루소는 알지 못했고 알았더라면 그를 덜 불행하게 해주었을지 모를 몇 가지 원리가 있습니다."《신 엘로이즈La Nouvelle Héloïse》나《고백록Confessions》을 읽고 난 후 장자크와 자신들을 동일시했던 다른 프랑스인들과 달리, 베르가스는 루소의 여러 관념들을 하나의 체계로 통합했고 그렇게 해서 스승(루소)의 도덕적 열의는 유지하는 한편 사회의 계약적 기원 같은 그의 미숙한 원리들 가운데 일부는 폐기했다. 베르가스는 인류가 타고난 사회적 피조물이며 진정으로 자연적이며 원시적인 사회는 인간과 함께 창조되었다고 믿었다. 최초의 우주와 마찬가지로 원시 사회는 완전한 조화가 지배하는 신의 창조물이었다. 그것은 프랑스가 되돌아가야 할 하나의 규범적 질서였다. "사회라는 말은 현재 존재하는 그대로의 사회를 의미하는 것으로 받아들여져서는 안 된다. … 그것은 존재해야 할 사회, 곧 자연적인 사회, 우리 자신의 자연이 질서정연할 때 만들어야 하는 관계에서 비롯된 사회다. … 사회를 인도하는 규칙은 조화다." 바이는 후에 그와 베르가스가 국민의회 제헌위원회에서 혁명 프랑스를 위한 헌법을 마련하려 했을 때 "베르가스가 헌법과 인권에 관해 말하기 위해 자연의 지배, 곧 야만 상태로 우리를 돌려보냈

다"고 회상했다.[8]

원시적이고 조화로운 사회라는 자신의 이상을 규정한 뒤에 베르가스는 메스머주의 교리 속에서 그 사회를 복원할 방법을 모색했다. 그리고 루소와 마찬가지로 교육 이론을 제안했다. 그것은 동시대 사회를 비판하는 하나의 무기로도 쓰였다. 베르가스가 느끼기에 루소가 사회를 재생시킬 교육 이론으로 향하는 길을 강조했던 것은 정당했다. 그러나 아이의 발달에서 물리적 요인과 도덕적 요인의 상호작용을 강조한 것은 옳았지만 그에게는 이런 요인들을 이해할 열쇠, 곧 메스머주의가 없었다. 베르가스는 메스머 유체의 작용이 두 가지 방식으로 아이의 발달을 결정한다는 것을 보여주었다. 하나는 다른 존재의 직접적인 영향에 의해서고 다른 하나는 아이들이 관념을 구축하는 감각의 전달을 통한 간접적인 영향에 의해서였다.

인간이나 행성 모두 마찬가지로, 모든 신체나 천체는 유체를 작용시켜 서로에게 영향을 준다고 설명했다. 더 조화롭고 강력한 행성의 감응력은 그에게 과학적 형태의 점성학을 제공했고, 인간들 사이의 다양한 감응력은 사회적 미덕의 토대인 동정이나 공감에 관한 루소의 이론에 대한 과학적 설명을 제시했다. 일단 별이 아이에게 끼치는 감응력을 통제할 수는 없지만(나중에 메스머가 태양에 메스머 유체를 시술했다고 주장했지만), 적합한 종류의 사람들이 아이를 둘러싸게 할 수는 있었다. 이들에게는 아이가 받아들일 수 있는 건강함이 있을 것이다. 즉 그들의 유체가 아이에게 고루 흘러 건강과 미덕을 전달하고 조화를 망치는 모든 장애물을 파괴할 것이다. 이런 이론은 병자와 사악한 어른 들을 치료할 수 있다는 희망을 견지했다. 메스머주의자들은 환자들과 직접 "친밀한 관계"를 맺으며 건강에 좋은 유체의 강력한 흐름 속에 환자를 있게 함으로써 온갖 형태의 타락을 치료했다. 그런 치료는 프랑스의 궁극적인 도덕적 재생을 약속했다. "우리의 신체적 체질에 일어나는 모든 변화와 변질은 틀림없이 우리의 도덕적 체질에 변화를 일으키고 변질을 가져올 것이다. 그러므로 한 나라의 도덕에서 혁명을 이루려면 그 안에 있는 사물의 물리적 질서를 정화하거나 전화시키는 것으로 충분하다." "도덕은 정치조직의 접합제"이므로 이 도덕적 혁명은 정치기구들을 변화시킬 것이었다.[9]

프랑스에서 조화를 가로막는 장애물들이 너무 생생하게 감지되었기 때문에 베르가스는 메스머주의의 천년왕국이 곧 도래하리라고 기대할 수 없었다. 그는 메스머주의자들에게 아이들의 미덕을 발달시키는 데 집중할 것을 요구했다. 아이들의 정신은 부패한 사회에 의해 완전히 상처입지는 않았기 때문이다. 훌륭한 경험주의자로서 루소는 아이들의 도덕적 발달이 그들이 받은 감각적 자극에 달려 있음을 보여주었지만 메스머주의가 드러낸 중요한 진실―만능인 메스머의 유체에 의해 감각적 자극이 전달된다는 진실―을 알지 못했다. 이런 진실은 예술의 해로운 영향에 관한 루소의 이론에 하나의 과학적 토대를 제공했다. 인간이 자연사회에서 좋은 건강과 도덕을 누릴 수 있었던 것은 원시예술이 인간의 "감수성"이 감당할 수 없을 정도로 많은 감각적 자극을 주지 않았기 때문이다. 고도로 발달된 예술의 조화롭지 못한 인상들이 각인되어 인간의 기관들이 손상되는 지점에서 인간의 도덕적 타락이 시작되었다. 사치, 폭식, 방탕, 곧 근대 프랑스의 생활 방식이 제공하는 모든 감각적 자극이 인간들 사이에서 부조화를 낳고 도덕을 부패시켰다. 더욱이 정치기구들은 이런 생활 방식의 버팀목이 되었다. 그래서 "우리를 소진시키는 신체의 만성질환은 거의 모두 우리의 제도 탓이다." 베르가스가 기획한 것은 예술의 개혁이었지만 이는 프랑스의 도덕과 정치를 회복시키는 좀더 절박한 필요에 복속되었다.[10]

"우리는 자연과의 연결을 거의 모두 잃었다." 베르가스는 근대 프랑스의 예술, 도덕, 정치에 반대하며 열변을 토했다. "오늘 태어난 아이는 관습에 의해 그 기질이 바뀌었다. 수세기를 이어온 사회의 관습이 언제나 그 아이 안에 중요하게든 아니든 타락의 씨앗을 옮긴 것이 분명하다." 이런 타락이 예술과 문명의 인위성에 주로 노출된 계급의 자연적인, 신체적이고도 도덕적인 힘을 좀먹어왔다. 그러나 평민들은 그들의 원시적 미덕을 일부 간직했기에 더 건강했고 병이 들어도 쉽게 치료되었다. 베르가스가 메스머의 이름으로 공표한 소명, 농민과 시골 신부 들의 미덕을 동원하라는 소명에는 희미하게나마 민주적인 경향이 존재했다. "내 발견이 결실을 맺을 곳은 특히 시골의 가장 가난하고 덜 타락한 사회 계급에서다. 그곳에서는 인간이 다시 자연의 불변적 법칙의 지배 아래 놓이기 쉽다." 베르가스는 《동물 자기에 관한 고찰》에서 다음과 같이 거듭 말했다. "민중에 속한 사람, 시골에서 사는 사람은 상류층에 속한 사람보다 더 쉽고 빠르게 회복한다." 베르가스는 더 문명화된 계급들이 높은 수준의 타락 속에 살고 있어서 그들의 자녀가 자연에 노출되는 것만으로도 건강과 미덕을 되찾는 농민들처럼 될 수 없다고 믿었다. 메스머 유체의 치료를 통해 "자연 자체의 에너지를 증진시키는 것"이 필요했다. 메스머는 코른만의 아들이 통에서 많은 시간을 보낼 수 있게 함으로써 그의 부분적 시력 상실을 치료했다. 통은 그 아이의 교육에 중심이 되었다. 결국 그 아이는 마치 루소의 에밀처럼 발달했다. "자신과 자신을 둘러싼 모든 것과 조화를 이룬 아이는 자연 안에서 ― 이곳에만 적합한, 이런 표현이 허락된다면 ― 비옥하고 경작 가능한 토양 속에 그 실뿌리들을 왕성하게 뻗는 관목처럼 발달한다."[11]

그러나 메스머주의자가 아니었던 코른만의 아내는 "권좌에 앉은 자들"의 귀족적 도덕성에 희생되었다. 그들은 그녀를 유혹해 가족의 유대를 파괴했다. 베르가스는 가족 내의 메스머적 "친밀 관계"를 통해 프랑스를 재생시키고자 했다. 그래서 1787년부터 1789년 사이 코른만이 아내를 상대로 벌인 간통 소송은 베르가스에게 도덕적 열변거리를 제공했다. 그 일로 결국 앙시앵 레짐이 시험대에 오르게 되었다. 법적《회고록》으로 위장한 일련의 급진적 팸플릿들에서 베르가스는 코른만 부인의 추락을 프랑스 정부의 부패에 관한 우화로 해석했다. 그는 베르사유의 악령들이 모습을 드러내지 않고 음험하게 숨어 있는 동안 파리 치안총감(정부에 메스머주의의 위험을 경고했던 바로 그 장 피에르 르누아르)에 의해 사랑의 도피처에 갇히게 된 것으로 묘사했고, 수백 가지 감각적 세부 사실들로 이런 그림을 정교하게 다듬었다. 그리고 그런 감각적 세부 사실들은 그의 주제를 확실하게 부각시켰다. 부패한 "고위층 인사들"은 그들의 지위를 이용해 프랑스인 가족들의 "친밀 관계"를 없애고 있었다. 그것은 베르가스가 그의 메스머주의 저술에서 도달했던 결론이지만 이제 그는 감각적 문체를 사용해 거기에 생명력을 불어넣었다. 그의《회고록》은 낭만적인 소설처럼 읽혔다. 주인공 코른만은 전형적인 독재의 희생자로서 고통을 겪었고 그의 사례는 정직한 부르주아들이 그런 운명을 겪게 될 것이라는 하나의 경고였다. 아마도 베르가스의《회고록》은 혁명 전야에 급진적 선동을 위한 가장 효과적인 공격의 도구를 제공했을 것이다. 그의《회고록》은 팔레 루아얄Palais-Royal의 카페들에서 낱장으로 대출되어 회람되었고, 베르가스는《회고록》의 마지막 가장 폭발력 있는 부분으로 대신들을 겨냥했다. 그들은 1788년 여름,

고등법원을 분쇄하고 전국신분회 소집을 막으려 했다. 베르가스는 1788년 8월 8일에 발표된 국왕에게 보내는 공개서한에서 브리엔 내각의 퇴진을 요구한 뒤 국외로 도주했다. 그 내각이 실각한 뒤 베르가스는 국민적 영웅이 되어 돌아왔고 전국신분회의 지도적 구성원이 되었다.[12]

1780년대 중반, 그런 직접적인 정치 선동이 요원해 보였을 때 베르가스는 더 이론적인 쟁점들에 집중했다. 요컨대 젊은 코른만처럼 메스머 요법으로 치유받은 자연인은 부패한 프랑스 사회에서 어떻게 행동했을까? 자연인이라면 "우리가 자연에서 타고난 원초적 독립 상태"를 추구하려 하지 않을까? 베르가스의 설명에 따르면 이런 위험을 감지한 의사들은 "사회제도의 굴레를 순응적으로 견딜 힘밖에 남지 않을 때까지 인류의 기력을 쇠진시킬 수단으로" 그들의 치명적인 관행들을 옹호했다. 메스머주의를 박해하면서 의사들은 자신들의 이익에만 기여한 것이 아니라 재생된 프랑스에서, 곧 메스머의 유체로 치유된 프랑스에서 붕괴하게 될 제도들의 정점에 있는 사람들의 이익에도 기여했다. 베르가스는 의학이 "자연 못지않게 정치에도 속한 제도"라고 생각했다. 그리고 그는 메스머주의에 반대하는 의사를 가장해 다음과 같이 위협했다. "만약 동물 자기가 정말로 존재한다면 … 여러분에게 묻건대, 우리가 결코 기대해서는 안 될 혁명이 무엇입니까? 온갖 종류의 질병과 그로부터 우리를 구출해주리라 기대했던 치료법들에 지친 우리 세대가 자연의 법칙 말고는 다른 자기보호의 법칙을 알지 못하는 강하고 활기 넘치는 세대에게 길을 양보할 때 과연 우리의 습관, 우리의 예술, 우리의 관습에 어떤 일이 벌어지겠습니까? … 더 강인한 체질은 우리의 자립심을 일깨울 것입니다. 그런 체질과 함께 우리가 새로운 도덕을 발전시킬 수밖에 없게 된다면, 우리는 대체 오늘날 우리를 지배하고 있는 제도의 굴레를 어떻게 견딜 수 있겠습니까?"[13]

베르가스는 인간들 사이의 물리적이고 심리학적인 관계에 대한 메스머주의의 분석에 루소주의의 편견을 주입함으로써 프랑스를 혁명적으로 변화시킬 방법을 찾아냈다. 그는 프랑스인들을 신체적으로 되살려 제도를 개혁하고 심리적·도덕적 인과관계라는 역사의 경향을 뒤바꾸려 했다. 호전된 신체가 도덕을 개선할 것이고, 결국 더 나은 도덕이 정치적 효과를 만들어낼 것이다. 확실히 이 혁명에는 피와 함성이 없었다. 그 혁명은 메스머의 통에 앉아 보내는 몇 해를 포함해 간접 행동의 처방인 듯했다. 그리고 그것은 정치적 위기가 대중의 관심을 사로잡았던 1787~1789년의 혁명가들을 만족시킬 수 없었을 것이다. 그러나 메스머주의는 1780년대 초반에 큰 관심을 받았고 베르가스는 급진사상들을 구체화하는 데 메스머주의를 활용했다. 정치 쟁점들을 자각한 적 없던 일반 독자들에게 통속적인 종류의 루소주의를 전달했다. 메스머의 순진한 엉터리 치료법의 정치적 판본은 파리 경찰들의 경계심을 불러일으킬 만큼 충분히 신랄했고 1787년과 1788년 사이 베르가스가 급진적인 선동가로서 더 영향력 있는 역할을 준비할 수 있게 했다. 메스머주의는 그저 화석이 된 죽은 이념의 잔해에 불과한 것으로 여겨질지 모르지만, 잊힌 역사의 모퉁이에서 구원될 자격이 있다. 메스머주의는 추상적 관념들이 어떻게 1780년대의 프랑스인들에게 다시 활력을 넣었는지 시사하기 때문이다. 또한 도무지 그럴 법하지 않은 쟁점들이 어떻게 앙시앵 레짐에 대한 비난이 될 수 있었는지, 그리고 그 정권이 어떻게 1780년대 가장 유력했던 인물들의 충성심을 완전히 잃게 되었는지 시사한다. 사실 메스머주의는 그 역사적 지위를 1780년대에 한정할 수 없을 만큼 프랑스를 사로잡았고, 19세기까지도 계속해서 대중의 태도와 관심을 형성해냈다.

5 · 메스머에서 위고까지 ·

메스머주의 운동이 앙시앵 레짐과 함께 소멸되지는 않았지만 프랑스혁명으로 산산조각이 났고 19세기 철학자들의 체계에 동화되어버렸다. 19세기에 1780년대식 순수한 메스머주의자들은 거의 남아 있지 않았다. 19세기는 절충적인 사상가들을 배출했다. 그들은 계몽주의의 파편 속에서 일반론을 구축하려 시도했다. 그들은 이성, 곧 옛 체계의 획일적 원칙에 지나치게 의지하는 것을 피했다. 그 원칙은 혁명의 기운 아래 붕괴해버렸다. 그러나 계몽주의가 종교적 정통성에 결정타를 가했기 때문에 그들은 아버지들의 합리주의의 실패와 씨름하기 위해 할아버지들의 신념을 고수할 수는 없다고 느꼈다. 그리하여 많은 후대의 계몽사상가들은 인습적이지 않은 체계, 불합리와 악의 존재를 설명해줄 체계를 발전시키려 시도했다. 그것은 공포정치가 18세기를 끝내기 전부터 계몽주의의 균형을 위태롭게 위협했던 생각이었다. 종교적 신비주의는 경련자들(1731년 9월 얀선주의의 성자로 불리던 프랑수아 드 파리가 안장된 생메다르 묘지를 찾은 순례객들 사이에서 종교적 경련을 경험하는 일이 벌어졌다. 우니게니투스 교서를 둘러싸고 벌어졌던 얀선주의 논쟁이 이 사건을 계기로 재점화되어 새로운 국면으로 접어들면서 이 사건은 국가적 관심사가 되었고 이 광신적인 얀선주의 순례객들은 경련자들이라는 명칭을 얻었다―옮긴이)부터 메스머주의자들까지 이들 철학자들에게 비합리적인 것들의 가장 풍부한 원천을 제공하며, 마치 하나의 저류처럼 이성의 시대를 관통해 흘렀기 때문이다. 1789년 이후 수면 위로 떠오른 종교적 신비주의는 스베덴보리주의, 마르티니즘, 장미십자회, 연금술, 심령술 등 영성주의의 다른 흐름들에 의해 더 부풀려졌다. 1789년부터 1850년경까지 종교적 신비주의가 거쳐간 여정의 중요한 사건들을 정리하는 일은 1780년대의 메스머주의를 폭넓게 관찰하고 계몽사상에서 낭만주의로 이행하는 과정에서 메스머주의가 담당한 역할을 분명히 하는 일이 될 것이다. 계몽사상과 낭만주의라는 두 이름표에 일반적으로 따라붙는 일단의 태도들은 하나의 극단―자연의 법칙을 해독하는 이성의 능력에 대한 18세기 믿음―에서 또다른 하나의 극단―초자연적인 것과 비합리적인 것들에 대한 19세기의 매혹―으로 사고의 선을 추적해감으로써 더 잘 이해될 수 있을 것이다.

혁명 이후 메스머주의자들은 전반적으로 영성주의의 특성을 보이는 그들 나름의 관념들을 발전시켰다. 그들은 자연의 물리 법칙과 도덕 법칙의 상호작용을 강조했고 전형적으로 윤리와 정치의 "뉴턴적" 이론을 옹호했다. 그들은 빛, 전기, 다른 요인들에 관한 유사과학적 분석을 내놓았다. 또 원시 언어의 편린들에 의해 알려진 원시의 자연사회를 믿었고 그에 상응하는 범신론, 신정정치, 배성교拜星敎, 점성술, 천년왕국설, 윤회설의 요소들 그리고 신령들의 위계질서가 인간과 신을 연결짓는다는 믿음의 요소들을 담고 있는 원시 신앙에 대한 믿음을 견지했다. 메스머주의자들은 이런 관념들—많은 영성주의자들의 상투 수단—에 그들 특유의 의학 이론, 유체, 몸이 수면 상태를 유지하는 동안 내면의 인간이 공간과 시간을 자유롭게 떠돌며 내부의 감각들이 영의 세계와 접촉하는 것이라고 흔히 설명되는 몽유의 실행을 덧붙였다. 라바터를 따랐던 메스머주의자들은 사람의 얼굴에서 정신의 능력, 특히 의지를 읽을 수 있고 눈에서 유체를 발사해 다른 사람에게 영향력을 행사할 수 있다는 신념을 확산시켰다. 그리고 다른 메스머주의자들은 외부에서 유입된 이론들을 메스머와 베르가스 이론에 접목시켰다. 그들은 물질적인 것으로부터 영의 세계로 오르려는 자신들의 주요 시도에 도움이 될 만한 이론이라면 어느 것이든 환영했다. 물론 그들은 혁명 전 메스머주의의 지위가 가장 높아졌던 지점에서 시작했다. 거기서 몽유는 마르티니즘, 스베덴보리주의,

그 밖의 다른 형태의 영성주의와 연결되었다.

베르가스는 1789년의 처음 9개월 동안 세상사에 집중했다. 그는 프랑스를 보수적 입헌군주국으로 만들고 싶어 하는 분파를 이끄는데 도움을 주었다. 그러나 혁명이 좌파로 향하자 그는 영의 세계로 물러났고 부르봉 공녀가 함께했다. 그녀는 과거 오를레앙 공작이던 오빠 필리프 에갈리테(평등한 필리프)를 제외하고 집안에서 혁명을 받아들인 유일한 인물이었다. 부르봉 공녀는 또한 프랑스혁명으로 부각된 가장 탁월한 신비주의자들 가운데 두 사람, 쉬제트 라브루스와 카트린 테오의 전망을 공유했다. 혁명은 라브루스에게 묵시론적 예언과 귀족과 성직자 들에 대한 비난의 소재를 제공했다. 부르봉 공녀는《주르날 프로페티크Journal prophétique》에 이를 발표했다. 이 잡지는 피에르 퐁타르가 발행한 것으로, 그는 라브루스가 공적 이력을 시작하게 하고 그녀의 예언이 자코뱅의 노선을 따른다는 점을 분명히 하도록 자극하고 도운 인물이다. 라브루스는 정치적으로 가장 극단적인 형태의 메스머주의를 대변했지만 메스머주의의 의학적 임무를 부정하지 않았다. 그녀는 여러 차례 메스머주의 치료술을 시행했다. 그러나 걸어서 로마를 순례하라는 계시를 따르느라 이내 진료를 포기했다. 로마에서 그녀는 교황을 개종시키려 했지만 미치광이로 몰려 투옥되었다. "신의 어머니" 카트린 테오는 프랑스혁명 전에 같은 이유로 감금되었다. 1789년 여든셋의 나이에 석방된 그녀는 자신이 신을 낳아 종말의 날을 시작할 것이라고 선언했다. 그녀는 고드프루아라는 이름의 어느 과부 집에서 비교祕教 예식을 집전했다. 그리고 정치적 음모자들의 앞잡이가 되었다. 1794년 봄에 공안위원회Committee of General Security의 일부 요원들이 그녀에게 축하 편지 한 통을 받아쓰게 해서 로베스피에르를 추락시키려 했던 것이 분명하다. 그녀가 로베스피에르에게 보내는 것으로 되어 있는 그 편지의 내용은 로베스피에르가 초월적 존재를 숭배하여 그녀의 아들이 되는 영광을 얻고 선지자 에스겔이 예언한 임무를 완수한 것을 축하한다는 것이었다. 그 음모의 목적은 분명 로베스피에르가 메시아를 자처하는 것처럼 보이게 해서 불신임당하도록 하려는 것이었다. 로베스피에르는 그 음모를 눈치챘지만, 그 일로 공안위원회 동료들로부터 고립되었고 몰락할 위기에 처했다. 카트린 테오의 집회에 메스머주의가 얼마나 개입되었는지 말하기는 어렵다. 하지만 부르봉 공녀와 함께한 신비주의적 메스머주의자들이 그 일에 연루되어 있었기 때문에 메스머주의의 요소들이 개입된 것은 분명하다. 부르봉 공녀가 동 게를의 추종자가 되었던 것은 분명한데 그는 수도원장 출신으로 쉬제트 라브루스를 피에르 퐁타르에게 넘겨준 뒤 카트린 테오가 내세운 "신의 어머니"라는 대의명분을 받아들인 인물이었다. 막달레나 슈바이처는 열렬한 메스머주의자이자 부르봉 공녀와 베르가스의 친구로 훗날 자신이 카트린의 열렬한 후원자가 되었다고 썼다. 그리고 베르가스는 부르봉 공녀 주변의 신비주의자 무리와 관련되어 체포되었고 단두대행을 간신히 모면했다.[1]

프랑스혁명은 브리소의 운명만큼이나 극적으로 메스머주의에 대한 그의 신념들도 뒤바꾸었다. 사실 그 둘은 연결되어 있었을 것이다. 어쩌면 브리소가 메스머주의에 등을 돌린 이유는 혁명 전 그가 거부당했던 권력과 특권을 얻는 데 메스머주의가 도움이 되지 않아서였을 것이다. 특권과 권력을 거부당한 일은 1785년 그가 메스머주의로 전향하는 자극제가 되었다. 1790년에 그는 이미 사태의 중심에 있었고 《파트리요트 프랑세Patriote français》의 편집자로서 새로운 혁명의 정통 이론을 넘어서는 의심스러운 운동들에서 시선을 떼지 않았다. 그러므로 1790년대 중반, 파리 시 행정부 수사위원회Comité de Recherches에 합류한 이후 그는 "몽유자들의 반혁명contre-révolution de somnambules" 위험을 알렸다. 두 남자가 메스머 유체를 통해 왕에게 혁명 프로그램을 전달하려 했다고 보고한 것이다. 그들은 귀족과 연관이 있는 몽유자 토마생 부인의 메시지를 받았다. 그녀는 성모마리아로부터 직접 메시지를 받았다고 했다. 그들은 생클루에서 메스머 유체를 통해 왕의 마음에 메시지를 "각인하려" 했지만 체포되었다. 그들은 자신들이 보이지 않는다고 믿었기 때문에 체포되자 몹시 당황했다. 다른 집회에서 토마생 부인은 영국과 스페인의 해군, 오를레앙 공, 미라보, 리앙쿠르 공, 알렉상드르 라메트와 샤를 라메트가 연루된 반혁명 음모를 회고했다. 노스트라다무스의 예언대로 그들의 동맹은 종말의 시작이었다. "프랑스의 정치혁명은 그야말로 지구 전체에 보편적인 종교적·도덕적·정치적 혁명의 시작이었기 때문"이다. 브리소는 "반혁명으로 치닫는 경향이 있는 이 위험한 사상들"이 공격을 정당화하기에 충분할 만큼 심각하다는 것을 알았다. 그는 자신의 몽유 경험 때문에 쾌양의 천년왕국을 두려워했을 것이다. 그러나 그의 공격의 기조는 신화적 두려움보다 정치적 두려움을 시사했다. 그는 혁명 전 그를 분노케 했던 적대자들이 그랬던 것처럼 메스머주의와 일루미니즘을 조롱했다. 이제 브리소는 마치 바뢰엘을 뒤집어놓은 듯이 글을 썼다. "일루미니즘 분파가 줄기는커녕 오히려 늘고 있다. 이는 프랑스의 정치 상황이 빚은 결과가 아닐까? 프랑스의 정치 상황은 사물의 새로운 질서에 불만을 품고 (이 새로운 질서를) 파괴할 수단을 찾으려는 사람들을 신비주의 교리로 내몰고 있다."[2]

제임스 틸리 매튜스라는 이름의 미치광이 같은 웨일스인이 프랑스혁명 동안 메스머 유체에 의해 전염된 정치적 메시지들을 최종적으로 왜곡시켰다. 매튜스는 1794년 영국 정부가 파리에 있는 그에게 유체를 통해 보낸 '영·프 평화조약' 제안서를 받았다. 공안위원회는 한동안 그의 임무를 진지하게 검토했지만 결국 그를 투옥하기로 결정했다. 신임장을 날조했다는 혐의가 아니라 당통주의가 의심된다는 이유로.[3]

메스머주의가 '진실의 동지회Amis de la Verité'와 프리메이슨 조직의 보편적 동맹을 확립하려 했던 신비주의 혁명가 조직인 사회클럽 Cercle Social을 통해 프랑스혁명에 끼친 영향은 두드러지지는 않았어도 광범위했다. 사회클럽의 이념은 "빈민가의 루소Rousseau du ruisseau"로 유명했던 소설가 레스티프 드 라 브르통에 의해 가장 완벽하게 표현되었다. 레스티프의 기괴한 상상력은 다음과 같은 것들로 구성된 우주론을 만들어냈다. 생식生殖을 통해 생명을 창조하는 동물과 같은 행성들, 돌과 식물과 동물의 위계질서를 통해 제각각 구현되어 진화한 피타고라스의 영들, 수많은 태양계들로 이루어진 수많은 세계에 거주하는 피조물들, 결정화 과정을 통해 끊임없이 여러 우주를 창조하고 나서는 우주의 "거대한 동물"의 뇌인 태양으로 그것들을 흡수해 파괴해버리는 범신론적 신. 레스티프는 "지성의 유체", 곧 메스머의 유체처럼 신과 인간의 내적 감각 사이에서 매개 작용을 하는 유체를 이런 동물적이고 성적인 우주의 윤활제로 사용했다. "신은 단 하나의 위대한 동물, 곧 모든 것의 물질적이고 지적인 두뇌. 그 지성은 빛과 같은 하나의 유체지만 우리의 외적 감각은 건드리지 않고 내적 감각에만 작용할 만큼 밀도가 아주 낮다." 레스티프는 자신의 이론은 자연으로부터 받은 것이지 메스머를 비롯해 다른 누군가로부터 받은 것이 아니라고 주장했다. 하지만 "고등물리학"에 관한 논문을 쓴 미라보만큼은 예외일지도 모른다고 했다. 그 논문은 이제는 사라지고 없지만 레스티프가 《니콜라 씨의 철학La Philosophie de Monsieur Nicolas》에 내용을 요약해두었다.[4]

그 원천이 무엇이든 레스티프 등의 생각은 레스티프의 친구 니콜라 드 본빌이 내놓은 사회클럽 기관지 《라 부시 드 페르La Bouche de fer》에 등장하는 메스머주의와 유사하다. 여기서 정기구독자들은 동물 행성, 영혼의 윤회, 원시 종교와 언어, 우주적 조화에 관해 알 수 있었다. 그들은 "마침내 자연과 사회를 일치시키는 신의 조화 원리들을 전파하는 것"이 사회클럽의 목적이라는 사실을 알게 되었다. 본빌은 물리 법칙과 도덕 법칙의 상호작용을 끊임없이 주장했다. 그리고 그의 과학적 비유들을 글자 그대로 받아들여야 한다고 주장했다. 그렇게 해서 그는 자연의 근본원리들에 대한 그의 설명을 이탤릭체로 표현했다. "순수하고 자유로운 어휘, 타오르는 진실의 이미지가 그 격렬한 열기로 모든 것을 밝힐 수 있으며 그 중력으로 모든 것을 자기화磁氣化할 수 있고 탁월한 도체들에 전기가 흐르게 할 수 있으며 사람들, 국가, 우주를 조직할 수 있음을 그들의 숨겨진 근본 동력이 우리에게 가르쳐줄 것이다." 본빌은 그의 작품 전체에 그런 신비주의적 정치적·과학적 관념들을 시와 산문으로 버무려놓았다. 그는 1780년대의 유사과학적 경향들에 크게 의지했고 메스머주의에 많은 빚을 지고 있었다. 메스머를 거의 언급하지 않았지만 그는 자신과 많은 공통점이 있는 카라의 작품들을 선전하기 위해 사회클럽을 활용했고 라아르프를 통해 마르티니즘 추종자와 몽유자들과도 관계를 맺었다. 본빌은 심지어 거울과 음악이 내적 감각에 미치는 유체의 작용을 강화한다는 메스머주의 신념을 언급하기도 했다. 그는 인간을 "자연의 살아 있는 거울miroir animé de la nature"로 칭하기도 했다. 그리고 베르가스가 사용했음직한 용어로 신비주의적 계시의 상태를 설명했다. "자연의 신의 수중에서 모든 심장으로 연결된 그 우주적 선들을 끊임없이 묶고 다시 묶는 저 신의 하프는 무엇인가? 바로 진실이다. 모든 민족들이 그것의 가장 가냘픈 소리에도 귀를 기울인다. 모든 것이 우주적 조화라는 신성한 영향을 감지한다."5

본빌 그리고 그와 함께 사회클럽을 창설한 클로드 포셰 신부의 정치적 관념들은 루소나 마블리처럼 잘 알려진 작가들에게서 도출되었지만 또한 원시적이고 자연적인 사회에 대한 카라와 쿠르 드 게블랭의 이상과도 유사성이 있음을 보여주었다. 본빌과 포셰는 원시 기독교의 공산주의와 원시인 전반을 칭송했다(베르가스가 루소를 비판하며 그랬던 것처럼, 그들은 원시인이 사회성을 타고났다고 여겼다). 그들은 농업에 관한 법과 상속의 엄격한 제한을 통해 부를 재분배할 것을 요구했다. 레스티프는 《니콜라 씨의 철학》에 공산주의 선언을 발표했고 사회클럽을 위해 기사도 썼을 것이다. 하지만 그는 간혹 분노하긴 했지만 순응적인 프랑스혁명의 관찰자 역할을 넘어서는 법이 거의 없었다. 그러나 본빌과 포셰는 극단적인 친親코르들리에 노선 그리고 반反자코뱅 노선을 추구했으며 1790년 10월 사회클럽의 첫 집회에서 브리소, 페인, 콩도르세, 시에예스, 데믈랭, 롤랑 부인과 그 밖의 혁명 지도자들을 포함한 수천 명의 청중들에게 그들의 신비주의 정치 교리를 설파했다. 사회클럽은 1791년 여름의 위기 동안 분열되었고 뒤이은 몇 개월 동안 지도자들은 지롱드파와 공고히 제휴했다. 본빌은 지롱드파 신문 《크로니크 뒤 무아Chronique du mois》에서 브리소, 클라비에르, 콩도르세와 공조했고, 포셰는 1793년 10월 31일 다른 열아홉 명의 지롱드파 지도자들과 함께 단두대에서 처형되었다.[6]

포셰와 본빌의 공산주의 사상은 그들을 프랑스혁명의 극단주의 자들에게로 이끌었다. 그러나 영혼과 소통하려는 경향, 형제애 조직, 웅장한 연설은 그들이 롤랑과 브리소와 제휴하게 했다. 그들은 유토피아적 공산주의, 곧 우주적 조화의 공산주의를 믿었다. 그들은 마라의 불과 빛에 관한 이론들을 수용했지만 그를 따라 거리의 하수구로 갈 수는 없었다. 그리고 그들의 태도는 지롱드파의 다른 이들이 보인 태도를 전형적으로 보여주었다. 감옥 속 지롱드파 최후의 만찬을 묘사한 샤를 노디에(라르스날 도서관 관장으로 그의 살롱에 젊은 낭만주의자들이 모여들어 낭만파를 형성했다—옮긴이)의 작품은, 독일인 메스머주의자 겸 일루미나티 안드레 자이페르트 박사라는 인물의 입을 빌려,

역시 메스머주의에 발을 담갔던 본빌과 노디에 자신의 철학에 끼친 카라의 영향을 강조한다. 그리고 단두대 앞에서 브리소에게 우주론을 이야기하는 카라의 모습을 생생하게 보여준다. 비록 허구지만 이 작품이 지롱드파의 연극적인 연설과 낭만적인 전망을 강조하면서 포착한 것은 계몽 단계는 아닐지라도 일루미니즘의 최고 단계에 있는 프랑스혁명의 정신이다.7

　프랑스혁명과 관련한 메스머주의자들의 여러 일화는 해외 이주와 사회 격변으로 사그라진 운동의 잔불이 가끔씩이나마 다시 타올랐음을 보여준다. 나폴레옹 시기와 왕정복고 시기에 메스머주의자들은 다시 한 번 결집했고 그 운동은 팽창했으며 또 한 번 동력을 얻어 글을 아는 많은 프랑스인들의 세계관을 표현했다. 그러나 뒤퐁 드 느무르의 영성주의 교리에서 볼 수 있듯이 혁명이 그 경로를 바꾸어놓았다. 튀르고와 라부아지에의 명석한 중농주의자 친구 뒤퐁만큼 영성주의로 전향할 가능성이 있는 후보는 거의 없었다. 사실 그는 영성주의 성향의《우주의 철학Philosophie de l'univers》에서 시계 제조공인 신에 관한 비유를 제시하고 라부아지에의 화학 이론을 놀랄 만큼 정확하게 요약했다. 그러나 뒤퐁은 산소에 관한 설명을 담은 바로 그 지면에서 세상이 하나의 거대한 동물이고 인간은 그 위에 붙은 작은 곤충에 불과하다고 썼다. 그는 계속해서 튀르고의 문체로 레스티프나 카라의 사상, 곧 보이지 않는 사슬이 신과 우리 사이를 잇고 있다는 사상을 발전시켰다. 그에 따르면 영혼들은 보이지 않는 유체를 통해 우리의 육감과 소통한다. 우리의 영혼은 무기질·채소·동물 세계를 옮겨다니고(뒤퐁은 자신의 관상으로 보아 전생에 개였다고 생각했다) 존재의 최고 단계인 "옵티마테스"(optimates, 고대 로마 공화정 말기 정계의 과두파 집단을 이르던 말. 보수적인 원로원 계급의 새로운 명칭—옮긴이)로서 평화를 찾을 때까지 별들 사이를 여행한다. 뒤퐁은 메스머주의의 신념을 받아들이지 않았지만 메스머주의자들과 많은 공통점을 지녔다. 그는 건강과 미덕을 동일시했고 질병은 "위기"에 의해 끝난다고 말했다. 그리고 그는 행성 사이의 유체를 묘사하기 위해 칼로릭이라는 최신 과학 용어를 사용했지만 그것을 카라와 다른 메스머주의자들이 플로지스톤 주창자들의 원조인 슈탈의 이론에서 응용했던 불의 활성 원리와 닮은 것으로 만들었다. 뒤퐁은 물리적 요인과 도덕적 요인의 상호작용에 관한 과학 이론을 내놓았다. 그는 천문학자 라랑드의 보호를 받으며 공포정치를 피해 천체 관측소에서 지내는 동안 라부아지에게 자신의 논문을 보냈다.

뒤퐁이 메스머주의의 비밀 회원이었다는 것이 핵심이 아니다. 그가 피신해 있었고 언제 관측소에서 끌려나와 단두대로 향하게 될지 모른다고 생각했다는 점, 그가 마지막 신조이자 친구와 자녀들에게 남기는 유언으로 《우주의 철학》을 썼다는 점이 핵심이다. 그는 그 책이 그 세기의 과학적 발전을 통합해야 하며 볼테르가 미신에 맞서 거둔 승리를 부인해서는 안 된다고 생각했다. 그럼에도 그 책에는 앙시앵 레짐의 차가운 과학과 합리주의를 넘어서는 어떤 것을 위한 여지가 있어야 한다고 생각했다. 그 책은 신은 사악하거나 무능하다는 암시를 통해 이야기를 계속 방해하고 있는 유혈극과 공포정치를 설명해야만 했다. 공포는 뒤퐁이 피신해 있던 과학의 성소까지 파고들어 그로 하여금 18세기 철학자들의 가장 큰 문제, 곧 악마저 신의 뜻이며 신은 늘 정의롭다는 신정론神正論의 필요성과 맞닥뜨려 씨름하게 만들었다. 똑같은 입장에 처했던 콩도르세는 미래의 어느 시대에 "미신"을 극복할 하나의 힘으로 "진보"의 실존을 주장함으로써 이 문제에 답했다. 뒤퐁 또한 두 개의 힘, 선한 영인 "오로마시스 Oromasis"와 열등한 죽음의 영인 "아리만Arimane"을 상정했다. 하지만 그는 자신이 한 편의 시를 쓰고 있음을 인정했고, 이 선한 영과 열등한 영이 어쩌면 기요틴의 칼날 아래서 한 사람을 구해줄 수도 있고 그러지 않을 수도 있는 보이지 않는 요정들이라는 것을 인정했다. 이성의 전진에 대한 오랜 믿음도 그를 지탱해주지 못했다. 그는 영성주의로 후퇴했고 그로써 로베스피에르와 당통에게 도전할 수 있다고 느꼈다. "나의 벗들이여, 그것이 내가 죽기 전 자네들에게 알리고자 하는 교리요. … 그것이 나의 종교라네. … 이제 나는 압제자들이 내 모나드(monad, 궁극적 실체—옮긴이)를 그 영원(죽음—옮긴이) 앞에 보내어 무릎 꿇게 하려는 것을 허락하려네. 나를 사랑하는 이들이여, 모두 안녕. 1793년 6월 10일."[8]

뒤퐁은 혁명 동안 살아남았다. 하지만 계몽사상의 죽음을 알리는 영성주의로 후퇴했다. 공포정치가 끝난 뒤 메스머주의자들은 본빌 같은 혁명가가 될 수도 있었고 좀더 나이든 베르가스 같은 보수주의자가 될 수도 있었다. 그러나 그들은 이성을 기초로 자신들의 사원을 지으려 하지 않았다. 파브르 돌리베의 사상은 보수적인 메스머주의자들이 취했던 방향과 사원 건축에 대한 그들의 편향을 보여준다. 그는 영성주의의 일상적 소재—환생, 원시 언어, 영들의 위계와 교신—와 메스머주의로 새로운 종교를 구성하려 했다. 그의 수많은 메스머주의 치료법은 그에게 그 유체가 인간의 의지와 본성으로 작용한다는 확신을 주었다. 그는 그것을 모든 개인들로 구성된 "보편적(우주적) 인간"의 의지로 인식했다. "메스머의 유체는 다름 아닌 보편적(우주적) 인간 그 자체다. 그는 자신이 발산하는 것 가운데 하나에 영향을 받았고 그것에 의해 움직였다." 파브르가 환자를 치료하고 유령들과 교신하고 최고의 몽유 상태에서 신의 지식, 과학, 정치 이론을 획득한 것은 이성을 통해서가 아니라 의지에 대한 유체의 작용을 통해서였다. 영혼의 위계는 파브르에게 지상의 인간들을 조직하기 위한 하나의 모범을 제공했다. 그는 전통과 권위를 강화함으로써 시민들이 계속해서 계급으로 나뉘어 있기를 바랐다. 평등이라는 혁명의 이상에 적대적이던 파브르는 군주정을 선호했거나 어쩌면 그 자신을 제사장으로 하는, 나폴레옹에 의해 창조될 신정정치를 더 선호했을 것이다. 베르가스와 데프레메스닐의 메스머주의자 친구 달롱빌 백작의 회고록을 믿을 수 있다면, 그것은 제국에 걸맞은 철학이었다. 곧 혁명을 견디고 살아남은 몇몇 메스머주의 예언자들에게 상담을 받았고 훗날 황후가 되는 조제핀 드 보아르네에게 어울리고 나폴레옹에게 어울리는 철학이었다. "더욱 이상한 것은 보나파르트 장군은 이탈리아로 첫 원정에 나설 때 몽유자 말리 샤토르노(조화학회 회원이던 바로 그 샤토르노일 가능성이 있다)가 예언했던 바로 그 운명, 군에서 보나파르트를 기다리고 있다는 그 운명을 얻고자 했다. … 보나파르트는 카스틸리오네 전투가 그 몽유자의 예언을 실현한 것이라고 믿었다. 그는 이집트로 출발하기 전 다시 그 몽유자를 조심스럽게 수소문했다."9

파브르의 신비주의적이고 신정적인 보수주의는 조제프 드 메스트르의 것과 공통점이 많았다. 드 메스트르는 생마르탱, 스베덴보리, 윌레르모, 그리고 몇 사람의 다른 메스머주의자들의 관념을 흡수하며 상트페테르부르크에서 기나긴 밤들을 보냈다. 조제프 드 메스트르는 이미 스베덴보리의 여러 저술에서 메스머주의 이론들이 설명된 것을 발견했다. 사실 그는 메스머주의 이론을 솔론까지 거슬러 올라가며 추적했다. 메스머주의는 러시아의 제안으로 시작된 또다른 정치 체제—신성동맹—에 더 많은 영향을 끼쳤고 그것은 결국 보수적인 방향으로 수용되었다. 그 동맹이 이상으로 삼은 하느님의 주권 아래 뭉친 그리스도교도들의 형제애, "생명의 말씀la parole de vie"은 부분적으로 변종 메스머주의—마르티니즘—관상학의 신비주의자 크뤼드너 남작부인의 영향을 받았다. 그녀는 적그리스도 나폴레옹을 격퇴해야 하는 차르 알렉산드르 1세의 소임에 종교적 성격을 부여함으로써 차르의 신임을 얻었다. 크뤼드너 부인이 1815년 러시아 군대와 함께 파리에 도착했을 때 그녀는 메스머주의의 남성 원로 베르가스, 퓌세귀르와 여성 원로 부르봉 공녀를 자기 주변으로 끌어들였다. 베르가스는 파리 교외에 변변한 가구도 없는 정원사의 오두막에 칩거하고 있었지만, 차르는 망설임 없이 크뤼드너 부인과 함께 그를 방문했고 여러 차례 유럽에 확립될 우주적 조화의 천년왕국에 대해 그에게 조언을 구했다. 어떤 출전에 따르면 베르가스가 신성동맹 초안을 작성했다고 한다. 베르가스가 거기에 영향을 미친 것은 분명하며, 그는 이후 몇 년간 차르와 서신을 교환하면서 자신의 영향력을 유지하고자 했다.[10]

크뤼드너 부인은 메스머주의와 다른 영성주의가 다시 유행하게 되었을 때 파리에 도착했다. 그런 부활은 7월 왕정과 제2제국 사이 기간에 지속되었다. 그녀의 집회는 왕정복고 첫해에 최신 유행을 쫓는 파리 시민들을 매혹시켰다. 그러나 그녀가 예언했던 종말이 제때

오지 않았을 뿐만 아니라, 알렉산드르 1세와 결별한 후 그녀의 예언들이 점점 더 친구인 뱅자맹 콩스탕의 자유주의적 관점을 반영하게 되면서 그녀를 따르는 사람들이 줄어들었다. 사교계는 미모를 갖춘 인도 출신의 몽유자 알리나 델더라는 더 매력적인 예언자를 발견했다. 사교계는 코레프 박사, 르노르망 양, 파리아 신부(물을 샴페인 맛이 나게 만들었다)에게 몰려들었고 이후에는 앙리 들라주의 신비주의적이고 프리메이슨적인 메스머주의를 후원했다. 어려움에 처하게 된 노동계급은 7월 왕정기 동안 파리의 빈민 지구 어디서나 발자크의 눈에 띄었던 이름 없는 메스머주의 예언가들을 찾아 나섰다. 1850년대 메스머주의가 절정을 이루던 시기에 유령을 불러내고 경련을 일으키는 새로운 기법들이 발전했다. 메스머 유체로 충전된 지팡이와 사슬이 남아 있었지만 통은 대체로 사용되지 않았다. 거울은 단지 유체의 움직임을 강화하는 데 그치지 않고 유령들을 보여주기 위한 것으로 개선되었다. 유령들은 책상을 두드리거나 숯으로 그림을 그리는 식으로 그들의 메시지를 전했다. 구식 메스머주의 안마사들은 몽유자들에게 운동의 주도권을 내놓았다. 알퐁스 카녜 같은 근대적 메스머주의자들은 늘 유령들과 교신하며 지냈다. 유령들은 짤막한 시와 가족들에게 전하는 안부, 그리고 하나의 매개물을 통해 천상에 대한 설명을 보내왔다. 주로 탁자가 매개물 구실을 했는데 유령들은 일종의 모스부호로 탁자를 두드려 메시지를 전해왔다.

이런 혁신들이 이뤄지는 동안 사제직은 베르가스와 퓌세귀르로부터 들뢰즈에게, 그리고 다시 포테 남작에게 계속해서 승계되었다. 우주조화학회는 1789년 각 지방에 설치했던 지부를 거의 잃은 1815년에 퓌세귀르의 지휘 아래 자기학회Societé du Magnétisme로 부활했고 1842년 조직을 개편했다. 뒤 포테가 지휘봉을 잡은 1850년대에 이르러 신자들은 일주일에 두 번 팔레 루아얄의 프레레 프로방소 레스토랑 객실에 모였다. 쿠아니 호텔에서 진행되었던 옛 모임의 영광을 재연하지는 못했지만, 참석은 활발했고 비용도 저렴했다(참가비 15수sous). 그리고 새로운 조직은 더 상업적인 당대의 정신을 유지하고 정기적으로 운영 시간을 지켰으며 부지런히 기금을 적립했고 월간《주르날 뒤 마녜티슴Journal du magnétisme》(20권, 1845~1861)을 발행했다. 메스머주의의 부활은 그들의 천적인 전통적 의사들과 과학자들을 자극했다. 그들은 조롱과 학계위원회라는 진정한 무기를 가지고 다시 한 번 메스머주의와 맞섰다. 테아트르 데 바리에테는 1816년 메스머주의를 다뤄 성공을 거둔 풍자극〈메스머주의 중독자La Magnétisomanie〉를 제작했고, 1825년 프랑스 의학아카데미Academie nationale de Medecine는 일련의 조사와 논쟁을 시작했으며, 새로운 팸플릿 발행이 봇물을 이루었다. 1831년 학계 인사들은 치료법으로서 메스머주의의 가치를 일부 인정한 조사위원회의 보고서를 채택함으로써 메스머주의자들에 맞선 15년의 전쟁을 종결짓는 듯했다.

그러나 1837년 공격을 재개했다. 또다른 위원회의 적대적 보고서에 따라 학계는 영리하게도 눈을 사용하지 않고 읽을 수 있는 메스머주의자에게 5,000프랑의 상금을 내걸었다. 1840년 모든 출전자가 실패하자 학계는 마침내 메스머주의를 더이상 다루지 않겠다고 선언했고 원을 사각형으로 만드는 따위의 쓸모없는 쟁점들을 변방으로 밀어냈다. 그러나 메스머주의는 다른 곳에서 건재했다. 19세기 중반에 이르면 유럽 전역에서 온건한 유체론과 몽유 상태에 대해 진지한 연구가 이루어졌다. 1815년 사망 직전에 메스머는 베를린대학교의 메스머주의 과정 개설을 축하했다. 제임스 브레드는 영국에서 최면 유도에 대한 조사를 시작했다. 그리고 샤르코가 이끄는 프랑스의 최면술사들은 프로이트의 심리학 발전에 중요한 영향을 끼쳤다.[11]

메스머주의는 또 정치 이론가들―파브르 돌리베가 발전시킨 사상의 노선을 따랐던 신비주의 보수주의자들만이 아니라 레스티프와 본빌의 전통을 이어갔던 자유주의자들과 유토피아적 사회주의자들까지―에게 지속적으로 영감을 주었다. 혁명 이후 리옹의 주도적 신비주의자였던 피에르 발랑슈는 메스머주의를 포함해 일루미니즘 교리들을 대부분 다루었다. 그리고 파브르와 조제프 드 메스트르의 보수적이고 신정적인 사상들과 같은 선상에 섰다. 그는 또 자본주의의 가장 중요한 반대자인 신비주의자 샤를 푸리에를 놀라게 했다. 발랑슈의 《뷜탱 드 리옹Bulletin de Lyon》에서 푸리에는 자신의 철학을 이끄는 원칙인 우주적 조화를 발견했다고 선언했다. 베르가스에게 그랬던 것처럼 푸리에에게 우주적 조화는 임박한 종말에 뒤따를 미래의 유토피아 국가를 지배하게 될 것이었다. "모든 정치·도덕·경제 이론들을 불 속으로 집어던지고 가장 놀라운 사건을 준비할 필요가 있다. … 사회적 혼란으로부터 우주적 조화로 갑작스럽게 이행하기 위해서."

베르가스와 마찬가지로 푸리에는 자연의 물리 법칙과 도덕 법칙 사이의 유사성에 근거하여 자신의 체계를 확립했다. "나는 열정적 중력 법칙이 모든 면에서 뉴턴과 라이프니츠가 설명했던 물질적 중력 법칙을 뒷받침한다는 것을, 그리고 물질계와 영혼계 모두에 공통된 운동 체계가 있다는 것을 곧 알아차렸다." 푸리에의 《네 가지 운동과 일반적 운명에 대한 이론Théorie des quatre mouvements et des destinées générales》과 유사성이 많았음에도 푸리에에게는 베르가스의 《동물 자기에 관한 고찰》이 불구덩이에 던져져야 할 책 가운데 하나였을 것이다. 푸리에는 자신의 책을 제외한 모든 책을 불태우는 상상을 했다. 그는 어떤 작가에게도 빚졌다는 것을 인정하지 않았다. 사회의 자연법칙, 열정적인 중력의 끌어당김은 오롯이 그 혼자 발견한 것이다. 그리고 인간들을 보편적 형제애로 조직하기 위해서는 그것을 억압하는 대신 촉진해야만 한다. 그러나 독창성에 대한 푸리에의 주장은 그가 메스머주의의 전통 안에 들어선 정확한 지점을 은폐했을 뿐이다. 메스머주의의 영향은 그의 여러 연구에서, 심지어 수맥 탐지의 옹호와 빛과 열에 관한 그의 유체 이론과 메스머주의의 삼위―신, 물질, 운동―에 대한 강조 같은 세세한 부분에서도 뚜렷하게 나타난다. 푸리에가 "문명"에 상반되는 것으로서 원시적이고 자연적인 사회를 선호한 점은 루소는 물론이고 베르가스와 쿠르 드 게블랭을 떠올리게 했으며 "판매원sergent de boutique"이라는 자신의 초라한 지위에 대한 그의 자부심은 학계 인사들에 대한 메스머주의자들의 비난을 반향했다. "그 발견이 알려지지 않은, 촌스러운, 과학적 천민의 연구라면, 학계 인사조차 되지 못한 불청객에 불과한 이의 연구라면, 그의 머리 위에 온갖 음모의 저주를 퍼부을 것이다." 푸리에는 심지어 의사회의 메스머주의 박해를 비난하기도 했다. 마지막으로 그는 메스머주의자들이 그들의 과학을 오용하고 곡해해왔다고 주장하면서 메스머주의를 자신의 체계에 통합해 넣었다. 다른 세계와 접촉하는 일이야말로 몽유자의 "초인적 능력"이 작용한 결과로 설명되어야 했다. 몽유는 영혼의 불멸성을 입증했다. 그리고 비록 "문명" 안에서는 오용되어왔지만 "조화 상태에서는" "크게 유행하고 크게 유용할" 것이었다.[12]

푸리에는 (영혼의 윤회와 교미하는 행성들을 포함해서) 수많은 외부 요소들 가운데 하나로서 메스머주의를 궁극적으로 그 자신의 전망 속에 흡수한 반면, 그의 추종자들은 세기 중반의 급진적 메스머주의자들과 거의 구별되지 않는다. 뮈롱이 메스머주의를 거쳐 푸리에주의에 도달했고 조제프 올리비에와 빅토르 에네캉이 메스머의 우주론을 푸리에의 드넓은 "무한 우주infinivers"에 맞게 조정했다. 임종을 맞은 푸리에는 메스머 유체로 치료받기를 거부했지만, 사후에 메스머 유체로 제자들과 접촉했다. 알렉상드르 에르당이 밝힌 바에 따르면 1853년 푸리에주의자들의 "회전-탁자" 집회는 메스머주의의 탁월한 지도력을 보여주었다.

> 비나캉 씨─확실히, 탁자에게, 즉 탁자 안에 있는 영혼에게 물어보십시오. 그것은 내 머리 위에 유체의 거대한 관pipe이 있다고 말해줄 것입니다. 그 관은 내 머리 위에서 솟아나 별들에게로 뻗어 있습니다. 그것은 향기로운 관으로 토성에 있는 영혼들의 목소리가 그 관을 통해 내 귀에 와 닿습니다. … 그 탁자(다리를 심하게 치면서)─옳지, 옳지, 옳지. 향기로운 관. 통로. 향기로운 관. 통로. 통로. 통로. 통로. 그래.

이 '메스머-푸리에주의'는 메스머주의자들에게 완벽하게 이해되었다. 그들은 푸리에 추종자들의 열렬함을 환영했고 푸리에의 작품들을 장황하게 인용했으며, 푸리에가 들뢰즈를 읽고서 얻은 메스머주의에 관한 세속적 지식만으로 "메스머주의의 비밀 대부분을 직

관적으로 맞혔다"는 데에 놀랐다.[3]

　메스머주의자들은 일부 생시몽주의자들도 기꺼이 포용했다. 푸리에와 마찬가지로 생시몽은 자신이 새로운 사회과학의 뉴턴임을 주장했다. 그리고 그는 우주의 물리적 법칙과 사회의 도덕적 법칙 사이에서 유사성을 도출해냈다. 그는 자신의 환상을 현세에 고정시켰지만 그의 제자들은 신비주의의 좀더 상부로 파고들어갔다. 거기서 그들은 푸리에주의자들과 교차했다. 생시몽의 가장 가까운 초기 동료 레데른 백작은 메스머주의 교수 행세를 하며 생시몽과 결별한 뒤 완전한 메스머주의 논문을 썼다. 그리고 좀더 충실한 추종자 피에르 르루는 본빌을 기쁘게 했을 메스머주의, 마르티니즘, 카르보나리즘Carbonarism의 혼합물과 생시몽주의를 연결지었다.

　로버트 오언은 급진적인 유토피아적 메스머주의 지지자들의 위계를 완성했다. 애나 블랙웰이 편지를 통해 1853년《주르날 뒤 마녜티슴》의 독자들에게 전한 바에 따르면 다음과 같다. "유명한 사회주의자 오언 씨는 … 지금까지 가장 강력한 의미의 물질주의자였으나 죽은 지 여러 해 된 가족들과 대화를 나눈 뒤 영혼의 불멸성에 대한 믿음으로 완전히 돌아섰다." 학회 회보에 발표된 또다른 편지에서 오언은 자신이 벤저민 프랭클린, 토머스 제퍼슨과 교신했으며, 다른 세계를 체험하면서 메스머주의를 적대했던 그들의 신념이 약해졌고 영혼의 메시지는 종교 문제에 국한되지 않는다고 밝혔다. 17차나

18차 집회에서 그들은 다음과 같이 강조했다. "현재의 전반적 목적은 우리 행성에 거주하는 사람들을 개혁하는 것이며, 우리 모두에게 다른 삶에 관한 진실을 확신시키는 것이고, 모두를 진정으로 자비롭게 만드는 것이다."

메스머주의의 이런 유토피아적 경향은 베르가스의 "자연사회" 개념, 게블랭의 원시 세계 개념, 그리고 이상적인 무인도 공동체를 모델로 삼았던 카라의 제3단계 역사 개념까지 거슬러 올라갔다. 심지어 브리소는 프랑스, 스위스, 미국에 유토피아적 식민지 건설을 계획했었다. 그렇다면 1846년 메스머 자신이 유토피아적 급진주의자였다는 발견은 더할 수 없이 적절한 것이 아니었나! 1846년부터 1848년까지 《주르날 뒤 마녜티슴》은 《프랑스 대중의 가르침에 기여할 도덕, 교육, 그리고 법에 관한 기본 개념Notions élémentaires sur la morale, l'éducation et la législation pour servir à l'instruction publique en France》이라는 수기 원고를 개재했는데, 메스머가 프랑스혁명 기간에 써서 국민공회에 보낸 것이라는 이야기가 돌았다. 그 글은 가장 엄격한 자코뱅에 어울릴 법한 이론을 펼쳤다. 주권은 국민에게만 속한다. 법은 일반 의지의 표현이다. 과세는 가능한 최고의 평등을 실현해야 한다. 그리고 초월적 존재에 대한 축제는 시민들 사이에서 "사회적 미덕"을 촉진해야 한다.

이런 덕목들은 우주조화학회가 옹호했던 덕목들에 근접했다. 즉 그것들은 베르가스의 이론들에서 곧장 도출된 자료들로부터 메스머가 만들어낸 이 이상적인 사회의 "우주적 조화" 속에서 흘러 넘치곤 했다. 그 글에서 유일하게 독창적인 요소는 법을 공표하고 법적 분쟁을 조정하고 육상대회를 개최하고 시민종교를 기념하는 정성스러운 행사를 벌이는 동안 시민정신이, 그리고 어쩌면 일반의지가 어떻게 작용할지를 분석한 부분이었다. 메스머는 다음과 같이 설명했다. "결국 영향력의 체계 혹은 동물 자기론의 체계를 구성하는 원칙들이, 인간의 물리적·도덕적 조화를 위해서는 잦은 대규모 집회가 중요하다는 사실을 입증할 것이다. … 함께 모여 노래하고 기도하는 동안 모든 의도와 의지가 하나의 동일한 대상, 특히 자연의 질서로 향할 것이다. 몇몇 사람들에게서 파괴된 조화가 재확립되고 그들의 건강이 강화되는 것은 바로 이런 상황들 때문이다." "자유와 건강liberté et santé"이라는 이원적 원칙은 메스머가 국민공회에 개략적으로 설명한 이상적 공화국을 활성화할 것이다. 모든 시민이 "아이, 학생élève, 조국의 수호자défenseur de la patrie, 가장이자 시민père de famille et citoyen, 공무원fonctionnaire public, 감시인surveillant, 퇴역 군인vétéran"으로서 꾸준히 사회에 봉사할 것이다. 메스머는 조심스럽게 사회적 기능들, 시대의 한계, 그리고 심지어 각 단계를 특징짓는 관습들을 묘사했다. 세심한 계획과 인간과 우주에 관한 적절한 이론은 프랑스를 영원히 지속되고 영원히 자유와 평등에 헌정될 민주적 사회로 만들 것을 약속했다. 학회지가 논평했듯이 그것은 고귀한 계획이며 푸리에가 메스머주의에 다가간 것만큼이나 푸리에주의에 근접한 것이 되었다.

사실 메스머주의는 1846년 새로운 혁명가 메스머의 출현과 함께 제자리로 돌아왔다. 또다른 혁명적 상황에서 혁명적 선동이 다시 한 번 분출하자 메스머주의는 1780년대의 주제들로 되돌아갔다. 베르가스와 브리소의 열정은 학계와 정치계의 이중적 독재자들에 맞서 《주르날 뒤 마녜티슴》에 발표한 통렬한 비난에서 또다시 폭발한 듯했다. "우리의 지식인들은 메스머주의에 관여하기를 원치 않았다. 다른 이들이 자유에 관여하기를 원치 않는 것과 마찬가지였다. … [그러나] 과학이 파괴하기를 원치 않았던 독재적인 사슬의 고리들이 분쇄되었다." 60년의 전투 끝에 아직 살아남은 메스머주의의 급진적 경향, 곧 1789년의 정신은 1848년 메스머주의 선언에서 마지막으로 표현되었다. "메스머주의자들이여, 기뻐하라! 위대하고 아름다운 새날이 밝아왔다. … 오, 메스머! 공화국을 사랑한 당신. … 당신은 이때를 예견했지만 … 이해하지는 못했다."[14]

메스머가 1780년대 프랑스인들에게 건 주문은 19세기 초반 정치학자들은 물론이고 문인들이 그의 영향력 아래 놓이게 했다. 라인 강 건너편에서 메스머는 독일 최초의 낭만주의자로 여겨졌을 수도 있다. 그는 확실히 프랑스의 낭만주의자들 사이에서 가장 중요한 두 사람의 독일인 중개인, 스탈 부인과 의사 코레프를 위해 길을 열어놓았다. 라바터와 생마르탱의 스베덴보리주의자 친구 스탈 남작은 동물 자기론 창설자들과 함께 메스머 유체 치료를 했다. 그가 아내에게 끼친 영향은 그들의 결혼만큼이나 미약했을지 모른다. 그러나 다른 메스머주의자들—가장 유명한 사람의 이름만 들자면, 부르봉 공녀와 크뤼드너 부인—은 그녀의 낭만주의 형성에 영향을 주었을 것이다. 샤토브리앙과 뱅자맹 콩스탕과 마찬가지로 스탈 부인은 메스머주의자로 전향하지 않고도 그들과 함께 살아갈 수 있었지만, 그들의 사상에 대한 존경심은 그녀가 《독일론De l'Allemagne》에서 독일의 신비주의를 호의적으로 다루는 데 일조한 듯하다. 독일의 메스머주의 의사 코레프는 스탈 부인이 젊은 시절의 계몽주의 철학에서 벗어나도록 도왔다. 스위스 코페에 칩거 중인 그녀를 찾은 코레프는 그녀의 병약한 신비주의자 멘토 드 슐레겔을 메스머주의로 치료해 그녀를 매료시켰고 《독일론》에 실린 찬사로 보상을 받았다. 코레프는 그야말로 일종의 메스머주의 요원으로 활동했다. 그는 프랑스와 독일의 가장 중요한 낭만주의 작가들을 알고 지냈고 그들의 다수를 메스머주의로 치료했다. 그는 하르덴베르크 대공을 성공적으로 치료하면서 베를린대학교 생리학과에 자리를 잡았고 주 참사관직을 얻었으며 새로 설립된 본대학교의 창립위원이 되어 프로이센의 정계와 학계에서 가장 중요한 인물 가운데 하나가 되었다. 하르덴베르크에 대한 장악력을 잃은 뒤 코레프는 파리로 물러갔다. 그곳에서 그는 재치, 예리한 시선, 인상적인 독일 억양, 그리고 메스머주의 운동에서 보인 지도력으로 왕정복고와 7월 왕정기에 살롱의 유명 인사가 되었다. 코레프는 그의 친구이자 메스머주의 운동의 동지인 호프만의 작품들이 프랑스에서 크게 유행하는 데 일조했다. 그는 하이네를 파리 문학계에 소개했고 노디에, 위고, 발자크, 스탕달, 들라크루아, 샤토브리앙에게 공상가들을 조달했다. 그는 심지어—성공적이지는 않았지만—춘희, 즉 마리 뒤플레시의 의사로도 활약했다.[15]

코레프가 파리의 여러 살롱을 돌며 거둔 승리의 행진은 조야하기는 했지만 메스머주의가 영향력을 행사할 수단을 제공했다. 그는 모든 사람을 만났지만 만난 사람을 모두 전향시키지는 못했다. 코레프는 그의 훌륭한 친구 뱅자맹 콩스탕을 치료했지만 자신의 명분에 동조하게 만들지는 못했다. 그가 전향시킨 사람들이 반드시 그들의 작품에서 믿음을 표현했던 것도 아니었다. 프랑스의 낭만주의 저술들에는 전기 충격, 신비스러운 힘들과 유령들이 넘쳐난다. 하지만 그 가운데 메스머주의에 의해 활성화된 것이 얼마나 많은지 판단하기는 쉽지 않다. 예를 들어 라마르틴의《시와 종교의 조화Harmonies poétiques et religieuses》에서 인용한 다음 글은 그저 메타포에 불과할까?

조화로운 에테르가 푸른 물결을 이뤄

더없이 순수한 유체의 산들을 에워싸네.

　시인 라마르틴이 무한함에 대한 직관적 이해에 도달하는 데 메스머주의가 도움을 주었다는 점은 《주르날 뒤 마녜티슴》에서 메스머주의 활동가들이 라마르틴을 그들의 일원으로 대했던 사실로 미루어 짐작할 수 있다. 다른 여러 작가들도 비슷한 대접을 받았다. 예를 들어 알렉상드르 뒤마는 메스머주의를 선전하는 데 훌륭한 소재 였다. 그는 심지어 자신의 몽유 실험에 근거해 몇 가지 선전문을 직접 쓰기도 했다. 그리고 그는 《조제프 발사모Joseph Balsamo》 같은 소설들에 상당히 많은 메스머주의 치료법을 포함시켰다. 소설에서 메스머주의계의 파우스트인 발사모가 거울로, 피아노로, 지팡이로, 그리고 그의 눈으로 유체를 발사한다. 그리고 소설의 플롯에서 중요한 몽유 집회 후에 기뻐하며 다음과 같이 말한다. "그러니 과학은 미덕 만큼이나 쓸모 있는 단어다! 메스머가 브루투스를 물리쳤다." 메스머주의는 뒤마를 포함해 다른 여러 낭만주의 저자들에게 그들이 원하는 재료를 제공했다. 곧 테오필 고티에가 "환상적인 것, 불가사의한 것, 신비한 것, 설명할 수 없는 것"이라고 불렀던 것들에 체계를 제공했다. 1780년대 메스머주의 지지자들은 이 체계가 계몽사상의 합리주의와 조화를 이룬다고 믿었다. 그러나 그것은 또한 초기 낭만주의의 한 형태를 표현했다. 1784년 조화학회의 한 회원은 "계몽사상가 볼테르의, 백과전서파의" 지배는 "붕괴하고 있다. 마침내 모든 것에 염증이 난다. 특히 차가운 이성에 신물이 난다. 우리는 좀더 활기 있고 좀더 달콤한 기쁨을 누려야 한다. 숭고함, 불가해한 것, 초자연적인 것을 누려야 한다"고 말했다.[16]

메스머주의는 그 낯선 어휘들 때문에 프랑스 문학을 읽는 일반 독자들의 눈길을 비켜갈 수도 있다. 그러나 고티에 같은 작가의 등장인물들이 서로를 매만지거나 상대방 "주위"의 "장애물"을 극복하고 "친밀관계"에 놓이는 것을 발견한다면 독자는 경계해야 한다. 느닷없이 이야기 속에 하모니카를 끼워넣고 한 등장인물이 여주인공의 피부를 통해 영혼의 "빛줄기"—의지의 자성(중력)에 지배되는 "여리고 떨리는 광채"—를 보게 했을 때 고티에가 메스머주의를 이야기하고 있다고 추정할 수도 있다. 그런데 그런 추정은 확신이 된다. 고티에가 등장인물들로 하여금 눈에서 유체를 발사해 서로를 메스머 요법으로 처치하고 몽유 상태를 유발하기 위해 메스머의 지팡이와 심지어 메스머 통을 활용했기 때문이다. 그는 메스머주의를 호프만식 유령, 영국 멋쟁이, 혹은 다른 문학적 소품 이상의 어떤 것으로 다루고 있는 듯하다. 그는 메스머의 유체를 그것이 마치 열정의 매체인 것처럼, 생명의 원료 자체인 것처럼 묘사한다. 《화신Avatar》에서는 옥타브로부터 생명이 빠져나온 것처럼 묘사했고, 《저주의 눈초리Jettatura》에서는 폴의 사악한 시선으로부터 자기 충격을 받아 알리샤의 생명이 그녀의 몸에서 빠져나온다. "무지한 문명civilisation ignorante"의 "물질주의적 과학science matérialiste"은 그들의 치명적 권태를 간파하지 못한다. 그들의 혼을 찾을 수 없었기 때문이다. 고티에는 정통 의학에 대해 베르가스가 했을 법한 비난을 내비치면서 신비주의 과학자들을 찾아 그들을 치료하고자 한다. 손가락으로 뿔 모양을 만드는 손짓과 다른 장치들이 사악한 시선의 "악한 유체fluide malfaisant"에 맞서는 피뢰침 역할을 한다. 그러나 그것들은 민간의 미신에 담긴 원시 과학의 잔재를 표상할 뿐 알리샤를 구하지 못한다. 그러나 옥타브는 원시 과학 자체를 찾아낸 어느 의사에게 구출된다. 그가 발견한 원시 과학은 쿠르 드 게블랭을 기쁘게 한 것은 물론이고 어쩌면 영혼의 과학을 창시하기 위해 "새로운 파라셀수스"가 필요했던 백과전서파를 기쁘게 했을 힌두교판 메스머주의다.[7]

발자크에 관한 글에서 고티에는 메스머주의에 관한 그의 허구적 설명과 그에 관련된 낭만주의 과학의 형식들이 진지하게 받아들여지도록 의도했다는 사실을 밝혔다. 그 글은 그와 발자크가 메스머주의에 대한 공통된 믿음으로 우정을 다졌음을 보여주었다. 그들은 심지어 어느 몽유자의 안내를 받아 보물 사냥을 계획했으며, 문학과 신비주의 과학의 문제에서 그들의 동반자였던 에밀 드 지라르댕 부인의 인도를 받아 몽유를 실험했다. 고티에가 발자크를 진지한 리

얼리즘 감각을 지닌 "천리안"으로, 땅에 발을 딛고 있는 "몽유자"로, 엄청난 골상학적 기억 융기를 지녔을 뿐 아니라 강력한 메스머 유체를 뿜어 사람의 마음을 읽어내는 눈을 지닌 "화신"으로 묘사한 것은 메스머주의에서 영감을 받은 결과다. 그리고 메스머주의는 발자크에서 고티에로 이어지는 성공의 공식에 결정적이었다. "그[발자크]는 위인이 되기를 원했다. 그러고는 끊임없이 유체를 발사해 위인이 되었다. 그 유체는 전기보다 강한 것으로 그는《루이 랑베르Louis Lambert》에서 그것을 아주 소상히 분석했다."[18]

고티에는 랑베르의 "의지 이론Théorie de la Volonté"의 편린들을 언급하고 있었다. 그 이론은 "너무 중요하지만 여전히 형편없이 평가를 받는 메스머의 발견"을 말하며, 인간이 영의 세계와 직접 접촉할 수 있으며, 자신의 의지력을 행사해서, 곧 자신의 내적 감각 혹은 "내적 시선"에서 장애물, 공간, 시간, 모든 것을 관통하도록 유체를 지휘함으로써 지상의 삶을 통제할 수 있다고 설명했다. 발자크의 랑베르는 뉴턴을 계승했다. 그는 물질적인 것과 영적인 것이 만나는 비밀의 영역을 발견했고 물질적인 것으로부터 영적인 것으로 옮겨갔다. 거기서 그는《주르날 뒤 마녜티슴》의 여러 호에 설명된 "도취extase"와 아주 유사한 힌두교적 "무아경ecstasy"의 상태, 그리고 바르베랭적 메스머주의에서 강경증과 매우 유사한 상태였다. 모든 메스머주의자들은 의지의 중요성을 강조했다. 예를 들어 앙리 들라주는 발자크 시대의 전형적인 메스머주의자로 발자크와 랑베르의 생각과 거의 구별되지 않는 생각들을 상술했다. "아주 미세한 자기 유체가 존재한다. 그리고 그것은 인간의 영혼과 신체를 연결하는 고리다. 그 유체는 특별한 자리 없이 모든 신경을 지나며 순환한다. 그리고 그것은 의지의 명령에 따라 팽창하고 이완된다. 그 유체는 전기 불꽃의 색을 띤다. … 눈에서 나오는 섬광, 생명의 혼의 빛줄기가 공간을 가로질러 영혼들을 교감하게 하는 신비한 고리다." 들라주는 이렇게 말했다. "언젠가 발자크는 우리에게 의지는 무게 없는 유체의 동력이며 [신체] 부위들은 유체를 움직이는 행위자들이라고 말했다." 핵심을 좀더 명확히 하자면, 고전적 메스머주의에 대한 들라주의 해설은 《위르쉴 미루에Ursule Mirouet》에서 인용한 장문의 글과 함께 발표되었다. 그 글에서 발자크는 "인간에게서 의지에 의해 작동하고 다량의 유체로 치료하는 … 강한 영향력을 확인한 메스머의 교리"를 상세히 설명했다. 발자크는 메스머주의를 소설의 이론적인 부분에만 한정하지 않았다. 그는 등장인물들 속에도 메스머주의를 끼워넣는다. 《주술사Le Centenaire ou les deux Béringheld》에서 등장인물들의 열정은 삶의 정수로서 다뤄진 "생명 유체"의 파동과 함께 진동했다. 《나귀 가죽La Peau de chagrin》에서 라파엘은 자신의 "의지 이론" 덕분에 이 힘이 사랑의 본질이기도 하다는 점을 인정했다. 그리고 《인간 희극La Comédie Humaine》 서문에서 발자크는 그것이 19세기 초 자신의 삶의 파노라마에서 매우 중요한 위치를 차지했다고 설명했다. "동물 자기, 1820년대 이래 나 스스로도 그 기적을 경험했다. 라바터의 뒤를 이은 갈 박사의 세심한 연구조사, 그리고 요컨대 광학자들이 빛(동물 자기와 빛, 그 두 가지는 거의 같은 것이었다)을 연구한 방식은 사도 요한의 제자인 신비주의자들의 관념을 뒷받침한 것은 물론이고 영혼계를 확립한 위대한 사상가들의 관념도 뒷받침한다는 것이 연구한 사람들 모두가 생각했던 바다."[19]

이는 메스머 외에도 다른 철학자들 몇 사람이 발자크를 초자연적인 것으로 끌어들이는 데 도움을 주었음을 나타낸다. 발자크는 스베덴보리가 특히 도움이 된다는 것을 알게 되었고 윤회, 원시 종교, 동물화된 행성 같은 영성주의 이론들에 대한 스베덴보리주의적 공식화로서 《세라피타Séraphîta》를 썼다. 그러나 《세라피타》가 제시하는 것은 메스머주의자들 사이에서 일반적이던 종류의 스베덴보리주의다. 그 첫 장은 몽유에 관한 설명으로 읽을 수 있다. 그리고 3장은 스베덴보리가 동물 자기론의 발견에서 메스머를 앞질렀다는 발자크의 믿음을 표현했다. 마찬가지로 발자크의 중요한 메스머주의 소설 《위르쉴 미루에》는 메스머주의자인 등장인물을 "스베덴보리주의자"로 묘사한다. 언급들이 중복되는 것은 이해할 만한 일이다. 스베덴보리와 메스머가 발자크에게 동일한 메시지를 주었기 때문이다. 바로 과학자들은 사물의 외부를 측정하고 무게를 재려 하기 때문에 내적 존재를 이해하는 좀더 큰 문제를 보지 못한다는 메시지다. 발자크는 또한 디드로와 라이프니츠의 작품에서도 혹은 그가 칭송했던 다른 저자들의 작품에서도 이런 메시지를 추출했다. 그는 카바니의 《인간의 신체와 도덕의 유사성Rapports du physique et du moral de l'homme》에서 그를 매료시킨 상태, 곧 메스머적 "도취"에 대한 생리학적 설명을 읽었을 것이다. 그는 외거가 어느 책에서 메스머주의와 결부시킨 두 가지, 라바터의 관상학과 갈의 골상학을 연구했다. "미세한 유체, 곧 인간의 의지에 의한 현상들의 토대이자 열정, 습관, 얼굴과 두개골의 형태를 낳는 유체"라는 발자크의 설명에는 스베덴보리, 라바터, 갈, 카바니의 관념들이 뒤섞여 있다. 그러나 이를 위한 기본 요소들을 제공한 것은 메스머주의다. 메스머주의가 라바터와 생마르탱의 사상을 형성했기 때문이다. 그리고 메스머주의 운동은 발자크 자신의 사상과 같은 노선—극단적 합리주의와 물질주의로부터 영성주의로 이어지는 선—을 따라 진화했다. 그러므로 발자크의 등장인물들이 다른 사람의 마음을 볼 수 있고 공간과 시간을 넘나드는 기적 같은 여행을 할 수 있고 유령으로 하여금 조언을 하게 만든 것은 근본적으로 메스머주의였다. 《사촌 퐁스》에서 퐁스의 생명을 구하고 시보 부인의 음모를 만들어내는 데도 메스머주의가 개입했다. 그리고 《주술사》에서 메스머주의는 마리안느와 베랭겔을 갈라놓고 재결합시켰다. 《나귀 가죽》에서는 "과학적 사랑"의 "전기적 일격"으로 라파엘을 강타했다.《스테니Sténie》에서 메스머주의는 스테니와 델 리에 사이에 사랑을 가져다주었고,《루이 랑베르》에서는 랑베르를 영적 "조화"의 상태에 이르게 했다.[20]

발자크의 장례식에서 관을 운구하고 추모사를 낭독했던 빅토르 위고는 초자연적인 것을 향해 가는 발자크의 마지막 여행에서 더할 수 없이 적합한 수행원, 혹은 더할 수 없는 메스머주의자 호위병이었다. 메스머주의는 발자크에게 여행을 준비시켰다. 메스머주의는 그의 종교적 신념을 강화시켰으며《위르쉴 미루에》에서 미노레 박사가 거쳐갔고 현실에서는 19세기 초 대부분의 메스머주의자들이 거쳐간 경로를 따라 18세기에서 벗어나게 해주었다. 어느 몽유자 집회에서는 구태의연한 계몽사상가로 프랑스혁명 전에 메스머주의자들을 박해했던 미노레 박사의 "볼테르적인 구시대"가 도전을 받았고 그를 위한 은총의 "전기" 광선이 마련되었다. "예수가 선호하는 과학"이며 고대 이집트, 인도, 그리스의 철학인 메스머주의를 통해 미노레는 "영적 우주가 존재한다는 것"을 배웠다. 그 의사는 기독교로 전향했고 로크, 콩디악에 대한 믿음을 저버렸으며 스베덴보리와 생마르탱의 저서들을 집어들었다. 발자크는 위고의 작품들을 목록에 추가했을 것이다. 위고의 작품들은 메스머주의가 영성주의 문학에 끼친 영향의 정점을 상징했기 때문이다. 메스머주의의 가장 강한 물결이 윤회하는 영혼, 보이지 않는 영혼의 위계, 원시 종교, 그리고 영성주의의 다른 요소들과 함께 위고의 시들을 관통해 흘렀다.《레미제라블》에 부친 위고의 "철학적 서문Préface philosophique"에서 메스머주의는《인간 희극》에 부친 발자크의 서문에서만큼이나 영광스러운 자리를 차지했다. 위고에 따르면, 메스머주의는 "과학이, 기적이라는 구실을 붙여, 모든 것의 근원에 도달해야 할 의무를 저버렸다"는 것을 증명했다. 메스머주의는 과학을 넘어 태양과 달과 별들이 유체의 바다에서 조용히 회전하고 있는 "우주적 조화"에 대한 전망으로 위고를 안내했다. 위고는 그것을 "생명의 유체", 삶과 사후의 정수라고 칭했다. 메스머주의는 초자연적인 것으로, 그가 형이상학적 호기심을 충족하기 위해서가 아니라 세상을 떠난 사랑하는 딸, 레오폴딘과 다시 접촉하기 위해 들어가기를 열망했던 세계로 그를 인도했기 때문이다. 채널 제도에 망명해서 지내는 동안 슬픔에 빠져 아무것도 할 수 없던 위고는 발자크와 고티에의 동료로 몽유자였던 지라르댕 부인이 그에게 준 기회, 레오폴딘과 접촉할 수 있는 기회에 필사적으로 매달렸다. 그들의 강령회에 관한 기록은 절망에 빠진 이 시인이 셰익스피어, 그리고 단테와 시를 주고받는 장면, 예수로부터 혁명적인 조언을 받는 장면을 보여준다. 이어서 애처로운 순간에 죽은 딸에게 묻는다. "너를 사랑하는 이들의 고통을 알고 있니?Vois-tu la souffrance de ceux qui t'aiment?" 그리고 시인은 딸에게서 고통이 곧 끝날 것이라는 확신을 얻는다. 18세기의 과학적이고 합리적인 사고는 위고의 고통을 담아낼 수 없었다. 뒤퐁과 마찬가지로 그는 시와 영성주의로 물러나 절망과 씨름했다. 새뮤얼 존슨은 18세기 중반에 "천상의 지혜"를 구함으로써 자신을 절망에서 구해낼 수 있었다. 위고 역시 19세기에 종교로 향했지만 계몽사상과 함께 죽은 정통 그리스도교로 향하지는 않았다. 그는 과학, 혹은 "고등과학haute science"의 도움으로 천상을 추구했다.

> 빛줄기에 휩싸인 천문학자가
> 수천만 리를 가로질러 지구의 무게를 잴 때
> 나는 거대하고 순수한 그 하늘에서 무언가 다른 것을 찾는다네.
> 그러나 그 어두운 사파이어는 흐릿한 심연이어라!
> 밤에는 볼 수 없네, 푸른 옷.
> 창공을 미끄러져 날갯짓하는 천사들의 옷을.[21]

동물 자기론은 메스머가 1778년 파리에서 그 존재를 선언한 이후 여러 차례 부활을 경험했다. 그리고 《인간 희극》과 《레미제라블》로 파고든 순간 메스머주의는 쓸모없게 된 계몽사상에서 멀어졌다.

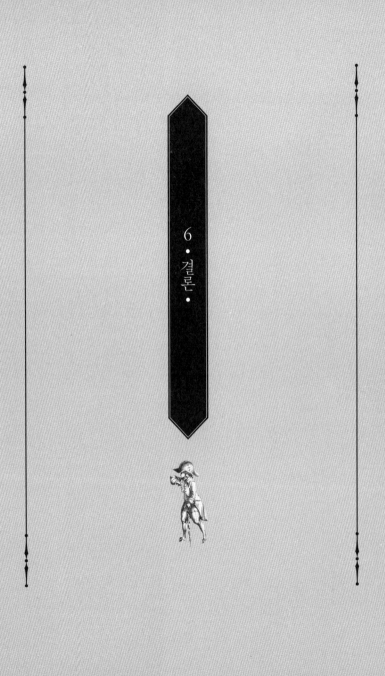

6
· 결론 ·

최초의 메스머 통에 둘러앉아 계몽사상가들을 인용하며 자신들이 이성에 안긴 승리를 자축했던 사람들은 빅토르 위고의 시를 초자연적인 것으로 고양시킨 메스머주의를 알지 못했을 것이다. 최초의 메스머주의자들은 미래를 파악하는 일에 실수하기는 했지만 그들의 과학이 세계를 재창조하리라는 믿음이 완전히 틀렸던 것만은 아니다. 1780년대의 메스머주의는 프랑스인들이 혁명 이후 세계에 대한 시각을 재정립하는 데 많은 재료를 제공했기 때문이다. 그리고 많은 이들에게 이런 시각들은 온갖 유령과 교미하는 식물들과 더불어 최초의 철도만큼이나 중요한 것이었다. 그러므로 메스머주의 운동은 일반적으로 이성의 시대와 낭만주의 시대라는 이름이 붙은 시기 동안 민중의 태도에서 일어난 미묘한 변화를 인도한 안내선을 제공했다. 사실 메스머주의는 그 시기들을 겪어냈고 오늘날까지도 파리 곳곳에 살아남았다. 파리 곳곳에서 메스머주의자들은 이따금 나타나 일정액의 돈을 받고 메스머 유체를 시술한다. 그러나 오늘날의 메스머주의자들은 서글픈 모습으로 쇠락해 사라져가는 부류이며 파리 시민들은 더이상 그들에게 관심의 눈길도 주지 않은 채 서둘러 지나쳐간다.

"경이로운 것"에 대한 호기심과 강한 열정이 1780년대 파리 시민들을 사로잡았고 당시 일반 독자들의 견해에 대해 소중한 정보를 제공하는 많은 열광자를 낳았다. 이런 견해들은 그 자체로도 연구 가치가 있지만 혁명 전 프랑스에서 급진적인 관념들이 어떻게 유포되었는지를 이해하는 데 특히 중요하다. 과학아카데미에서 라부아지에의 실험에 찬사를 보냈던 엘리트들에서부터 파리의 물랭 드 자벨 위로 떠오르는 30분짜리 열기구 여행에 12리브르를 지불했던 일요 산책자들에 이르기까지 프랑스인들은 1787년 이전 10년 동안의 대유행—과학—에 열광했다. 과학이 이룬 기적에 관한 기사들이 1780년대 대중 서적들을 가득 채웠다. 심지어 마라와 로베스피에르의 생각을 채운 것도 그런 기사들이었다. 그렇다면 급진주의자들이 과학이라는 유행을 수단 삼아 자신들의 사상을 전달한다는 것이 얼마나 자연스러운 일인가? 심지어 급진 사상을 전달하기 위해 열기구를 만들기도 했다. 퐁텐이라는 이름의 한 평민 출신 젊은이는

1784년 1월 19일 리옹을 막 출발한 몽골피에식 열기구에 뛰어들었고 왕자, 백작, 기사, 그리고 그에게 자리를 내주지 않는 다른 유명인사 승객들에게 다음과 같이 말했다고 한다. "지상에서는 내가 당신들을 우러러보았지만 이곳에서 우리는 대등하다." 프랑스의 젊음을 일깨운 행동이었다. 여기에는 평등에 대한 주장이 담겨 있었는데 이 소식은 한 유명 신문에 실렸고 루소의 《사회계약론》이라고는 들어본 적도 없는 이들의 귓전을 울렸다.[1]

1780년대에 메스머주의는 열기구 비행을 훨씬 뛰어넘는 열광을 불러일으켰다. 이런 열광을 이용하며 자크 피에르 브리소 같은 극단적 급진주의자들이 내놓은 메스머주의 선전은 정치 이론에 관한 논문에서 걸러진 급진 사상들이 평범한 독자들에게 전달되는 모호한 과정에 중요한 역할을 했다. 이들 대중은 미스터리, 스캔들, 메스머주의에 관한 열정적 논쟁에 열광했고 대체로 《사회계약론》은 알지 못했다. 루소의 추상적 논문은 그의 다른 작품들과 달리 정치에 무감한 일반 독자들의 관심을 끌지 못했다. 반면 메스머주의는 1789년 이전에 유명 사건이 갖춰야 할 필수 요소들을 모두 지녔다. 정치적 메시지가 담긴 메스머주의 팸플릿은 소수에 불과했고 이 팸플릿들은 정권의 지지자들 사이에서 큰 울림을 얻는 데 실패했다. 그러나 프랑스 사회의 부조리에 대한 메스머주의의 공격은 힘이 부족하지 않았다. 과학의 대중적이고 비정치적인 유행 안에서 타격을 가한 덕분에 그 팸플릿들은 감명을 주었다. 그 공격은 경찰에 경각심을 줄 만큼 충분히 강했고 파리 고등법원이 메스머주의자들을 지지하고 나서는 바람에 경찰은 반격에 실패했다. 고등법원은 그 입지로 인해 급진적인 메스머주의 팸플릿 저자들과 관계를 유지했고, 이 저자들은 이후 1787~1788년 사이 혁명 전 위기의 기간 동안 정부를 향한 고등법원의 공격을 대중에게 알렸다. 1784년 메스머주의자들과 정부의 충돌을 계기로 우주조화학회의 상류층 회원들에게 추방당한 반정부 세력들은 코른만의 집을 거점으로 한 모임에 집결했고 공격을 준비했다. 코른만 집단의 구성원들이 칼론과 브리엔 내각에 맞서 격렬한 저항운동을 펼쳤기에 그 집단은 정치화된 메스머주의 운동의 절정을 표상한다. 고등법원에서는 데프레메스닐과 뒤포르가, 명사회에서는 라파예트가, 증권거래소에서는 클라비에르가, 그리고 일반 독자들 사이에서는 브리소, 카라, 고르사와 베르가스가 정부에 대한 저항을 주도했다. 그러나 1787년과 1788년의 쟁점들이 갈피를 잡지 못했던 탓에 그 운동을 분석하려면 따로 책 한 권을 더 써야 할 것이다. 정부에 대한 반대와 고등법원에 대한 지지는 급진적 신념의 지표로 해석할 수 있을 뿐만 아니라 반동적 신념의 지표로도 해석될 수 있다.

'급진적'이라는 말은 그 모호함에도 불구하고 프랑스 사회와 정치에서 하나의 근본적 변화를 일궈내려는 사람들에게 적용하기에 가장 적합한 용어일 것이다. 자신들의 과학으로 프랑스를 개조하고자 했던 메스머주의자들, 그래서 그 저술에서 혁명적 선동의 기미를 보이던 메스머주의자들에게 꼭 어울리는 용어다. 그러나 단지 질병이나 권태, 혹은 그 시기 가장 유행하던 실내 놀이에서 배제되는 것이 두려워 메스머의 통에 집착했던 대다수 메스머주의자, 수도원장들, 백작부인들과 부유한 상인들에게는 어울리지 않는 말이다. 상류사회를 겨냥했던 메스머주의의 특성은 1780년대 동안 상류층들 사이의 삶의 풍조, 18세기 프랑스인들의 표현을 빌리자면, 풍속을 설명하는 데 도움을 준다. 메스머주의의 급진적인 성격이 바뤼엘 신부가 상상했던 것과 같은 혁명 분파들의 비밀연계망에 의해 앙시앵 레짐이 무너졌다는 사실을 입증하지는 않는다. 그것은 오히려 글을 아는 상류층 사이에 믿음이 결여된 탓에 체제의 기반이 얼마나 침식되었는지를 나타내는 지표로 작용한다. 라파예트, 브리소, 베르가스, 카라는 체제에 맞선 그들의 공격을 조정할 다른 기회를 찾았을 것이다. 그들이 체제의 악을 확신하는 데 반드시 메스머주의 이론을 필요로 하지 않았을 것은 분명하다. 그러나 메스머의 입에서 나오는 뜻 모를 게르만어에서 혁명적 메시지를 읽어냈을 때, 프랑스 사회의 변화를 요구하기 위한 토론의 장으로서 메스머의 통을 선택했을 때, 그들은 자신들이 사회질서에 대해 느끼는 불만의 깊이를 깨달았을 것이다. 그들 사상에 불을 붙이고 그들을 자극해 대중을 흥분의 도가니로 밀어넣게 한 것은 어떤 개혁 프로그램도 아니었고 바로 이런 불만들이었다.

급진주의자들이 보기에 메스머주의는 두 가지 점에서 호소력이 있었다. 급진주의자들에게 메스머주의는 그들의 발전을 가로막았거나 가로막는 것으로 보였던 기성 학계에 맞설 무기가 되어주었다. 그리고 급진주의자들에게 "과학적" 정치 이론을 제공했다. 브리소 같은 젊은 혁명가에게 메스머주의는 혁명에 앞서 10년 동안 가장 큰 논란의 대상이 되었던 최첨단 과학의 유행이라는 쟁점에 관여할 기회를 제공했다. 그뿐 아니라 그의 내면의 감정들, 프랑스의 과학과 문학계의 정상에 오르겠다는 야심과 정상에 있는 이들에 대한 증오를 일깨웠다. 정상은 본래 협소한 것이지만, 브리소, 카라, 마라는 기성 학계의 협소함을 정치적 견지에서 해석했다. 그들에게 학자들은 낮은 신분의 출중한 천재들을 탄압하는 철학의 "독재자"와 "귀족"으로 여겨졌다. 혁명이 발생하자 탄압에 대한 그들의 증오심은 철학에서 정치로 옮겨갔다. 그리고 그런 증오심은 불의 성질이나 열기구의 방향을 통제하는 최선의 방식에 관한 쇠락한 담론들 속에 살아남은 유일한 생명의 불꽃이었다. 그 두 가지 주제에 정통했던 혁명 이전의 전문가 마라는 과학적 문제들에서 일반 주권 같은 것을 요구하며 혁명가 마라를 예고했다. "내가 만약 심판을 받아야 한다면 계몽된 공정한 대중에게 맡겨라. 내가 자신 있게 호소할 곳은 대중의 법정이다. 그 최고 법정의 칙령은 과학 단체들 자체도 존중할 수밖에 없다." 메스머 역시 학자들의 공격에 맞서 같은 방식으로 방어했다. "내가 호소할 곳은 대중이다." 마라와 메스머의 이름을 함께 듣는다는 것이 이상할지 모르지만 그들은 1780년대 급진주의 운동의 중요한 일면을 상징한다. 특히 메스머의 호소는 파리의 지저분한 거리 곳곳을 오르내리며 울려 퍼졌다. 말레 뒤 팡이 묘사하듯 그곳에서 인정받지 못한 채 참담한 상황에 놓인 수없이 많은 뉴턴과 볼테르의 계승자들은 기득권층을 저주했다.

"파리에는 재능을 발휘하기가 여의치 않은 젊은이들, 서기, 상점 보조원, 법률가, 군인들이 넘쳐난다. 그들은 작가로 살며 굶주리거나 구걸을 하거나 팸플릿을 만든다." 이들의 좌절된 야심이 많은 혁명가들의 이력 뒤에 숨겨진 동력이었다. 그들에 관한 연구는 혁명 엘리트들의 탄생을 설명하기까지 먼 길을 가야 할 것이다.[2]

메스머주의는 혁명적 분위기, 바로 위대한 계몽사상가들의 사망이후 세대에 속한 많은 프랑스인들을 사로잡았던 분위기를 설명하는데 도움을 준다. 1780년대 후반 글을 아는 프랑스인들은 더 이국적인 지적 취향에 맞춰 세기 중반의 냉정한 합리주의를 거부하는 경향이 있었다. 그들은 초자연적인 것과 과학적으로 신비한 것들을 열망했다. 그들은 볼테르를 매장하고 메스머에게 몰려들었고, 그들 가운데 가장 목청을 높였던 이들에게는 이렇다 할 특징이 없었다. 경구를 남용하는 일에 진력하려 하지 않았기에 계몽사상의 선조들에게는 있었던 우아함이 그들에게는 없었다. 그래서 그들은 초자연적인 것을 향한 이끌림, 십자군적 본능, 특권에 대한 분노를 표출할 하나의 명분으로 메스머주의를 수용했다. 낡은 체제에 대한 믿음을 잃은 이들에게 메스머주의는 하나의 새로운 믿음을 제공했다. 그것은 계몽사상의 끝, 혁명의 출현, 19세기의 여명을 특징짓는 믿음이었다.

메스머주의는 또한 라파예트, 뒤포르, 데스프레메스닐처럼 특권을 지닌 이들에게도 호소했다. 그들은 자신들의 고귀한 사회적 지위를 무너뜨릴 사상들로 불장난을 했다. 이들은 메스머주의를 일반 민중을 위한 의학으로서, 루소와 쿠르 드 게블랭의 건강한 원초적 힘을 복원시켜줄 과학으로서 옹호했다. 건강은 루소와 몽테스키외가 설명했던 미덕이자 개인 안에서는 물론이고 정치기구 안에서도 조화를 가져올 미덕을 낳을 것이었다. 메스머주의는 "우주적 조화"를 가로막는 "장애물"을 제거해 프랑스를 재생시킬 것이었다. 또한 메스머주의는 자연의 물리 법칙과 도덕 법칙이 귀족의 특권과 전제 정부를 메스머 유체의 바다에 빠뜨려 소멸시키게 될 "자연"사회를 복원해서 예술의 해로운 영향(루소에게서 차용한 또다른 관념이다)을 치료할 터였다. 물론 가장 먼저 제거해야 할 대상은 의사들이었다. 메스머의 혁명 프로그램은 모호해졌지만 그 핵심 주장은 여전히 분명했다. 의사들을 없애야만 모든 사회적 부조리를 근절시킬 자연법이 작동하게 된다는 것이었다. 의사와 그들의 학계 동료들은 자연과 사회의 진정한 과학의 힘에 맞서 스스로를 보존하려는 구질서의 최후의 시도를 표상했기 때문이다.

급진적 메스머주의자들은 앙시앵 레짐의 타락이 자연 치유의 지점을 넘어섰다는 동시대인들의 감정을 표현했다. 큰 수술이 필요했고 그 수술을 맡기기에는 궁정 의사들이 미덥지 못했다. 메스머주의자들은 그들만의 치료법을 지니고 있었기에 그 임무를 수행해냈고, 깊은 상처를 감당할 수 있었다. 그러나 구질서가 사멸한 뒤 그들은 자신들을 하나로 묶어준 것은 변화를 향한 하나의 공통된 열망이었을 뿐 뚜렷한 목적이 아니었다는 것을 깨달았다. 그들은 서로에게 등을 돌렸다. 고등법원의 구성원으로서 데프레메스닐의 편향성은 법복 귀족(法服貴族, 프랑스 절대왕정 관료 귀족―옮긴이)의 통치를 위한 반동적 프로그램이 될 것임을 드러냈다. 베르가스는 10월 이후 국민의회에 대한 환멸로 움츠러들었다. 라파예트와 뒤포르는 한동안 보수적 입헌군주제 지지자로서 프랑스를 통치했지만 브리소와 카라에 의해 전복되었다. 브리소와 카라는 지롱드파와 함께 집권(했고 몰락)했다. 그리고 마라는 살해되기 전 그의 옛 친구들이 단두대로 향하는 것을 도왔다. 이는 그들 모두가 공유했던 경이로운 유체와 전망의 종말을 의미했다.

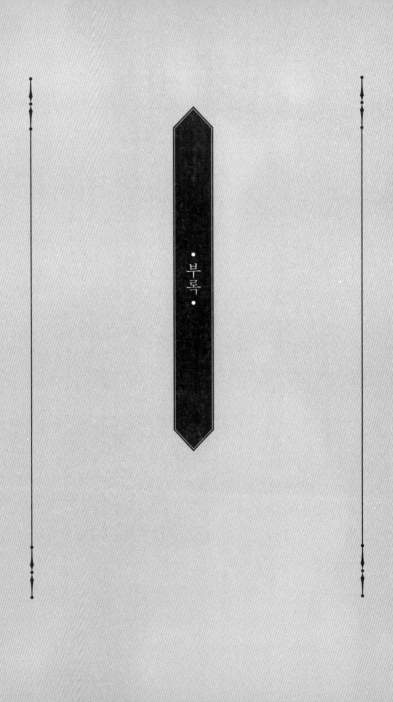

부록

부록1 메스머의 명제들

메스머는 자신의 동물 자기론을 27개의 명제로 줄여 회고록《동물 자기 발견에 관한 회고Mémoire sur la découverte du magnétisme animal》(Geneva, 1779)의 끝부분에 수록했다.

가장 중요한 것들은 다음과 같다.

1. 천체, 땅, 생물체 사이에는 서로에게 영향을 주는 어떤 것이 존재한다.

2. 전반적으로 폭넓게 퍼져 있어 빈틈없이 이어지고 그 미세함을 어떤 것과도 비교할 수 없을 뿐 아니라 본성상 운동의 모든 작용에서 영향을 받고 그 영향을 증폭시켜 전달할 수 있는, 이런 작용의 수단이 되는 유체.

8. 동물체는 주기적으로 이 작인의 영향을 받는다. 이 작인은 신경 물질 속으로 파고들어 즉시 효과를 발휘한다.

9. 그것은 특히 자석과 비슷한 특징을 지닌 인간의 몸에서 분명하게 드러난다. 여러 개의 반대 극들을 식별할 수 있을 것이다. 그 극들은 통할 수도 있고 바뀔 수도 있으며 파괴될 수도 강화될 수도 있다. 동일한 경향의 현상이 관찰된다.

10. 천체의 영향을 받고 주변에 있는 것들과 상호작용할 수 있으며 자석과의 유사성으로 분명하게 드러나는 동물체의 특성을 나는 동물 자기라 부르기로 결정했다.

21. 이 새로운 체계는 불과 빛의 성질을 밝히고 자석과 전기의 인력, 그 흐름과 역류에 관한 이론을 밝혀줄 것이다.

23. 이 원리가 신경질환들을 직접 치료할 수 있고 다른 질환들도 간접적으로 치료할 수 있다는 것을 사람들은 사실을 통해, 내가 확립한 실질적 규정들을 통해 알게 될 것이다.

다음은 파리의 리세움과 박물관들에 관한 설명으로 장 루이 카라에 대한 내용이 포함되어 있다. 라로셸 아카데미의 라빌마레가 파리를 여행하는 동안 동료 세네트에게 쓴 편지에서 발췌한 것이다. 라로셸에서 가장 성실한 사서 생타프리크가 라로셸시립도서관에 소장된 필사본을 복사해 필자에게 보내주었다.

1783년 2월 12일 파리,

… 이곳에서는 지식인과 학자를 거의 찾아볼 수 없습니다. 심지어 마치 사제처럼 일주일에 한 번만 방문을 받는 이도 있습니다. 그들을 만나고 싶으면 그들의 공개 모임에 가야 합니다. 물리학과 자연사의 일부 교수들에 대해 들은 적이 있습니다. 이들은 최

고의 재능을 지녔지만 가진 것이 너무 형편 없어서 그들의 수업에서는 얻을 게 아무것도 없답니다. 그럼에도 남녀노소를 막론하고 모든 사람이 그들에게 몰려갑니다. 8일의 시간이 있어서 나는 생트아부아 가에 있는 유명한 박물관을 찾아갔습니다. 그곳에선 필라트르 드 로지에가 자신이 3개월 동안 가르쳤던 모든 것을 요약해주기로 되어 있었습니다. 나는 실험물리학의 아주 정교한 도구들이 장식되어 있는 멋진 방으로 안내받았습니다. 중앙을 차지한 것은 두 개의 받침대 위에 놓인 멋진 전기 기계였습니다. 또 주위에는 멋진 차림의 여성들이 두 줄로 늘어서 울타리를 이루고 있었습니다. 그들이 방의 4분의 3을 차지했고 그들 뒤로 방 모퉁이 쪽과 대기실에 남성들이 밀집해 있었습니다. 그 젊은 교수의 말을 알아듣기는 어려웠지만 그는 학자답게 전기의 제1현상을 설명했고 아주 자주 그 기계의 도움을 받았습니다. 즉석에서 두세 차례 열기구가 발사되고, 예사롭지 않은 빛이 분출되고, 때때로 축포가 터지며 엄청난 혼란 속에서 모임의 멋진 부분을 만들어냈습니다. 매력적인 목소리에서 간혹 쇳소리가 나기도 했지만 우리에게 겁낼 것 없다는 확신을 준 로지에의 능력 덕분에 모든 것이 정돈되었습니다. 생각해보실 수 있게 이곳 박물관의 안내책자를 함께 보냅니다. 그저 평범한 문학회에 불과하면서도 아카데미의 허울을 쓰고서 회원들이 저 좋을 대로 쓴 것들을 읽는 쿠르 드 게블랭의 박물관 같은 곳과 이곳은 전혀 다르다는 것을 아시게 될 겁니다. 사실, 지난 목요일에 쿠르 드 게블랭의 박물관에 갔었습니다. 회장 캘라바 씨가 연극에 관한 책의 서문을 읽었고, 드 생앙게 씨는 오비디우스의 《변신》 일부를 번역해 전해주었습니다. 별 특징 없는 물리학자 뒤 카를라 씨는 황도광(黃道光, 해가 진 뒤의 서쪽 하늘이나, 해가 뜨기 전 동쪽 하늘 지평선 가까이에 혀의 모양으로 어스름히 나타나 보이는 빛―옮긴이)에 관한 짤막한 논문을 읽어주었습니다. 카라 씨는 음파vibrations soni-fiques와 광파vibrations lucifiques를 비교한 또다른 논문을 읽어주었습니다. 마지막으로 친애하는 모네 씨는 그가 보았다지만 나로서는 어디서 온 것인지 알 수 없는 (그에게 들은 대로 말하자면) 작은 화석에 관해 알아들을 수 없는 이야기를 전했습니다. 사람들은 또한 라틴어와 프랑스어로 쓴 시구, 통신원들이 쓴 시구, 기행문에서 발췌한 글을 읽었습니다. 모임에서 가장 흥미로웠던 것은 드피 씨가 분명 출판을 염두에 두고 썼을 시집에서 발췌해 들려준 한 편의 모방시였습니다. 이 작품은 뜨거운 찬사를 받았습니다. 독서회를 마친 뒤에는 늘 그렇듯이 얼마쯤 음악 연주가 이어졌습니다. 라블랑셰리 씨의 박물관에는 아직 가보지 못했습니다. 글루크의 오페라를 보여주지만 않는다면 이번 목요일에 가보려고 합니다.

부록3 우주조화학회

이 단체의 비밀 집회는 값비싼 태피스트리와 거울로 장식된 쿠아니 호텔의 커다란 방에서 진행되었다. 이 모임의 특징은 코르베롱 남작의 일기에 가장 잘 묘사되어 있다. 그는 1775년부터 1780년 사이 러시아 주재 프랑스 대사를 지냈으며 찾을 수 있는 모든 형태의 신비주의와 비교秘教를 시도해보았다. 그의 일기 첫 부분은 라방드가 다음과 같은 제목으로 출판했다.《예카테리나 2세 궁정의 프랑스인 외교관, 1775~1780Un diplomate français à la cour de Cathérine II, 1775-1780》《러시아 주재 프랑스 외교관 코르베롱의 비밀회고록Journal intime du Chev. de Corberon, chargé d'affaires de France en Russie》2권(Paris, 1901). 아래에 옮겨 적은 글은 아비뇽시립도서관Bibliothèque munici-pale d'Avignon, mss 3059와 3060에 남아 있는 그의 일기 일부에서 발췌한 것이다. 메스머와 사전 면담을 갖고 신입 회원들을 위한 특별 모임에 참가한 코르베롱은 1784년 4월 5일 이 단체에 가입했다.

바로 오늘 … 나는 메스머의 모임에 입회했다. 즉 조화학회 회원이 되었다. 결코 받지 말아야 할 이에게 이름과 프리메이슨의 형상들을 주었기 때문이다. 우리는 대략 48명 정도의 신입 회원이었다. 이 행사를 위해 코케롱 가의 유서 깊은 쿠아니 호텔 1층에 커다란 방이 마련되어 있었다. 세 줄로 늘어 선 많은 등들이 방을 밝혔다. 좌석의 배치 등 그 모임의 모든 것에서 사기극의 냄새가 풍겼고 그 점이 나를 불편하게 했지만, 어쩌면 다른 많은 사람들에게는 필요한 부분이었을 것이라는 건 나도 인정한다. … 그 방 끝에는 연단이 하나 있고 그 뒤로 회장과 부회장을 합쳐 세 사람이 앉아 있었다. 그들 앞에는 붉은 천을 덮은 탁자 하나와 여러 개의 의자가 놓여 있었다. 메스머를 중앙에 두고 오른편에 샤틀뤼, 왼편에 뒤포르, 두 명의 부회장이 앉아 있었다.
누군가의 짧은 연설이 있었다. 우리가 하려는 일과 예외 없이 프리메이슨적 형태의 중요성에 관한 [그리] 대수롭지 않은 이야기였고 사이사이 침묵이 흘렀다. 회장단의 연단 앞 오른쪽에 연사를 위한 의자와 탁자 하나, 왼쪽으로 비서를 위한 의자와 탁자가 있었다는 건 깜빡 잊고 말하지 않을 뻔했다. 앞쪽 중앙에는 의자

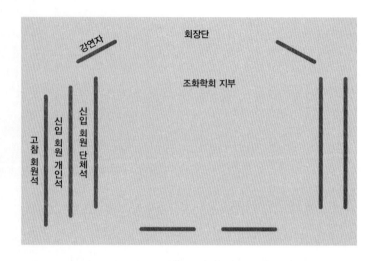

가 두 줄로 놓여 있었는데 줄마다 12개에서 15개의 좌석이 있었고, 그 주위로 훨씬 뒤쪽에 두 줄로 놓인 회원석이 있었다. 그리고 셋째 줄에 높이 자리한 좌석에는 기존 회원들이 앉아 있었다. 연사와 비서 앞으로 두 개의 탁자와 의자가 더 있었고 학회의 임원진 두 사람이 앉아 있었는데 바로 제1감독관과 제2감독관이었다. 위에 있는 것이 그 집회의 모습, 배치도이다.

회장단 뒤로 걸린 거울에 상징적인 그림이 있었고 양 옆, 그러니까 연사와 비서 위쪽에 손으로 그린 그림이 하나씩 있었다. 그림은 동물 자기가 무엇인지, 구분하고 세분해서 그것을 적용하는 것이 어떤 것인지를 나타낸다.

[연사 베르가스의 연설 후에]… 우리 모두 손을 든 채 차례로 회장단의 좌석을 돌며 서서 안수를 받았다.

입회식 후 코르베롱은 열한 차례 교리학습 모임에 참가했다. 그 모임의 성격은 그의 일기에서 발췌한 다음의 글로 판단할 수 있을 것이다.

4월 7일 ┃ 우리는 모두 서른 명쯤 앉을 수 있는 커다란 사각형 탁자에 둘러앉았다. 탁자 중앙에는 선을 그리기에 적합한 칠판이 놓여 있었다. 칠판을 거기 둔 것은 증명 과정에서 그림 따위를 그리기 위해서였다. 종이배도 한두 개 있었는데, 하나에는 총알 모양의 밀랍공들이, 다른 하나에는 쇳가루가 담겨 있었다. 두꺼운 도화지들도 있었는데 그 위에는 서로 다른 순서로 늘어선 밀랍공의 모양과 같은 작은 구체球들이 그려져 있었다. 이 그림들은 물질의 증명에 관한 것이다. 거기서 밀랍공이나 구형은 물질의 원자 혹은 구형입자를 표상한다. 탁자의 나머지 부분에는 초와 종이, 잉크가 놓여 있었다.

메스머는 탁자의 넓은 쪽 가운데에 앉아 있었다. 집회의 연사이자 수업의 실험자인 베르가스가 같은 탁자에 메스머와 마주보고 앉아 있었다. 모세의 지팡이와는 다른 청동이나 황금으로 된 막대를 들고 베르가스가 말했다. …

강습회에는 불편한 점이 있었다. 진짜 지도자인 메스머가 강의를 진행할 만큼 충분히 프랑스어에 능숙하지 못하다는 점이다. 그 때문에 말은 베르가스가 했는데 그는 언변이 좋았다. 그러나 자기 생각이 많은데다 과학의 전문용어들을 많이 알지 못하는 그는 자신이 아는 것은 장황하게 늘어놓고 스스로 만족스러워하며 재론한 반면, 추상적인 것들에 관해서는 빠르게 지나가는 바람에 우리에게 명쾌하고 정확하고 만족스러운 개념을 주지 못했다.

4월 9일 | 메스머가 다른 때보다 훨씬 많은 말을 했던 이번 강습에서 베르가스가 거만한 태도를 보이며 끼어드는 모습이 불쾌했다. 베르가스가 그 오스트리아인[메스머]의 말하는 방식을 이용하고 있다는 것을 깨달았고 그 때문에 베르가스에게 화가 났다.

4월 12일 | 베르가스는 메스머와 결별하려고 한다. 내가 들은 바로는 이번이 처음이 아니다. … 강습이 시작되자 베르가스는 우리에게 그를 성가시게 하는 일들에 더해 구체적인 불만의 이유들이 있었다고 생각하게 할 목소리를 내는 것은 이번이 마지막이 될 것이라고 선언했다. 내 옆에 앉아 있던 베네치아 대사 르 슈발리에 델 피노도 같은 시각을 취하며 내게 이렇게 말했다. … 베르가스는 이

미 단체를 떠날 생각이었다. 그의 자리를 대신하게 될 막심 퓌세귀르 백작과 벌인 날선 논쟁에서 비롯된 명예욕과 지배욕 때문이다.

코르베롱은 4월 14일에 퓌세귀르가 베르가스를 대신했지만 형편없었다고 기록했다. 4월 19일에 베르가스는 강습을 계속하기로 합의했다. 코르베롱은 4월 30일 열한 번째 강습 이후 일기를 쓰지 않았다. 그가 다시 일기를 쓰기 시작한 11월에는 메스머주의 활동을 거의 하지 않았고, 루에라는 이름의 남자와 어울렸다. 그는 철학자의 돌을 지녔으며 자신이 솔로몬의 후계자라고 주장했다.

부록4 메스머주의에 관한 베르가스의 강연

이 발췌문들은 조화학회가 분열된 뒤 메스머주의에 관한 공개 강좌 중 1785년 7월 10일 '세계의 체계와 자연 속 물리 법칙과 도덕 법칙의 일치에 관한 일반 관념'이라는 제목으로 이뤄진 베르가스의 강연에서 인용한 것이다. 이는 베르가스가 직접 쓴 원본으로 루아르에셰르, 빌리에 소재 샤토 빌리에에 보관된 베르가스의 문서 안에 포함되어 있다.

(명제) 70. 모든 조직이 부지중에 그들 사이의 물리적 균형을 이루려고 노력하는 것처럼, 모든 지성과 의지 역시 부지중에 그들 사이의 도덕적 균형을 이루려고 노력한다.

81. 누군가는 도덕적 자기라는 것이 지적 존재들 사이에 조화, 그

리고 서로의 애정과 친교를 초래하기 위해 고안된 방법에 관한 순전히 인위적인 이론이라고 말할 수 있을 것이다. 사회의 평화와 행복을 보장하기 위해 다양한 민족들 사이에서 고안된 정치제도와 다양한 교육 형식들이 이런 이론에 포함된다.

82. 여러 개인들이 그들을 그 동료들과 결합시켜주는 애정과 관습들을 던져버리고 자신의 것만을 쌓아가게 만든 데 책임이 있는 것이 바로 도덕적 전기電氣라고 말할 수 있을 것이다.

86. 우주의 물리적 자기력의 작용을 지배하는 법칙과 이 법칙의 에너지를 확장시키거나 증대시킬 수 있는 방법에 관한 이론이 바로 보호술과 치료술 혹은 의학의 목적이라는 사실을 알아야 하는 것과 마찬가지로, 지적 존재들 사이에 조화를 만들어 내는 보편적 (우주적) 도덕 법칙을 알아야 하고 주어진 모든 환경 속에서 이런 법칙의 에너지를 확장하거나 증대시킬 수 있는 제도, 관습, 선견이 지도술과 통치술 혹은 법의 목적이라는 사실을 규명해야 한다.

87. 이미 말했듯이 세계의 물리 법칙과 도덕 법칙이 너무도 정연해서 하나의 단일한 계획에 속하고 하나의 단일한 결과를 낳기 때문에, 체계적이고 지적인 존재 안에서 도덕 법칙을 손상시키는 것은 모두 물리 법칙의 발전을 방해할 것이 분명하다. 또한 체계적이고 지적인 존재 안에서 물리 법칙의 작용을 방해하고 왜곡하는 모든 것은 도덕 법칙의 작용을 약화시키고 더할 수 없이 어렵

게 할 것이 분명하다.

90. 도덕적 존재로 간주되는 사람이 선한 것은 그 자신, 그리고 그의 동료들과 균형을 이루게 하는 애정과 친교를 방해하는 것이 없기 때문이다.

105. 우주 자체를 지배하는 물리 법칙과 도덕 법칙의 심오한 결합과 완벽한 조화야말로 우주의 모든 것을 제어하고 그 자신의 지혜보다 더 숭고한 관념을 제공하는 초월적 지성의 존재를 가장 잘 증명한다.

베르가스는 1783년 조화학회의 한 연설에서 다음과 같이 말했다. 그가 손수 써 신입 회원 입회식에서 낭독한 이 글은 이후 폭넓게 수정돼《베르가스의 연설과 원고Discours et fragments de M. Bergasse》(Paris, 1808)에 재수록됐다. 그가 수정한 부분들은 빌리에에 보관된 그의 문서들 속의 원본에 비해 루소주의적이거나 이신론적인 성격이 덜하다. 다음 인용문은 빌리에에 보관된 베르가스 문서에서 인용한 것이다.

자연의 법칙이 전개될 때, 자연의 광대한 체계에 포용되는 지극히 다양한 존재들 사이에 한결같고 지속적인 조화를 유지하는 자연의 법칙이 전개될 때에만 자연이 분명하게 모습을 드러낸다.

… 여러분에게 선이란 존재의 전반적인 조화 속에 있는 모든 것

이며, 악이란 그런 조화에 문제를 일으키는 모든 것이 될 것이다. … 정의란 자연의 이런 위대한 에너지라는 것을, 곧 구체적인 변화들로 인해 순간순간 어려움을 겪는 존재들의 조화를 어떤 일반적인 작용을 통해 회복시키는 자연의 위대한 에너지라는 것을 알게 될 것이다.

[양심은] … 진정한 하나의 기관이다. 곧 무한한 감수성을 지니고 우주의 모든 지점으로 확산될 만큼 충분히 많은 섬유들이 결합된 하나의 기관이다. … 우리가 제대로 된 조화를 이루는 것이 타인에 의해서인 것처럼 우리가 자연과 조화를 이루는 것은 바로 이 기관에 의해서다. … 만약 어떤 존재의 양심의 기관이 병들었다면, 다른 평범한 기관들을 완전히 회복시키기는 불가능하다. 그리고 여러분은 완전한 건강을 위해서 선해야 한다는 현명하고 중요한 깨달음에 이르게 될 것이다. … 악인의 생각은 자연의 보호 작용에 방해가 된다. … 그로 말미암아 … 세계의 일반적 물리에서 등장한 하나의 도덕 … 그로 말미암은 … 우리가 예속된 기관들을 판단할 간단한 규칙들, 주어진 모든 상황에서 인간에게 유익한 법을 구성하는 어떤 원칙들, 형사법에 관한 설명과 예기치 않은 일들, 그 최초의 발상이 그저 아직 눈에 띄지 않았을 뿐인 법, 우리에게 다른 법이 필요하기 때문에 다른 풍속, 우리의 선견이 아니라 우리의 성향에서 비롯되었기 때문에 편안한 풍속, 자연의 인간에게서 사소

한 것들이 지켜지기 때문에 편안한 풍속, 그럼에도 자연은 그 제국을 알아보는 인간에게 헛되이 금지하는 것이 없기 때문에 엄격한 풍속.

이 학회의 표지는 자연의 물리·도덕 법칙에 대한 메스머주의자들의 시각을 보여준다. 그리고 베르가스가 작성한 이 학회의 기록은 그들이 활용한 상징을 보여주는데, 그들은 대체로 그 기호들을 원시적 진실을 전달할 수 있는 마법의 상형문자로 여겼다. 둘 모두 프랑스국립도서관 메스머주의 관련 소장 자료에서 나왔다(Bibliothèque Nationale, 4° Tb 62).

DEVISE des Sociétés de l'HARMONIE.

OBJET GÉNÉRAL.

Contemplation de l'harmonie de l'univers.
Connoissance des loix de la nature.

———————

| Rapport et influence de tous les êtres. | Rapport et influence de toutes les actions. |
| Physique universelle. | Justice universelle. |

OBJET PARTICULIER.

L'Homme.

| Son Education. | Législation. |
| Sa Conservation. | Justice. |

OBJET PRATIQUE.

Enseigner, maintenir et propager les principes.

De la Conservation.

De la Justice. {
  Sûreté.
  Liberté.
  Propriété.
}

De l'Education.

De la Médecine
ou de l'art de
guérir,

O

Des Vertus sociales. {
  Humanité.
  Modération.
  Frugalité.
  Bienveillance.
  Honnêteté.
  Exactitude
    dans les
    procédés.
  Sécurité.
  Véracité.
  Générosité.
}

Combattre les erreurs.   Empêcher l'injustice.

(O) *En cet endroit, est placé un cartouche ovale*

s'élancent vers les autres et réciproque-
ment mais on scait que tout ⬛ ac-
tant devroit ⬛ obeit au ⬛ de sa ⬛.

Donc si le — qui s'élance du ⬛ A.
se ment vers le ⬛ B. ⬛ réciproquement
les ⬛ A et B doivent tendre l'un vers
l'autre.

Donc il y a une — mutuelle entre
tous les ⬛ Célestes.

39. La — des ⬛ Célestes est en raison
de leur —. C'est a dire que si le ⬛ A
a plus de — ou de ⬛ que le ⬛ B.
il attire plus le ⬛ B qu'il n'en est at-
tiré, car on a vû que la rapidité des
— dans les quels les ⬛ sont plongés
est en raison de la — de la ⬛
des ⬛ (Fig. 37)

40. La — des ⬛ Célestes est en raison de
leur distance c'est a dire que plus les
⬛ A et B (Fig. 38) sont distans l'un de
l'autre et moins il s'attirent.

Car plus un ⬛ est éloigné d'un autre
corps et moins les — qui sortent du pre-
mier pour entrer dans le second sont ⬛

Mais moins les — sont ⬛ et moins
ils sont rapides, moins ils sont rapi-
des et moins grande est la Célérité
avec laquelle ils entrainent les ⬛ qui
leur sont ⬛

Donc plus les ⬛ sont éloignés et moins
ils s'attirent.

Donc l' — des ⬛ Célestes est en rai-
son de leur distance

41. La — des ⬛ Célestes s'exerce vers tou-
tes les parties qui les constituent, c'est
a dire que les parties d'un ⬛ les dont
chacune vers les parties d'un autre
⬛ et réciproquement; car comme il
ne peut y avoir de vuide dans le ⬛
si un ⬛ du ⬛ A tend vers B il faut
que ce ⬛ tende a être remplacé par
l' — qui le fuit et ainsi successive-
ment (Fig. 39)

42. L'et — des ⬛ Célestes est plus forte
entre les parties de leurs surfaces
qui se regardent qu'entre les parties
de leurs surfaces qui sont opposées.

Car dans la ⬛ A, les — qui sortent
de la surface d d sont plus for-
ce vers le ⬛ B que les — qui sor-
tent de la surface d d. (Fig. 40)

43. Les ⬛ Célestes en tournant sur leur axe
⬛ toujours la moitié de leur surface

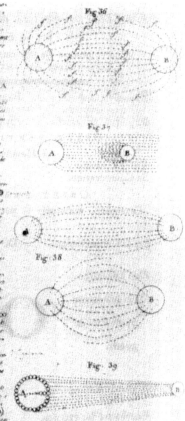

Fig. 36

Fig. 37

Fig. 38

Fig. 39

부록6 메스머주의에 적대적인 시각

콩도르세는 다음 글에 "내가 지금껏 동물 자기를 믿을 수 없는 이 유Raisons qui m'ont empêché jusqu'ici de croire au magnétisme animal"라는 제목을 붙였다. 이 글은 그가 1784년 말이나 1785년쯤 쓴 것으로 보이지만 출판되지 않았고, 프랑스국립도서관에 소장된 그의 문서철에 포함되어 있다(Bibliothèque de l'Institut de France, ms 883, fol. 231-247).

나로서는 메스머의 비밀에 값을 지불한 고상한 분들이 몹시 존경스럽다. 그들은 앞으로도 믿을 테고 계속해서 믿어왔을 테니 말이다.

그런데 보댕은 주술사들을 믿었다. 많은 증인들의 증언이 있었던 뱀파이어에 관한 조야한 사기극에는 역사가로 박식한 동 칼메가 있었다. 자크 에마르에게는 걸출한 지지자들이 있었다. 기사 딕비의 가루약은 모든 상태의 환자들에게 놀라운 기적을 일으켰다. 생메다르가 행한 기적의 근저에서 마주하게 되는 이름들은 놀랍다. 요즈음 사람들은 땅속에 흐르는 물을 보았다고 하는 수맥탐지가, 파랑귀를 믿는다. 그야말로 진정한 기적이다. 스베덴보리의 신입 회원들 중에는 다른 모든 영역에서 고결하고 분별 있는 지위에 있는 지식인들이 많다.

특이한 일들과 관련해서 믿어야 할 유일한 증인은 바로 판단 능력이 있는 사람들이다. 사람들이 말하기를 아주 멀리 떨어진 별에서 지구까지 기운을 보내는 우주적 유체가 존재한다고들 한다. 나는 물리학자들의 권위에 의거하지 않고는 이를 믿을 수 없다. 이 유체는 사람의 몸에 작용한다고 한다. 그렇다면 이들 물리학자들이 철학과 지식을 겸비해야 한다는 것이 내 주장이다. 공상과 사기극을 의심할 수밖에 없기 때문이다. 이 유체는 손도 대지 않고 혹은 손을 대서 환자들을 치료한다. 그렇다면 그 의사들이 병을 진단하고 치료해주는 일이 내게도 필요하다.

그런데 동물 자기는 물리학자들이나 의사들로부터 칭송받고 그들에 의해 활용된다. 나도 그 점은 인정하지만 권위에 의거해 믿을지를 결정해야 한다. 이는 인간의 이성으로 판단하기 어려운 문제다. 그렇기 때문에 내가 여기서 물리학자나 의사라는 말로 뜻하는 사람은 물리학 책을 썼거나 의과대학에서 박사학위를 받은 어떤 이가 아니다. 메스머주의가 문제되기 전에 유럽은 물론이고 프랑스에서 상당한 명성을 누렸던 한 사람을 뜻한다. 이것이 바로 내가 물리학이나 의학의 특이한 사실들을 믿기 위해 필요한 종류의 증거다.

그런데 이런 증거는 권위와 장점에서 동등하지만 상반되는 증거에 의해 견제되지 않는 것이어야 한다. 같은 사실을 보았다고 인정한 사람, 그 사실을 보지 못한 사람, 보고자 하는 기적을 본 적없는 사람만이 본 사람들을 견제할 것이다.

신중한 사람은 속임수를 놓치는 일이 드물지만 열광적인 사람들은 속임수를 믿는 일이 너무 잦기 때문이다.

이런 원칙에 따르면, 데슬롱의 것이든 메스머의 것이든 동물 자기론을 믿는 일은 불가능하다는 것을 알 수 있다.

그렇다면 지금 당장 살펴보라. 이 신사분들은 그들이 간직한 비결의 신성함에도 불구하고 믿을 만한 모든 이유를 없앨 수 있을 만큼충분히 말해주지 않았거나 충분히 살펴볼 수 있게 놓아두지 않은것은 아닌지.

자기의 효과라고 하는 것은 바로 상상력이 빚어낸 것이다. 내게 그사실을 말해준 사람이 누구일까? 바로 메스머 자신이자 그의 동료들이다. 그들은 거리낌 없이 알고 있는 모든 수단을 동원해 상상력을 자극한다. 놀라운 장비, 기괴한 자세나 속박, 특별한 언어, 엄청난 수의 사람이 모이는 대규모 집회, 예민한 사람들에게서 상상력을 자극하거나 일깨우는 효과를 내는 섬세한 손길 등.

집중력이 강한 사람이라면 조금 떨어져서 손가락을 가까이 가져가는 것만으로도 ○○[알 수 없는 단어] 한순간 가벼운 간지럼을 느끼게 될 것이다. 그리고 나머지는 기꺼운 믿음과 상상력의 몫이다. 우울한 여성들은 남성들에게서 자기치료를 받는다. 계몽된 의사나 물리학자라면 설사 메스머주의자들이 더할 수 없이 순진하다 해도 여기서 얼마나 놀라운 일이 벌어질지 모를 리 없을 것이다.

어떤 이들은 대담하게 사기극을 거론했지만, 메스머주의자들의 뜻에 자신을 완전히 내맡긴 이 환자들, 시력을 잃고 나서야 더 잘 볼 수 있게 된 이 강경증 환자들, 자신의 질병을 깨달은 환자들은, 이 모두 그들의 책에 넘쳐나는 유명한 악마들의 이야기와 너무도 닮은 모습이 아닌가? 루됭의 우르술라 수녀회 니콜 드 베르뱅, 마르테 브로시에도 그들 못지않게 놀라운 일들을 행했다.

학자들의 선입견에 맞선다고 하는 메스머주의자들의 주장이 가장 유명한 사기꾼들의 주장과 조금도 다를 바 없지 않은가? 물리학적 진실이나 의학적 진실에 반기를 든 가장 충격적인 예는 ○○[하비 Harvey?]의 경우다. 마흔을 넘긴 의사들은 아무도 그를 믿지 않았지만 많은 수의 물리학자들이 별 문제없이 그를 믿었다. 여기서 뉴턴의 예는 아무것도 증명하지 못한다. 누구도 그의 발견을 부정하지 않았다. 사람들은 그저 고집스럽게 와동설로 그것들을 설명하려 애썼을 뿐이다. 그리고 아주 짧은 기간이라도 여러 지식인들에게 인정받지 못했던 발견은 단 하나도 인용하지 않을 것이다. 그리고 발견이라고 자부했지만 이름 없는 이들에 의해 공상으로 외면당한 것은 하나도 인용하지 않을 것이다.

메스머주의자들이 자신들의 학설을 옹호하는 방식이 내게는 오히려 그들의 학설을 거스르는 강력한 반증으로 보인다. 예를 들어 메스머주의자들은 자기 유체에 관해 이야기하면서 이 유체의 존재가 결코 공인된 것이 아니라는 사실을 외면한다. 달이 인간의 몸에 끼치는 영향을 하나의 공인된 사실로 제시한다. 그러나 달의 기운이라는 것도, 그에 관해 그들이 근거로 삼는 사실들도 인정받은 것이 아니다. 그들은 달의 영향력을 파도의 작용에 빗댄다. 그러나 그들은 파도의 작용이 계측될 수 있고 계측 결과 그 작용은 실재하지 않는다는 사실을 모른다.

비밀을 간직한 사람들 가운데 어떤 이들은 부를 얻기 위해 비밀을 지킨다는 점을 솔직히 인정한다. 그렇게 하는 것이 고결한 일은 아니지만 부당한 일도 아니다. 그리고 사실 완벽한 정의라는 것이 아주 드문 일이다. 그래서 누군가 그런 정의를 견지한다면, 인류는 너무도 만족스러운 상태가 되어 적어도 당장은 사람들에게 더 많은 정의를 요구하지 않는 편이 좋다.

또 어떤 이들은 그들의 비밀을 밝히는 것이 위험하다고 말한다. 어떤 이는 외국인들, 자기 나라의 적들이 이용하지 못하게 하기 위해 비밀을 지킨다. 누군가가 자신의 이익에 도움이 되는 어떤 일을 할 때마다 그는 친구들에게 자신의 마음을 끈 더없이 고귀한 동기를 털어놓을 수 있지만 대중에게는 그것을 말하면 안 된다. 그들은 그를 믿을 수 없다.

게다가 어떻게 그토록 유용한 비밀이 알려진다고 해서 위험해질까? 비밀로 남겨두는 것이 더 위험하지 않을까? 대중이라면 자신을 지킬 방법을 찾지 않을까? 오직 한 나라만 화약에 대해 안다고 해보자. 그렇다면 나머지 나라들을 모두 노예로 만들 수도 있지 않을까? 비밀을 쥔 사람들이 그 나라의 절대군주가 되지 않을까? 그 비밀을 지키면서도 활용될 수 있게 널리 확산시키는 일이 가능할까?

메스머가 학계에 불만을 드러냈던 것처럼 우리도 여기서 작은 일화를 이야기해보자. 원에서 사각형을 찾아낸 한 남자가 세상이 그것을 검토하려 하지 않는 것에 대해 불만을 토로했다. 어느 학자가 그에게 이렇게 말했다. "그런데 그걸 검토하려면 꽤 많은 시간을 허송하게 됩니다." 사각형을 찾아낸 남자가 말했다. "이걸 검토하는 일은 다른 사람들에게 유익합니다. 내 것만 검토해주십시오. 그것만이 바람직합니다."

메스머는 그의 작인이 실재한다는 것을 사람들이 선입견 없이 믿어주기 바랐을까? 아니면 그의 환자들만 설득하고 싶었을까?

선입견 없이, 그의 연구실은 물리학자들에게 개방되었으며 거기에 환자는 없고 입회인으로서 건강을 되찾고 싶었던 사람들만 있었다는 점을 사람들에게 확신시키고 싶을 때, 그는 간단하고 설득력 있는 실험을 한다. 차츰 그는 자신의 사무실에서 모든 계몽된 이들에게 성공적으로 접근할 것이다. 그들에게 어느 정도 믿고 싶어 하는 의향이 있기 때문이다. 그는 그들의 반론을 듣게 될 것이며, 그들을 분쇄할 방법을 모색할 것이다.

나는 메스머에게 사과를 구한다. 나는 그가 자신의 서류가방 속에 간직하고 있다는 위대한 발견을 믿은 적도 없고, 그가 그 실재를 서둘러 증명하지 않는 발명품들도 믿은 적이 없으며 새로운 발견들에 맞선 학자들의 음모라는 것도 믿은 적이 없기 때문이다. 발명가들이여, 만약 진리를 향한 그들의 열정을 의심한다면, 최소한 그들의 자부심이라도 믿으라. 그들은 여러분이 발견한 것을 인정하는 것 그 이상을 요구하지 않는다. 그리고 그들은 여러분 자신보다 훨씬 더 많은 진실을 이끌어내리라는 것을 의심하지 않는다.

인용문들의 출처가 대체로 명확하지 않고 독자들이 프랑스어 정취를 놓친다면 안타까운 일이 될 것이기에 인용문을 원문 그대로 수록했다. 다만, 철자는 현대화했다.

39쪽

"그 부인이 에게메르를 꿈에 본 것은 여름밤이었다고 한다. 창이 열려 있었고 침대는 서쪽에 놓여 있었으며 이불은 정리되지 않은 채였다고 한다. 때마침 인간 태아, 곧 떠다니는 태아의 유기적 분자를 품은 서풍이 불어와 그녀를 임신시켰다고 한다."

On suppose que la nuit du songe de la dame d'Aiguemerre était une nuit d'été, que sa fenêtre était ouverte, son lit exposé au couchant, sa couverture en désordre et que le zéphyr du sud-ouest, dûment imprégné de molécules organiques de foetus humains, d'embryons flottants, l'avait fécondée.

43쪽

"사람들이 볼 수도 느낄 수도 없는 물질로 상상의 나래를 펴지 못하도록 막는 것이 중요하다."

C'est sur les choses qu'on ne peut ni voir, ni palper, qu'il est important de se tenir en garde contre les écarts de l'imagination.

44쪽

"물이 실은 물이 아니라 기체라는 사실을 받아들이기 위해서는 분명 큰 대가를 치러야 한다. … 이로써 원소 하나가 줄어들었다."

Il a dû en coûter pour convenir que de l'eau ne fût pas de l'eau mais bien de l'air … Nous avons un élément de moins.

46쪽

"사람과 동물의 폐는 전기 기계로 지속적 운동을 일으켜 공기와 불을 분리한다. 불은 혈관 속으로 침투해 뇌로 향한다. 뇌는 그것을 분배하고 밀어내서 동물의 영혼으로 만든다. 동물의 영혼은 신경 속에서 순환하며 자발적이거나 비자발적인 모든 운동을 낳는다."

Les poumons sont dans l'homme et dans les animaux la machine électrique par leur mouvement continuel, en séparant de l'air le feu, lequel s'insinue dans le sang et se porte, par ce moyen, au cerveau qui le distribue, l'impulse et en forme les esprits animaux qui circulent dans les nerfs pour tous les mouvements volontaires et involontaires.

48쪽

"그 순간을 묘사하기란 불가능하다. 눈물을 흘리는 여성들, 깊은 침묵 속에 하늘을 향해 손을 들어 올린 사람들, 군중 속에서 몸을 내밀어 손을 흔들며 기쁨에 넘쳐 소리치는 행인들 … 당신의 눈은 그들을 좇는다. 마치 그들이 듣기라도 하는 것처럼 당신은 그들에게 외친다. 그리고 전율의 감정이 경이의 감정으로 치닫는다. 모든 이가 '위대한 신이여, 오 아름다워라!'라는 말밖에 하지

못했다. 웅장한 군악이 연주되기 시작했고 축포가 그들의 영광을
알렸다."

Il est impossible de rendre ce moment; les femmes en
pleurs, tout le peuple levant les mains au ciel et gardant
un silence profond; les voyageurs, le corps en dehors de
la galerie, saluant et poussant des cris de joie. On les suit
des yeux, on les appelle comme s'ils pouvaient entendre,
et au sentiment d'effroi succède celui de l'admiration; on
ne disait autre chose, sinon, "Grand Dieu que c'est beau";
grande musique militaire se faisait entendre, des boîtes an-
nonçaient leur gloire.

49쪽

"그들은 아무것도 보지 못한 채 하루 노동을 공친 것에 격분한 노
동자들이었다."
Ce furent quelques ouvriers mécontents d'avoir perdu leur
journée et de n'avoir rien vu.

"고대의 신들이 구름을 타고 움직인다; 물리학의 기적으로 신화
가 현실이 된다."

les dieux de l'antiquité porter sur des nuages; les fables se sont réalisées par les prodiges de la physique.

52쪽

"지난 10년 동안 엄청나게 증가한 놀라운 발견들은 … 인간의 대담함으로 전기 현상들이 측정되고 원소들이 변형되었고, 공기가 분해되고 이해되었으며, 태양광선이 압축되었고, 공기가 자세히 고찰되었고, 서로 다른 여러 현상들이 우리의 앎의 영역을 놀랍게 확장시켰다. 우리가 얼마나 더 멀리 갈 수 있을지 그 누가 알겠는가?"

Les découvertes incroyables qui se multiplient depuis dix ans … les phénomènes de l'électricité approfondis, la transformation des éléments, les airs décomposés et connus, les rayons du soleil condensés, l'air que l'audace humaine ose parcourir, mille autres phénomènes enfin ont prodigieusement étendu la sphère de nos connaissances. Qui sait jusqu'où nous pouvons aller? Quel mortel oserait proscrire des bornes à l'esprit humain?

55쪽

"기적적인 것에 대한 사랑이 언제나 우리를 정복한다. 우리가 자연의 힘에 대해 아는 것이 얼마나 적은지 절감하며 자연의 힘을 발견할 수 있도록 우리를 이끄는 것이면 무엇이든 환영한다."

L'amour du merveilleux nous séduit donc toujours; parce que, sentant confusément combien nous ignorons les forces de la nature, tout ce qui nous conduit à quelques découvertes en ce genre est reçu avec transport.

"어느 모임이든, 어느 저녁 식사 자리든, 심지어 사랑스러운 여인들의 파우더룸에서조차 우리는 아카데미에서 하듯이 실험, 대기, 가연성 기체, 비행 마차, 공중 비행에 관해서만 이야기한다."

Dans tous nos cercles, dans tous nos soupers, aux toilettes de nos jolies femmes, comme dans nos lycées académiques, il n'est plus question que d'expériences, d'air atmosphérique, de gaz inflammable, de chars volants, de voyages aériens.

"과학에 대한 편애가 우리 사이에서 퍼져나가기 시작한 이래 우리는 물리학, 자연사, 화학에 연이어 골몰하는 대중을 목격했다.

대중은 그것들의 진보에 관심을 보이는 데 그치지 않고 실제로 그런 것들의 연구에 몰두하는 모습을 보였다. 대중은 그런 주제들을 가르치는 강연에 떼 지어 몰려들고, 앞다퉈 관련 서적들을 읽으며 그런 주제들을 떠올리게 하는 것은 무엇이든 열렬히 환영한다. 부잣집치고 이런 유용한 과학에 적합한 도구를 갖추지 않은 집이 거의 없다."

Depuis que le goût des sciences a commencé à se répandre parmi nous, on a vu le public s'occuper successivement de physique, d'histoire naturelle, de chimie; et non seulement s'intéresser à leurs progrès, mais encore se livrer avec ardeur à leur étude: il se porte en foule aux écoles où elles sont enseignées; il s'empresse de lire les ouvrages dont elles sont le sujet; il recueille avec avidité tout ce qui lui en rappelle le souvenir; et il y a peu de personnes riches chez lesquelles on ne trouve quelques uns des instruments propres à ces sciences utiles.

56쪽

"특히 요즘같이 사람들이 어떤 발견과 연결된 모든 것을 열렬히 추구하는 때."

aujourd'hui surtout que l'on cherche avec empressement
tout ce qui a rapport à quelque découverte.

57쪽

"사람들이 문학에 대해서는 무관심에 가까운 열의 없는 존경심을
보이는 것이 고작이지만 과학은 … 보편적인 열광을 불러일으킨
다. 물리학, 화학, 자연사는 열광의 대상이 되었다."

On n'a plus pour la littérature qu'une froide estime qui ap-
proche de l'indifférence, tandis que les sciences … excitent
un enthousiasme universel. La physique, la chimie, l'histoire
naturelle sont devenues des passions.

58쪽

"가시적이고 충격적인 현상들이 감지할 수도 없고 알 수도 없는
원인에 따른 것일 때 언제나 기적으로 기울던 사람들이 이제 그
런 효과들을 자연스레 화학적 원인에 귀속시킨다."

Lorsque des phénomènes visibles et frappants dépendent
d'une cause insensible et inconnue, l'esprit humain, tou-
jours porté au merveilleux, attribue naturellement ces effets
à une cause chimérique.

59쪽

"내가 시를 좋아하는 것은 그것이 조금이나마 물리학이나 형이상학의 외양을 걸쳤기 때문이에요."

car je n'aime les vers que lorsqu'ils habillent un peu de physique ou de métaphysique.

61쪽

"신세계와 구세계 과학자들에게 … 멋진 기회"

une belle occasion … pour les naturalistes des deux mondes.

64쪽

"이 실험들은 터무니없는 이런저런 기획들을 열거하면서 하루라도 믿지 않고는 지내기 어려울 정도로 마음 약한 사람들의 머릿속을 파고들었다."

Ces expériences ont tellement renversé les têtes faibles, qu'il n'est pas de jour sans projet plus ou moins extravagant, que l'on cite et que l'on accrédite.

65쪽

"엄격히 금지되었음에도 온갖 종류의 비법들이 매일 퍼져나갔다."

Des remèdes secrets de toute espèce se distribuent journellement, malgré la rigueur des défenses.

"기적, 예지, 점성술 등 오래된 온갖 부조리들을 열광적으로 선동하는 연금술, 카발라, 신지학의 철학자들."

philosophes hermétiques, cabalistiques, théosophes, propagant avec fanatisme toutes les anciennes absurdités de la théurgie, de la divination, de l'astrologie etc.

69쪽

"우리의 생각이 한쪽 끝에서 다른 쪽 끝으로 파고들게 하는 감상적 언어."

ce langage sentimental qui nous fait communiquer nos pensées d'un pôle à l'autre.

"그보다 더 빛나는 것은 없다. 그것은 진정한 우주 체계이며 모든 것을 움직이는 동인이다."

Rien n'est plus lumineux: c'est le vrai système de l'univers, le mobile de toutes choses.

"어디서나 물리학이 마법의 자리를 차지한다."

la physique prendrait partout la place de la magie.

"과학 위에 마법이 있다. 과학의 결과가 아니라 완성으로서 마법이 과학에 뒤따르기 때문이다."

Au-dessus de la science est la magie, parce que celle-ci est une suite de l'autre, non comme effet, mais comme perfection de la science.

73쪽

"프랑스 전역을 휩쓴 전염병."

une épidémie qui a gagné toute la France.

"남성, 여성, 아이들 모두 끌려들었다. 모두가 메스머 유체로 치료를 받는다."

Hommes, femmes, enfants, tout s'en mêle, tout magnétise.

"모든 이가 메스머주의에 사로잡혀 있다. 사람들은 그 기적에 놀라고, 설사 그 힘을 의심할지라도 … 적어도 감히 그 존재를 부인할 사람은 더이상 없다."

Le magnétisme occupe toutes les têtes. On est étourdi de ses prodiges, et si l'on se permet de douter encore des effets … on n'ose plus nier au moins son existence.

74쪽

"파리에서 오가는 모든 대화에서 가장 중요한 주제는 여전히 동물 자기론이다."

Le grand objet des entretiens de la capitale est toujours le magnétisme animal.

"우리는 오직 동물 자기론에만 관심이 있다."

on ne s'occupe que du magnétisme animal.

78쪽

"그는 내 목소리에 귀 기울이지 않았고, 그래서 나는 마치 내가 카산드라라도 되는 것처럼 황야에서 울부짖었다."

Il fut sourd à ma voix, et, comme un autre Cassandre, je

criai dans le désert.

95쪽

"요컨대 뉴턴이 우주 관련 이론을 위해 했던 일을 동물 자기론의
저명한 작가는 사랑을 위해 했다네."

Enfin, le célèbre auteur de la découverte du magnétisme
animal a fait pour l'amour, ce que Newton fit pour le sys-
tème du monde.

"저를 마귀 들리게 한 자는 바로 악당 메스머입니다. 저를 홀린 악
마."

démon dont je suis possédé ; c'est ce coquin de Mesmer qui
m'a ensorcelé.

98쪽

"그 어떤 사건도, 심지어 혁명조차 내게 메스머주의만큼 생생한
통찰을 주지 못했다."

Aucun événement, pas même la Révolution, ne m'a laissé
des lumières aussi vives que le magnétisme.

99쪽

"전기에 관해서라면, 내게는 나를 매일 즐겁게 해주는 전기기계가 있다네. 그런데 그 기계는 나를 놀라게 하는 일이 더 많다네. 메스머주의 효과도 그 기계만큼 나를 놀라게 한 적은 없었지. 내게 우주적 유체의 존재를 확인시켜주는 것이 있다면, 수없이 많은 그 다양한 현상의 변화에 작용하는 유일무이한 작인의 존재를 확신시킨 것이 있다면, 그것은 바로 내 전기기계일 걸세. 그 기계는 내게 메스머의 언어로 자연에 관해 말한다네. 나는 황홀감에 젖어 그 이야기를 듣는다네."

Quant à l'électricité, j'ai une machine électrique qui m'amuse extrêmement tous ces jours; mais elle m'étonne bien davantage; jamais les effets du magnétisme ne m'ont autant frappé: si quelque chose achève de me confirmer l'existence d'un fluide universel, agent unique par les diverses modifications de tant de phénomènes divers, ce sera ma machine électrique. Elle me parle le même langage que Mesmer sur la nature, et je l'écoute avec ravissement.

"결국 가장 원대한 사상에서 그렇듯이 가장 섬세한 감정에서도 여러 개의 파이프를 갖춘 꽤 멋진 오르간이 아니라면 과연 우리

가 무엇이겠는가? 그런데 그 오르간의 송풍부는 데카르트의 송
과체에도, ○○[이름을 알아볼 수 없다]의 골수 물질에도, 일부 몽
상가들이 생각했던 횡격막에도 존재하지 않았으며 앞으로도 거
기 있지 않을 것이다. 그것은 오직 온 우주를 움직이는 바로 그 원
리 안에 있다. 자유의지를 지닌 인간은 오직 자연 전체의 운율에
맞춰 걷고, 온 자연은 단일한 명분의 운율에 맞춰 움직인다. 그렇
다면 그 명분은 진정한 우주적 유체, 자연의 모든 것 속에 파고든
그 유체가 아니고 무엇이겠는가?"

Car enfin qui sommes-nous, Monsieur, dans nos senti-
ments les plus exquis, comme dans nos plus vastes pen-
sées, qui sommes-nous sinon une orgue plus ou moins
admirable, composée de plus ou moins de jeux, mais dont
le soufflet ne fut et ne sera jamais ni dans la glande pinéale
de Descartes, ni dans la substance médullaire de la (illegible
name), ni dans le diaphragme où l'ont placé certains rê-
veurs, mais dans le principe même qui meut tout l'univers.
L'homme avec sa liberté ne marche qu'à la cadence de
toute la nature, et toute la nature ne marche qu'à celle d'une
cause unique; et quelle est cette cause unique sinon un
fluide vraiment universel et qui pénètre la nature entière?

103쪽

"조만간 메스머주의가 유일한 의학이 되는 것."

sera bientôt la seule médecine universelle.

"생메다르의 묘지도 메스머주의보다 더 많은 사람들을 끌어들이 지 못했으며 그보다 더 이상한 것들을 만들지도 않았다. 메스머 주의는 마침내 정부의 시선을 끌었다."

Jamais le tombeau de Saint Médard n'attira plus de monde et n'opéra des choses plus extraordinaires, que le mesmé-risme. Il mérite enfin l'attention du gouvernement.

105쪽

"우리에게 그토록 확실한 영향을 끼치는 저 무기."

cet arme d'un effet si sûr parmi nous.

106쪽

"치안 판사지만 메스머의 제자라는 내 개인적 입장 때문에 법적 으로 그를 직접 도울 수 없다. 나는 적어도 인류애의 이름으로 그 의 인격에, 그가 발견한 것에 빚진 바 있고, 그래서 이 자리를 빌 려 그에 대한 내 찬사와 감사를 대중 앞에 증언한다."

Magistrat, mais élève de M. Mesmer, si ma position perso-
nelle ne me permet plus de lui prêter directement le se-
cours des lois, au moins lui dois-je, au nom de l'humanité,
sur sa personne et sur sa découverte, un témoignage public
de mon admiration et de ma reconnaissance, et je le donne.

107쪽

"가장 신랄한 조롱의 말에도 불구하고 촌사람들은 메스머의 이론
을 진지하게 받아들인다. 정말로 열성적인 실천자들이 있는 곳도
그런 곳이다."

Elle résiste même aux traits les plus sanglants du ridicule.
Si la capitale s'égaie des scènes vraiment très comiques
du baquet, la province les a prises au sérieux: là sont les
adeptes vraiment chauds.

"당신은 이 도시에서 메스머주의가 얼마나 급속히 성장했는지 믿
지 못할 것입니다. 모든 사람이 메스머주의에 관여합니다."

Vous ne sauriez croire quels progrès rapides fait dans cette
ville le magnétisme. Tout le monde s'en mêle.

108쪽

"가르침을 받는 데 많은 어려움이 있었다네. … 그리고 나는 이 작인의 존재는 물론이고 그 유용성에도 확신을 갖게 되었다네. 그래서 나는 우리 도시를 위해 가능한 모든 편익을 도모하겠다는 희망에 부풀어 있네. 이에 관해 몇 가지 생각해둔 것이 있다네. 좀 더 정리되는 대로 다시 연락하겠네."

J'ai employé beaucoup de moyens pour être instruit … et j'ai acquis la conviction non seulement de l'existence mais de l'utilité de cet agent; et comme je suis animé du désir de procurer à notre bonne ville tous les avantages possibles, j'ai conçu à cet égard quelques vues que je vous communiquerai quand elles seront un peu digérées.

111쪽

"형제들이여, 이 신비한 통을 덮고 있는 교단의 조화로운 작품을 보라. 그것은 이사야의 탁자요, 고대의 가장 탁월한 물품 가운데 하나다. 우리 선조들이 동물 자기에 관해 최초로 쓴 상징적 글 속에 메스머주의가 나타난다. 그 열쇠는 오직 메스머주의자만이 가지고 있다."

Jetez, mes frères, les yeux sur le tableau harmonique de

l'Ordre, qui couvre ce mystérieux baquet. C'est la Table
Isiaque, une des antiquités des plus remarquables, où le
mesmérisme se voit dans tout son jour, dans l'écriture sym-
bolique de nos premiers pères en magnétisme animal et
dont les seuls mesmériens ont la clef.

112쪽

"확실히 그들은 장미십자회원도, 연금술사도, 예언자도 아니었
다. 그들과 연관된 모든 것이 너무 다양하고 강력했다. 대화는 거
의 전적으로 이 문제들로 향한다. 그들은 모든 이의 생각을 채우
고 모든 이의 상상력을 자극한다. … 주위를 돌아보면 주술사, 신
입 회원, 강령술사와 예언자뿐이다. 이들에게는 모두 저마다 중요
하게 여기는 자신만의 것이 있었다."

Il est certain que jamais les rose-croix, les adeptes, les
prophètes et tout ce qui s'y rapporte, ne furent aussi
nombreux, aussi écoutés. La conversation roule presque
uniquement sur ces matières; elles occupent toutes les
têtes; elles frappent toutes les imaginations … En regar-
dant autour de nous, nous ne voyons que des sorciers, des
adeptes, des nécromanciens et des prophètes. Chacun a le

sien, sur lequel il compte.

114쪽

"같은 끈으로 묶인 모든 계층의 사람들."

des personnes de tous les rangs, unies par le même lien.

"내 집에 와서 서로 다른 신분의 사람들이 뒤섞인 모습을 보고 불
쾌해하는 명문가 사람들의 태도가 그리 놀랍지 않다."

Que la fierté des gens de haut rang soit choquée du mé-
lange d'états et de conditions que l'on trouve chez moi cela
ne m'étonne pas; mais je n'y sais rien. Mon humanité est de
tous les rangs.

115쪽

"문은 닫혀 있다. 기부금 순으로 자리가 배정된다. 그리고 잠깐이
나마 고위 인사와 동등하다고 느끼는 프티 부르주아는 금테 두른
붉은 벨벳 의자를 위해 자신이 얼마나 많은 돈을 지불하고 있는
지를 잊는다."

Les portes se ferment; on se place par ordre de souscrip-
tion; et le petit bourgeois qui se croit pour un moment l'égal

d'un cordon bleu, oublie ce que va lui coûter un siège de velours cramoisi bordé de l'or.

"48명으로 구성되었으며 그 가운데 18명이 지체 높은 사람들로 거의 모두 명문가 출신이었다. 몰타기사단 둘, 범상치 않은 공적을 지닌 법률가 하나, 의사 넷, 외과의사 둘, 일부는 은퇴했지만 은행가나 상인이 일고여덟이며 성직자 둘과 수도사 셋이 있었다."
48 personnes, parmi lesquelles on compte 18 gentils-hommes presque tous d'un rang éminent; 2 chevaliers de Malte; un avocat d'un mérite rare; 4 médecins; 2 chirurgiens, 7 à 8 banquiers ou négociants ou qui l'ont été; 2 ecclésiastiques; 3 moines.

116쪽

"정부에 대한 맹목적인 존경. 우리는 사회 질서를 뒤흔들려는 어떤 행동도, 아니 어떤 생각조차도 거론한 적이 없지 않은가?"
respect aveugle qui est dû au gouvernement: n'avons-nous pas dit que tout action, même toute pensée qui tend à troubler l'ordre de la société, était contraire à l'harmonie de la nature.

"장원의 영주는 꾸밈없이 그리고 근심 없이 그저 질서를 유지하기 위해서만 모습을 나타내 존경을 받는다."

seigneur du château, sans apprêt, comme sans inquiétude ne paraît que pour maintenir l'ordre et recevoir l'hommage.

117쪽

"내 바람에도 불구하고 '집회소'라는 꼴사나운 이름으로 불리던 이 학회를 위해 내규를 마련해달라고 요청받았다."

On me demanda des règlements pour cette société, à laquelle on donna d'abord, bien malgré moi, la ridicule dénomination de *loge*.

119쪽

"파리에 '메스머 요법'만큼이나 '베르가스 요법'을 좋아하는 동조자들이 많다."

il y a bien des aimables de Paris qui aimeraient autant *Bergassiser* que *mesmériser*.

120쪽

"나는 메스머의 체계를 전복했다. 그리고 그 잔재 위에 훨씬 더 방대하고 훨씬 더 공고한 체계를 구축하고 성장시켰다."

J'ai renversé toutes les bases de son système et j'ai élevé
sur les ruines de ce système un édifice, je crois, beaucoup
plus vaste et plus solidement construit.

"보편적(우주적) 도덕성, 입법의 원칙들, 교육, 습관, 예술 등등."

la morale universelle, sur les principes de la législation, sur
l'éducation, les moeurs, les arts etc.

121쪽

"베르가스는 자신이 메스머주의를 향한 제단을 높인 것은 오직
자유의 제단을 높이기 위해서였다는 사실을 내게 감추지 않았다.
그는 내게 이렇게 말하곤 했다. '이제 프랑스에 필요한 혁명을 이
룰 때가 되었다. 그러나 공개적인 혁명 시도는 실패를 부를 것이
다. 혁명을 성공시키려면 그것을 신비감으로 포장해야 한다. 물리
학 실험을 구실로 사람들을 규합할 필요가 있다. 그러나 실제로
는 전제정치를 전복시키기 위한 것이다.' 그는 코른만의 집에 기
거하면서 이를 염두에 두고 정치적 변화에 대한 열망을 공언하는
사람들의 모임을 결성했다. 그 모임에는 라파예트, 데프레메스닐,
사바티에 등이 참여했다. 좀더 작은 규모의 문인 단체들이 더 있

었고 그들은 혁명을 준비하는 데 그들의 펜을 사용했다. 가장 중요한 사안들은 저녁식사 자리에서 논의되었다. 나는 거기서 공화주의를 설파하곤 했다. 그러나 클라비에르를 제외하곤 누구도 공화주의를 중요하게 여기지 않았다. 데프레메스닐은 프랑스가 고등법원의 통치 아래 놓일 수 있게 '부르봉 왕가에게서 벗어나는 것'(이는 그의 표현이다)을 원했을 따름이다. 베르가스는 한 사람의 국왕과 양원을 원했지만 무엇보다 자신이 직접 그 계획을 수립하고 엄격히 실행하고 싶어했다. 그는 광적으로 자신이 리쿠르고스라고 믿었다."

Bergasse ne me cacha pas qu'en élevant un autel au magnétisme, il n'avait en vue que d'en élever un à la liberté. "Le temps est arrivé, me disait-il, où la France a besoin d'une révolution. Mais vouloir l'opérer ouvertement, c'est vouloir échouer; il faut, pour réussir, s'envelopper du mystère; il faut réunir les hommes sous prétexte d'expériences physiques, mais, dans la vérité, pour renverser le despotisme." Ce fut dans cette vue qu'il forma dans la maison de Kornmann, où il demeurait, une société composée des hommes qui annonçaient leur goût pour les innovations politiques. De ce nombre étaient Lafayette, Deprémesnil (sic), Sabathier etc. Il y avait une autre société moins nombreuse d'écrivains qui employaient leur plume à préparer cette révolution. C'était dans les dîners qu'on agitait les questions les plus importantes. J'y prêchais la république; mais, à l'exception de Clavière, personne ne la goûtait. Deprémesnil ne voulait *débourbonailler* la France (c'était son mot) que pour y faire régner le Parlement. Bergasse voulait un roi et les deux chambres, mais il voulait surtout faire le plan seul, et que ce plan fût rigou—reusement exécuté: sa manie était de se croire un Lycurgue.

122쪽

"베르가스와 그의 집에 모여들었던 이들의 노력이 혁명을 촉진하는 데 크게 공헌했다는 점은 부인할 수 없다. 그 집단은 수를 헤아릴 수 없을 정도로 많은 글들을 출판했다. 내각을 겨냥해 1787년 출간되고 1788년 배포된 거의 모든 작품이 이 집단에서 나왔다. 그리고 코른만은 응분의 비용을 지불해야 했다. 그는 자기 재산의 상당 부분을 이 출판물들을 위해 사용했다. 출판물들 가운데 일부는 고르사의 작품이었다. 당시 고르사는 풍자적인 글을 쓰려 했고 군주정, 독재정, 쾌양파, 무정부 상태를 신랄하게 다루었다.

카라 역시 그 전투에서 눈부신 활약을 펼쳤으며 나 역시 어느 정
도 가담했다."

On ne peut disconvenir que les efforts de Bagasse et ceux
de la société qui se rassemblait chez lui n'aient singuliè-
rement contribué à accélérer la Révolution. On ne peut
calculer toutes les brochures sorties de son sein. C'est de
ce foyer que partirent presque tous les écrits publiés en
1787 et 1788 contre le ministère, et il faut rendre justice à
Kornmann: il consacra une partie de sa fortune à ces pu-
blications. On en dut plusieurs à Corsas, qui essayait alors
la plume satirique avec laquelle il a si souvent déchiré le
monarchisme, l'autocratie, le feuillantisme et l'anarchie.
Carra se distinguait aussi dans ces combats, auxquels je pris
quelque part.

129쪽

"[당신들은] 인간이 할 수 있는 가장 지독한 독단을 멈추지 않고
있다. … 당신들은 병든 민중들에게 절대군주 노릇을 하고 있다."

[Vous] exercez sans cesse le despotisme le plus complet
dont l'homme soit capable … Vous devenez des souverains

absolus chez le peuple malade.

"당신들은 독단에 맞선 외침 속에서 당신들 스스로 가장 강력한 독단의 지지자가 되었다고 수도 없이 들어왔을 것이다. 당신들 자신이 구역질나는 독단을 지지하고 있다는 이야기를 말이다."

On vous l'a dit cent fois: en criant contre le despotisme, vous en êtes les plus fermes appuis, vous en exercez vous-mêmes un révoltant.

"하나의 지속적인 교화력으로서 의학을 존경스럽게 하는 모든 해악들을 유지하는 것이 중요하다. … 의사 집단은 하나의 정치기구다. 그들의 운명은 국가의 운명과 연결되어 있다. … 그러므로 사회질서 안에는 절대적으로 질병과 약과 법이 있어야 한다. 그래서 약품 보급자와 질병은 그 법의 수호자들만큼이나 한 나라의 습성에 큰 영향을 끼친다."

Il importe d'y maintenir, comme un moyen constant de civilisation, tous les préjugés qui peuvent rendre la médecine respectable … Le corps des médecins est un corps politique, dont la destinée est liée avec celle de l'Etat … Ainsi dans l'ordre social, il nous faut absolument des maladies, des drogues et des lois, et les distributeurs des drogues et des maladies influent peut-être autant sur les habitudes d'une nation que les dépositaires des lois.

130쪽

"국가 정책에서는 이 두 기구를 유지하는 것이 중요하다."
la politique de l'Etat, auquel il importe de conserver ces deux corps.

"우주의 가장 오래된 미신인 저 치명적 과학의 말살, 요람에 있는 인간을 장악하고 종교적 편견과 같이 인간에게 압력을 가하는 전 횡적인 의학의 말살.""
la destruction de cette science fatale, la plus ancienne superstition de l'univers, de cette médecine tyrannique qui, saisissant l'homme dès le berceau, pèse sur lui comme un préjugé religieux.

131쪽

"당국의 통상적인 신중함과 조심스러움이 되살아났다. 그렇게 해서 메스머주의와 그 창설자가 더이상 두려워할 공개적인 박해는 없었다."

rappela l'autorité à sa circonspection et à sa prudence or-
dinaires; et dès ce moment le magnétisme et son auteur
n'eurent plus de persécution publique à redouter.

"1780년 파리에서 메스머주의가 유행하기 시작했다. 경찰은 이
고대의 관행을 경계했다. … 그것이 도덕에 끼치는 영향 때문이
었다. … 모르파가 살아 있는 동안 정부가 메스머주의를 반대했
다고 하나 기껏해야 무관심에 가까운 태도를 보였을 뿐이다. 그
러나 그의 사후 어느 시기에 경찰은 메스머주의 집회에서 종교와
정부에 반기를 든 선동적 연설이 있었다는 익명의 제보를 받았
다. 그 뒤 경찰의 보고를 받은 국왕의 대신들 가운데 한 사람이 외
국인 메스머를 프랑스에서 추방하라고 주장했다. … 다른 신료들
은 불법적이고 부도덕하며 반종교적인 모든 분파와 모임에 대한
고발은 고등법원 안에서 이뤄져야 한다는 의견을 냈고 그런 의견
이 더 쉽게 수용되었다. 나는 검찰총장을 소환하라는 지시를 받
았다. 검찰총장은 자신이 만약 대재판부에 메스머주의 집회에
대한 고발장을 제출하면 그 사건은 법원 전체회의에 상정될 것이
고, 거기에는 메스머주의를 지지하고 비호하는 자들이 있을 것이
라고 내게 대답했다. 그래서 고발은 이뤄지지 않았다."

En 1780 a commencé à Paris la vogue du magnétisme. La police avait à prendre sur cette pratique ancienne ⋯ par rapport à la pratique des moeurs ⋯ Le gouvernement n'y opposa (que) de l'indifférence pendant la vie de M. de Maurepas. Cependant quelque temps après sa mort, la police fut avertie par des lettres anonymes que l'on tenait dans les assemblées des magnétiseurs, des discours séditieux contre la religion et contre le gouvernement. L'un des ministres du Roi proposa alors sur la dénonciation de la police de renvoyer hors du royaume l'étranger Mesmer ⋯ D'autres ministres furent d'avis, et plus écoutés, que c'était au Parlement que devaient être poursuivies toutes sectes et assemblées illicites, immorales, irréligieuses. Je fus chargé de provoquer le procureur général. Ce magistrat me répondit que s'il portait sa plainte contre les assemblées du magnétisme à la Grande Chambre, elle serait renvoyée aux chambres assemblées où il se trouverait des partisans et protecteurs du magnétisme. Il ne fut donc aucune poursuite.

133쪽

"자네가 메스머의 숙련된 약사가 된 사실을 알면 워싱턴이 어떻게 생각할까?"

Que pensera Washington quand il saura que vous êtes devenu le premier garçon apothicaire de Mesmer?

"메스머라는 이름의 한 독일인 의사가 동물 자기에 관한 가장 위대한 발견을 이루었고 제자들을 가르쳤습니다. 그들 사이에서는 당신의 미천한 종이 가장 열정적인 사람의 하나로 여겨집니다. 저는 주술사들만큼 많이 알고 있습니다. … 출발하기 전 당신에게 메스머의 비밀을 알려줄 수 있도록 허락을 받으려고 합니다. 그것은 당신이 의지할 만한 위대한 철학적 발견일 것입니다."

Un docteur allemand, nommé Mesmer, ayant fait la plus grande découverte sur le magnétisme animal, a formé des élèves, parmi lesquels votre humble serviteur est appelé l'un des plus enthousiastes. J'en sais autant qu'un sorcier en sut jamais … Avant de partir, j'obtiendrai la permission de vous confier le secret de Mesmer, qui, vous pouvez y croire, est une grande découverte philosophique.

135쪽

"사람들은 원할 때 다시 올라올 수 있다고 믿는 한 내려가기를 즐기려 한다. 그 덕분에 우리는 앞날을 모른 채 귀족적 질서와 평민적 철학의 이점을 동시에 누릴 수 있었다."

On trouve du plaisir à descendre, tant qu'on croit remonter dès qu'on veut; et, sans prévoyance, nous goûtions tout à la fois les avantages du patriciat et les douceurs d'une philosophie plébéienne.

136쪽

"과학의 영역은 독재자로부터, 귀족과 선제후로부터 자유로워야 한다. 그 영역은 완벽한 공화국의 그림을 제시한다. 그 안에서는 미덕만이 영예의 유일한 자격 조건이다. 독재자, 귀족, 선제후를 용인하는 것은 … 사물의 본성, 곧 인간 영혼의 자유에 위배되는 일이다. 그것은 여론에 대해 죄를 짓는 일로서, 여론만이 천재에게 왕관을 씌울 권리가 있다. 그것은 구역질 나는 폭정을 불러들이는 것이다."

L'empire des sciences ne doit connaître ni despotes, ni aristocrates, ni électeurs. Il offre l'image d'une république parfaite. Là, le mérite est le seul titre pour y être honoré.

Admettre un despote, ou des aristocrates, ou des électeurs
… c'est violer la nature des choses, la liberté de l'esprit
humain; c'est attenter à l'opinion publique, qui seule a le
droit de couronner le génie; c'est introduire un despotisme
révoltant.

138쪽

"내 가장 친애하는 친구여, 자네가 내 마음에 어떤 자리를 차지하
는지 자네도 알 걸세."

Vous savez, mon très cher, la place que vous occupez dans
mon coeur.

"자네처럼 솔직하고 정의로운 영혼을 지닌 사람들은 독재자의 모
리배들이 행하는 왜곡된 방식에 관해 아무것도 모른다네. 오히려
그자들이 자네 같은 이들을 경멸한다는 사실을 모르지."

Les âmes franches et droites comme la vôtre ne connaissent
pas toutes les routes tortueuses des satellites d'un despote,
ou plutôt elles les dédaignent.

139쪽

"그토록 강력한 분파에 맞서 싸우는 이에게는 친구의 열정이 필요하다."

On a besoin du zèle d'un ami quand on a à combattre une si puissante faction.

"메스머 씨를 살펴보고 자네에게 상세히 알려주겠네. 그러나 그것은 결코 그냥 지나가는 일이 아니네. 입 밖으로 내기 전에 내가 얼마나 상세히 상황을 검토하고 그들을 살피려 하는지는 자네도 잘 알 걸세."

Je m'occuperai de M. Mesmer, et vous en rendrai bon compte. Mais ce n'est pas l'affaire du moment. Vous savez combien j'aime à examiner les choses, et à les examiner avec soin avant de prononcer.

140쪽

"용기 있게 학계의 숭배 대상인 우상을 전복시켰으며 뉴턴의 광학 이론을 잘 증명된 사실들로 대체했다."

courageusement renversé l'idole du culte académique, et substitué au système de Newton sur la lumière de faits bien prouvés.

"신사 여러분, 나는 당신들에게 교훈을 주러 왔습니다. 그리고 내
게는 그럴 권리가 있습니다. 나는 독립적입니다. 그리고 당신들
가운데에는 노예 아닌 사람이 없습니다. 나는 어떤 단체와도 관
련이 없지만 당신들은 당신들의 집단에 속해 있습니다. 나는 어
떤 편견에도 기울지 않았지만 당신들은 당신들이 속한 집단의 편
견에 얽매여 있습니다. 그리고 당신들은 마음속에서는 권좌에 앉
은 모든 이들을 경멸하면서도 비굴하게 그들을 우상처럼 섬기며
그들의 편견에 얽매여 있습니다."

Je viens vous donner une leçon, Messieurs, j'en ai le droit;
je suis indépendant et il n'est aucun de vous qui ne soit
esclave: je ne tiens à aucun corps, et vous tenez au vôtre; je
ne tiens à aucun préjugé, et vous êtes enchainés par ceux
de votre corps, par ceux de toutes les personnes en place
que vous révérez bassement comme des Idoles, quoique
vous les méprisez en secret.

141쪽

"예외적인 사실은 우리가 알고 있는 사람이나 우리가 만들어낸

법칙들과 연결되지 않는다. 그렇다면 우리가 그 모든 것을 안다
고 믿어야 할까?"

Un fait extraordinaire est un fait qui ne se lie point à la chaîne de ceux que nous connaissons ou des lois que nous avons fabriquées. Mais devons-nous croire que nous les connaissons tous?

"마음에 불행을 품은 사람들."

portait le peuple, les malheureux dans son coeur.

142쪽

"하지만 의사들을 두려워하는 아버지로서 나는 메스머주의를 사랑한다. 그것이 나와 내 아이들을 하나로 연결시켜주기 때문이다. … 내 내면의 목소리에 복종하고 몸을 웅크린 채 내 품에 안겨 잠든 아이들의 모습을 지켜보는 것은 얼마나 정겨운 일인가! 젖을 물린 어미의 상태가 영속적인 메스머주의의 상태다. 일에 얽매여 사는 우리 불운한 아버지들은 우리 아이들에게 실제로는 아무것도 아니다. 우리는 메스머주의를 통해 다시 한 번 아버지가 된다. 그러므로 이는 새롭고 사회에 유익하며 너무나 필요한 일이다!"

Mais moi qui suis père et qui crains les médecins, j'aime

le magnétisme parce qu'il m'identifie avec mes enfants.
Quelle douceur pour moi ⋯ quand je les vois obéissants
à ma voix intérieure, se courber, tomber dans mes bras
et goûter le sommeil! L'état de mère nourrice est un état
de magnétisme perpétuel. Nous pères infortunés que les
affaires traînent, nous ne sommes presque rien pour nos
enfants; par le magnétisme nous devenons pères encore
une fois. Voilà donc un nouveau bien, créé dans la société,
et elle en a tant besoin!

"우리의 행성 너머 더 나은 세상에서 빛나는 숭고함."
lueurs sublimes ⋯ au-delà de notre globe, dans un meil-
leur monde.

"거의 모든 진정한 철학자들, 특히 루소가 자신과 나누는 대화들
을 읽어보라. 그것들은 마치 다른 세계에서 쓴 것처럼 보인다. 단
지 여기에만 존재하는, 그 한계를 넘어본 적이 없는 저자는 결코
그런 글을 단 두 문장도 쓰지 못할 것이다."
presque tous les vrais philosophes, et surtout Rousseau.
Lisez ses Dialogues avec lui-même. Ils semblent écrits dans

un autre monde. L'auteur qui n'existe que dans celui-ci, qui n'en a jamais franchi les limites, n'en écrirait pas deux phrases.

143쪽

"예컨대 당신들에게는 메스머주의가 사회 계급들을 더 긴밀히 결속시키고 훨씬 인간적이게 만들며 그들을 진정으로 가난한 이들의 아버지로 만드는 것이 보이지 않는가? 당신들은 하인들의 건강을 돌보고 시간을 할애해 그들에게 메스머 유체를 시술하는 … 가장 뛰어난 이를 보고도 교화되지 않는가?"

Ne voyez-vous pas, par exemple, que le magnétisme est un moyen de rapprocher les états, de rendre les riches plus humains, d'en faire de vrais pères aux pauvres? Ne seriez-vous pas édifié en voyant des hommes du premier rang … veiller sur la santé de leurs domestiques, passer des heures entières à les magnétiser.

"정부를 자극해 메스머주의를 지지하는 사람들과 맞서게 하려 했다."

cherché à enflammer le gouvernement contre les partisans

du magnétisme.

"나는 독단의 습관이 당신들의 영혼을 화석으로 만들까봐 두렵다. 저열한 기생충들, 조국의 탄압자들, 거물과 부자와 귀공자 들 … 야비한 아첨꾼들, 진정 재능 있는 사람들을 숨게 만들고 자신들을 내세우는 재능 없는 자들아!"

Je crains bien que l'habitude du despotisme n'ait ossifié vos âmes. bas parasites oppresseurs de la patrie viles adulateurs … des grands, des riches, des princes demi-talents qui se mettent perpétuellement en avant et repoussent le vrai talent qui se cache.

"당신 앞에 이런 자유롭고 재능 넘치는 사람이 있다면 … 그를 칭찬하고 가여워하라. 그러나 그의 펜이 위험하다는 것, 정부가 그의 펜을 박탈하리라는 것, 정부의 그런 박해는 언론에 대한 박해로 이어질 것임을 알아두라."

Si sur votre chemin se trouve un de ces hommes libres, indépendants … vous le louez, vous le plaignez, mais vous faites entendre que sa plume est dangereuse, que le gouvernement l'a proscrite, que sa proscription pouvait entraîner celle du journal.

144쪽

"요컨대 당신들은 그런 곳들을 찾아다니며 세련된 여성들을 즐겁게 해주고 문학이나 역사 수업을 춤이나 펜싱 수업 받듯 하는 젊은 남성들을 지루하게 한다."

pour de l'argent vous amusez donc les femmes de bon ton et les jeunes gens ennuyés qui prennent une leçon de littérature ou d'histoire comme une leçon de danse et d'escrime.

"당신들이 음모의 정신, 거만한 독재, 거물과 여성 들 사이에서 술수를 드러내는 것은 특히 여기서다."

C'est là surtout que vous avez déployé votre esprit d'intrigue, votre despotisme impérieux, vos manoeuvres auprès des grands et des femmes.

146쪽

"그는 창조적 천재다. 그는 꽃향기에 이르기까지 모든 것을 원심력으로 설명한다."

C'est un génie créateur; il explique tout par la force centrifuge, jusqu'à l'odeur d'une fleur.

"자연과 이성의 특권을 부여받은 소수의 사람을 제외하고 나머지 사람들은 나를 이해할 수 없다."

des absurdités et les rêveries d'un imbécile. Excepté quelques hommes privilégiés de la nature et de la raison, les autres ne sont pas faits pour me comprendre.

"어디서나 화염을 토하는 괴물 같은 악어 떼, 그들의 눈은 붉게 충혈되었고 그들은 그 모습만으로도 생명을 해친다."

des crocodiles monstrueux, vomissant des flammes de tous côtés: leurs yeux sont rouges de sang: ils tuent de leur seul regard.

147쪽

"지구를 망치는 괴물들이 차지한 이 지구를 정화하라."

purger cette même terre des monstres qui la dévorent.

148쪽

"품위와 명예에 이르는 통로인 미덕에 문호를 개방하라."

d'ouvrir au mérite la voie des dignités, des honneurs.

"야심은 얼마나 대단한 권력의 원천인가! 국가는 행복이다. 그곳에서 첫째가 되기 위해서는 그저 덕이 가장 커야 한다."

Quel foyer puissant que celui de l'ambition! Heureux l'Etat où, pour être le premier, il ne faut qu'être le plus grand en mérite.

"우리의 자유를 우리에게 돌려줘야 한다. 모든 직업이 우리에게 열려 있어야 한다."

Il faut nous rendre notre liberté; il faut nous ouvrir toutes les carrières.

149쪽

"내가 부유하다는 것은 잘 알려진 사실이다. 내게 필요 이상의 것들이 제공된다는 사실은 비밀이 아니다. 그리고 그 덕분에 내가 절대적으로 독립적일 수 있다는 사실 역시 비밀이 아니다."

On sait quelle est ma fortune, on n'ignore pas qu'elle me met au-dessus de toute espèce de besoins, qu'elle me rend absolument indépendant.

"이 선한 사람들이 자유롭고자 한다는 사실을 기쁘게 여기기 전 내게는 5,000리브르에서 6,000리브르의 수입을 가져다주는 자본이 있었고, 그 외에도 연간 1만 리브르 정도를, 그리고 나중에는 그보다 더 많은 액수를 안겨줄 형제들 회사의 주식도 있었다."

Avant qu'il ait plu à ce bon peuple de vouloir être libre, j'avais un capital de cinq à six mille livres de rente et de plus un intérêt dans la maison de mes frères me rapportant annuellement dix mille livres et devant par la suite me rapporter davantage.

150쪽

"일반적으로 배타적 특권들은 귀족정 같은 것에 유리하다. 오직 국왕과 백성들만이 지속적인 공동의 관심사를 지니고 있다."

En général tous les privilèges exclusifs sont favorables à quelques genres d'aristocratie; il n'est que le Roi et le peuple dont l'intérêt constant soit général.

"계급을 결정하고 왕이 그 계급 안에서 자신의 가계와 군대를 위해 복무할 사람을 선택해야만 하는 귀족 체계를 왕좌 가까이에 둬야 한다고 감히 주장하는 사람이 있다면, 그는 14세기 전에 태어난 사람이 분명하다."

Il faut être bien antérieur au quatorzième siècle pour prétendre exercer près du trône cet aristocratisme qui détermine dans quel ordre le Roi doit choisir les serviteurs de sa maison et de son armée.

151쪽

"어떻게 오래된 귀족에게서 그 영향력을 박탈할 수 있다고 기대하는가? 그들의 케케묵은 권력보다 더 수지맞는 것이 어디 있겠는가?"

En essayant ainsi d'ôter aux prétensions de l'antique aristocratie l'influence plus lucrative que le pouvoir passé, comment espérez vous réussir?

"당신에게는 오직 법과 백성과 왕만 있을 것이다."

Vous n'aurez pour vous que la loi, le peuple et le Roi.

159쪽

"사회에서도 매 순간 동일한 효과가 나타난다. 그리고 사람들은 아직 감히 그 원인들의 중요성을 인정하지 못하고 있다. 아직 도

덕적인 것과 물리적인 것을 충분히 연결시키지 못한 탓이라고 나
는 확신한다."

Les mêmes effets ont lieu, à chaque instant, dans la société,
et l'on ne s'est pas encore avisé, je pense, d'y attacher cette
importance, parce qu'on n'a pas encore assez lié le moral
au physique.

"인류의 도덕적이고 정치적인 일들을 지배하는 우주의 가장 위
대한 물리적 체계가 그 자체로 하나의 진정한 공화국이기 때문이
다."

car le grand système physique de l'univers qui régit le sys-
tème moral et politique du genre humain, est lui-même
une véritable république.

160쪽

"한 사람은 더이상 왕이 아니지만 나머지 한 사람은 언제나 양치
기다. 혹은 그들은 이제 진정한 평등의 상태에 놓인 두 사람에 다
름 아니다. 진정한 공동체 상태에 있는 두 친구일 뿐이다. 정치적
차이는 사라졌다. … 자연, 곧 평등은 그들의 모든 권리를 복원시
켰다. … 여러분의 구체적 의지가 이 모범을 따라 작용해 일반선

을 산출하는 데 통합될 수 있게 지휘하는 일은 내 동료이자 형제인 여러분에게 달려 있다."

Celui-ci n'est plus un roi; celui-là est toujours un berger; ou pour mieux dire ceux ne sont plus que deux hommes dans le véritable état d'égalité, deux amis dans le véritable état de société. La différence politique a disparu ⋯ La nature, l'égalité ont réclamé tous leurs droits ⋯ C'est à vous, mes semblables, mes frères ⋯ à diriger, sur ce plan la marche de votre volonté particulière pour en conduire le résultat au centre du bonheur commun.

161쪽

"계절이 변화하는 과정에서 뚜렷한 격변으로 지구 전체가 물리적 변화를 맞을 준비가 된 것 같다. ⋯ 사회에서 대중은 그 어느 때보다 술렁이며 마침내 그들의 도덕과 입법의 혼란에서 깨어나려 하고 있다."

Le globe entier semble se préparer, par une révolution marquée dans la marche des saisons, à des changements physiques ⋯ La masse des sociétés s'agite, plus que jamais, pour débrouiller enfin le chaos de sa morale et de sa législation.

"그런 다음 그는 동물 자기론의 교리를 최고 수준의 계몽으로 고양시키겠다고 주장했다. 그는 그 안에서 모든 것을 보았다. 의학, 윤리, 정치, 경제, 철학, 천문학, 과거, 모든 곳의 현재, 심지어 미래까지. 이 모두는 그의 폭넓은 메스머주의 견해의 아주 작은 일부만을 채웠다."

Il affectait alors de porter la doctrine du magnétisme animal au plus haut degré d'illumination, il y voyait tout la médecine, la morale, l'économie politique, la philosophie, l'astronomie, le passé, le présent à toutes les distances et même le futur; tout cela ne remplissait que quelques facettes de sa vaste vision mesmérienne.

162쪽

"신체적 건강의 위대한 원칙이 모든 존재의 평등함이며 의견과 의지의 독립성이라는 것을 확신할 날이 오리라는 데에 의심의 여지가 없다."

Il viendra sans doute un temps, où l'on sera convaincu que le grand principe de la santé physique est l'égalité entre tous les êtres, et l'indépendance des opinions et des volontés.

"메스머주의의 가장 열렬한 주창자인 베르가스가《그의 심오한 고찰》에서 당신의 보고서를 철저히 논박했을 때 당신은 이렇게 말했습니다. '그는 정신력이 강하지만 지나치게 열정적이다.'"
Quand le plus fervent apôtre du magnétisme, M. Bergasse, a pulverisé votre rapport dans *ses profound Considérations*, vous avez dit: c'est une tête exaltée.

"독립적인 정신의 소유자를 짓밟으려 한다. 그러나 사람들은 그런 사람을 이렇게 묘사하며 칭찬한다. 어떤 이가 열정적이라고 말하는 것은 그의 생각이 일상적인 생각의 범주를 훨씬 뛰어넘는다고 말하는 것과 같다. 곧 그에게는 부패한 정부 치하의 시민적 미덕이 있고 미개인들 사이에서 볼 수 있는 자애로움이 있으며 독재체제 아래 인권에 대한 존중이 있다고 말하는 것이다. … 그리고 이는 베르가스의 진정한 모습이다."
écraser l'homme de génie indépendant. Mais on le loue en le peignant ainsi, car dire qu'un homme est exalté, c'est dire que ses idées sortent de la sphère des idées ordinaires,

qu'il a des vertus publiques sous un gouvernement cor-
rompu, de l'humanité parmi des barbares, du respect pour
les droits de l'homme sous le despotisme ⋯ Et tel est dans
la vérité le portrait de M. Bergasse.

163쪽

"도덕적인 것이 물리적인 것에 끼치는 영향에 관한 새로운 과학."
une science nouvelle, celle de l'influence du moral sur le
physique.

"와! 내가 이해도 못한 채 매일 칭찬하는 그런 물리적 현상과 도
덕적 현상이 동일한 작인에 의해 발생한다니⋯. 그러므로 모든
존재가 내 형제고 자연은 그저 우리 공동의 어머니다!"
Quoi! ces phénomènes physiques et moraux que j'admire
tous les jours sans les comprendre, ont pour cause le même
agent ⋯ Tous les êtres sont donc mes frères et la nature n'est
donc qu'une mère commune!

166쪽

"우주의 모든 지점으로 향하는 수많은 가느다란 가닥들로 연결된

··· 우리 자신이 자연과 조화를 이루게 되는 것은 바로 이 기관에 의해서다."

qui s'unit par des fibres aussi nombreuses que déliées à tous les points de l'univers ··· C'est par cet organe que nous nous mettons en harmonie avec la nature.

"우리를 노예로 삼는 기관들을 판단할 간단한 규칙을, 주어진 모든 상황에서 인간을 위한 적절한 법을 확립할 어떤 원칙을 제공한다."

des règles simples pour juger les institutions auxquelles nous sommes asservis, des principes certains pour constituer la législation qui convient à l'homme dans toutes les circonstances données.

167쪽

"단 하나의 법칙에 따라 움직이는 단 하나의 관념의 결과로 형성된 세계라는 생각은 우리가 어떤 초월적 존재에 대해 형성한 개념들에 가장 잘 부합하며 그의 깊은 지혜를 가장 잘 증명한다."

Rien ne s'accorde mieux avec les notions que nous nous sommes faites d'un Etre suprême, rien ne prouve plus sa sagesse profonde, que le monde formé en conséquence d'une idée unique, mû par une seule loi.

"중력은 하나의 심오한 미덕, 곧 물질 속에 내재하는 하나의 속성이다."

L'attraction est une vertu occulte, une propriété inhérente, on ne sait comment, dans la matière.

168쪽

"창조되지 않은 하나의 원칙이 존재한다. 바로 신이다. 자연에는 두 개의 창조된 원칙이 존재한다. 바로 물질과 운동이다."

Il existe un principe incréé: Dieu. Il existe dans la Nature deux principes créés: la matière et le mouvement.

"동물 자기는 메스머의 손에서 자연 그 자체와 같은 것으로 보인다."

Le magnétisme animal, entre les mains de M. Mesmer, ne paraît autre chose que la nature même.

169쪽

"이로부터 운동은 신과 통한다는 결론이 이어진다. 이는 명백하며 무신론에 대한 단순하고도 강력한 답이다."

Il en résulte que le mouvement est imprimé par Dieu, ce qui est incontestable et une réponse aussi simple que forte contre l'athéisme.

"나는 그곳에서 자연에 더 가까워졌다고 느꼈다. 나는 발작을 일으켰고 다음과 같이 외쳤다. 오! 자연이여, 내게 무엇을 원하는가?"

Je m'y sentais plus près de la nature … O nature, m'écriais-je dans ces accès, que me veux-tu?

170쪽

"내가 자연으로부터 받은 온전한 순수의 상태로 내 손에 얻은 헤아릴 수 없는 은혜를 인류에게 전할 것."

transmettre à l'humanité dans toute la pureté que je l'avais reçu de la Nature, le bienfaisant inappréciable que j'avais en main.

"그들은 태초의 행복에 대해, 편견에 대해, 현시대의 부패에 대해, 혁명의 필요성에 대해, 전반적 개혁의 필요성에 대해 끊임없이 주장했다."

Sans cesse ils insistaient sur la félicité des premiers ages, sur les préjugés, la corruption du monde actuel, sur la nécessité d'une révolution, d'une réforme générale.

"그가 도덕과 정부의 현 체제에 관한 논의에 직접 뛰어들었을 때 우리의 대화는 더 엄숙해졌다. … 그는 우리가 위대한 혁명의 문턱에 있다고 덧붙였다."

Nos propos ont eté plus graves lorsqu'il s'est jeté sur l'article des moeurs et de la constitution actuelle des gouvernements … Nous touchons, a-t-il ajouté, à quelque grande révolution.

171쪽

"나와 당신의 좋은 친구 루소 사이에 몇 가지 닮은 점이 있다고 말한 사람이 당신이 처음은 아닙니다. 하지만 루소는 알지 못했고 알았더라면 그를 덜 불행하게 해주었을지 모를 몇 가지 원리가 있습니다."

Vous n'êtes pas la première qui m'ayez trouvé quelques ressemblances avec votre bon ami Jean-Jacques. Seulement il y a quelques principes qu'il n'a pas connus, et qui l'eussent rendu moins malheureux.

"사회라는 말은 현재 존재하는 그대로의 사회를 의미하는 것으로 받아들여져서는 안 된다. … 그것은 존재해야 할 사회, 곧 자연적인 사회, 우리 자신의 자연이 질서정연할 때 만들어야 하는 관계에서 비롯된 사회다. … 사회를 인도하는 규칙은 조화다."

Par le mot société il ne faut pas entendre la société telle qu'elle existe maintenant … mais la société telle qu'elle doit être, la société naturelle, celle qui résulte des rapports que notre organisation bien ordonnée doit produire … La règle de la société est l'harmonie.

"베르가스가 헌법과 인권에 관해 말하기 위해 자연의 지배, 곧 야만 상태로 우리를 돌려보냈다."

M. Bergasse pour parler de la constitution et des droits de l'homme, nous faisait remonter aux temps de la Nature, à l'état sauvage.

173쪽

"우리의 신체적 체질에 일어나는 모든 변화와 변질은 틀림없이 우리의 도덕적 체질에 변화를 일으키고 변질을 가져올 것이다. 그러므로 한 나라의 도덕에서 혁명을 이루려면 그 안에 있는 사물의 물리적 질서를 정화하거나 전화시키는 것으로 충분하다."

Tout changement, toute altération dans notre constitution physique, produisent donc infailliblement un changement, une altération dans notre constitution morale. Il ne faut donc quelquefois qu'épurer ou corrompre le régime physique d'une nation pour opérer une révolution dans ses moeurs.

174쪽

"우리를 소진시키는 신체의 만성질환은 거의 모두 우리의 제도 탓이다."

Nous devons à nos institutions presque tous les maux physiques auxquels nous sommes en proie.

"우리는 자연과의 연결을 거의 모두 잃었다. … 오늘 태어난 아이는 관습에 의해 그 기질이 바뀌었다. 수세기를 이어온 사회의 관습이 언제나 그 아이 안에 중요하게든 아니든 타락의 씨앗을 옮긴 것이 분명하다."

Nous n'appartenons presque plus à la nature ⋯ L'enfant qui naît aujourd'hui appartenant à une organisation modifiée depuis plusieurs siècles par les habitudes ⋯ de la société, doit toujours porter en lui des germes de dépravation plus ou moins considérables.

175쪽

"내 발견이 결실을 맺을 곳은 특히 시골의 가장 가난하고 덜 타락한 사회 계급에서다. 그곳에서는 인간이 다시 자연의 불변적 법칙의 지배 아래 놓이기 쉽다."

C'est surtout à la campagne et dans la classe de la société la plus malheureuse et la moins dépravée que seront d'abord recueillis les fruits de la découverte que j'ai faite; c'est là qu'il est aisé de replacer l'homme sous l'empire des lois conservatrices de la nature.

"민중에 속한 사람, 시골에서 사는 사람은 상류층에 속한 사람보다 더 쉽고 빠르게 회복한다."

L'homme du peuple, l'homme qui vit aux champs, quand il est malade, guérit plus vite et mieux que l'homme qui vit dans le monde.

"자신과 자신을 둘러싼 모든 것과 조화를 이룬 아이는 자연 안에서—이곳에만 적합한, 이런 표현이 허락된다면—비옥하고 경작 가능한 토양 속에 그 실뿌리들을 왕성하게 뻗는 관목처럼 발달한다."

En harmonie avec lui-même, avec tout ce qui l'environne, il se déploie dans la nature, si l'on peut se servir de ce terme, et c'est le seul terme dont on puisse se servir ici, comme l'arbrisseau qui étend des fibres vigoureuses dans un sol fécond et facile.

177쪽

"우리가 자연에서 타고난 원초적 독립 상태."

l'indépendance primitive dans laquelle la Nature nous a fait naître.

"사회제도의 굴레를 순응적으로 견딜힘밖에 남지 않을 때까지 인류의 기력을 쇠진시킬 수단으로."

un moyen d'énerver l'espèce humaine, de la réduire à n'avoir que le degré de force nécessaire pour porter avec docilité le joug des institutions sociales.

"자연 못지않게 정치에도 속한 제도."

une institution qui appartient autant à la politique qu'à la nature.

"만약 동물 자기가 정말로 존재한다면 … 여러분에게 묻건대, 우리가 결코 기대해서는 안 될 혁명이 무엇입니까? 온갖 종류의 질병과 그로부터 우리를 구출해주리라 기대했던 치료법들에 지친 우리 세대가 자연의 법칙 말고는 다른 자기보호의 법칙을 알지 못하는 강하고 활기 넘치는 세대에게 길을 양보할 때 과연 우리의 습관, 우리의 예술, 우리의 관습에 어떤 일이 벌어지겠습니까? … 더 강인한 체질은 우리의 자립심을 일깨울 것입니다. 그런 체질과 함께 우리가 새로운 도덕을 발전시킬 수밖에 없게 된다면, 우리는 대체 오늘날 우리를 지배하고 있는 제도의 굴레를 어떻게 견딜 수 있겠습니까?"

Si par hasard le magnétisme animal existait … à quelle révolution, je vous le demande, Monsieur, ne faudrait-il pas nous attendre? Lorsqu'à notre génération épuisée par des maux de toute espèce et par les remèdes inventés pour la délivrer de ces maux, succéderait une génération hardie, vigoureuse, et qui ne connaitrait d'autres lois pour se conserver, que celles de la Nature: que deviendraient nos habitudes, nos arts, nos coutumes … Une organisation plus robuste nous rappelerait à l'indépendance; quand avec une autre constitution, il nous faudrait d'autre moeurs, … comment pourrions nous supporter le joug des institutions qui nous régissent aujourd'hui?

189쪽

"프랑스의 정치혁명은 그야말로 지구 전체에 보편적인 종교적·도덕적·정치적 혁명의 시작이었기 때문."

que la révolution politique de la France est purement initiatoire d'une révolution religieuse, morale, politique et universelle dans toute la terre.

"일루미니즘 분파가 줄기는커녕 오히려 늘고 있다. 이는 프랑스의 정치 상황이 빚은 결과가 아닐까? 프랑스의 정치 상황은 사물의 새로운 질서에 불만을 품고 (이 새로운 질서를) 파괴할 수단을 찾으려는 사람들을 신비주의 교리로 내몰고 있다."

Les sectes d'illuminés augmentent, au lieu de diminuer; peut-être n'est-ce qu'un résultat des circonstances politiques de la France, qui rallie à leur doctrine mystérieuse les hommes mécontents du nouvel ordre des choses, et qui espèrent y trouver des moyens de le détruire.

190쪽

"신은 단 하나의 위대한 동물, 곧 모든 것의 물질적이고 지적인 두뇌. 그 지성은 빛과 같은 하나의 유체지만 우리의 외적 감각은 건드리지 않고 내적 감각에만 작용할 만큼 밀도가 아주 낮다."

Dieu est le cerveau matériel et intellectuel du grand animal unique, du Tout, dont l'intelligence est un fluide réel, comme la lumière, mais encore plus subtil, puisqu'il ne contacte aucun de nos sens externes, et qu'il n'agit que sur le sens intérieur.

191쪽

"마침내 자연과 사회를 일치시키는 신의 조화 원리들을 전파하는 것."

répandre enfin les principes de cette divine harmonie qui doit faire concerter la Nature avec la Société.

"순수하고 자유로운 어휘, 타오르는 진실의 이미지가 그 격렬한 열기로 모든 것을 밝힐 수 있으며 그 중력으로 모든 것을 자기화 磁氣化할 수 있고 탁월한 도체들에 전기가 흐르게 할 수 있으며 사람들, 국가, 우주를 조직할 수 있음을 그들의 숨겨진 근본 동력이 우리에게 가르쳐줄 것이다."

Leur force motrice, cachée, fondamentale, vous apprendra que la *parole libre* et *pure*, image ardente de la vérité, saura tout éclairer par sa chaleur active, tout *aimanter* par sa puissance *attractive*, *électriser* d'excellents *conducteurs*, *organiser* les hommes, les nations et l'univers.

192쪽

"자연의 신의 수중에서 모든 심장으로 연결된 그 우주적 선들을 끊임없이 묶고 다시 묶는 저 신의 하프는 무엇인가? 바로 진실이다. 모든 민족들이 그것의 가장 가냘픈 소리에도 귀를 기울인다. 모든 것이 우주적 조화라는 신성한 영향을 감지한다."

Quelle est cette harpe divine, entre les mains du Dieu de la nature, dont les cordes universelles, attachées à tous les coeurs, les lient et les relient sans cesse? C'est la vérité. Aux plus faibles sons qui lui échappent toutes les nations deviennent attentives, tout ressent la divine influence de l'harmonie universelle.

196쪽

"나의 벗들이여, 그것이 내가 죽기 전 자네들에게 알리고자 하는 교리요. … 그것이 나의 종교라네. … 이제 나는 압제자들이 내 모나드를 그 영원 앞에 보내어 무릎 꿇게 하려는 것을 허락하려네. 나를 사랑하는 이들이여, 모두 안녕. 1793년 6월 10일."

Telle est, mes amis, la doctrine que je voulais vous exposer avant de mourir … Telle est *ma Religion* … et je permettrai aux tyrans d'envoyer ma *monade* se prosterner devant l'ETERNEL Valete et me amate. 10 juin 1793.

197쪽

"메스머의 유체는 다름 아닌 보편적 인간 그 자체다. 그는 자신이
발산하는 것 가운데 하나에 영향을 받았고 그것에 의해 움직였
다."

Le fluide magnétique n'est autre chose que l'homme uni-
versel lui-même, ému et mis en mouvement par une de ses
émanations.

198쪽

"더욱 이상한 것은 보나파르트 장군은 이탈리아로 첫 원정에 나
설 때 몽유자 말리 샤토르노가 예언했던 바로 그 운명, 군에서 보
나파르트를 기다리고 있다는 그 운명을 얻고자 했다. … 보나파
르트는 카스틸리오네 전투가 그 몽유자의 예언을 실현한 것이라
고 믿었다. 그는 이집트로 출발하기 전 다시 그 몽유자를 조심스
럽게 수소문했다."

Ce qu'il y a de plus bizarre, c'est que le général Bonaparte
partant pour sa première campagne d'Italie, voulut se faire
prédire, par le somnambuliste Mally-Châteaurenaud le sort
qui l'attendait à l'armée ··· Bonaparte crut que la bataille de
Castiglione réalisait la prédiction du somnambuliste qu'il fit

rechercher avec soin avant son départ pour l'Egypte.

203쪽

"모든 정치·도덕·경제 이론들을 불 속으로 집어던지고 가장 놀
라운 사건을 준비할 필요가 있다. … 사회적 혼란으로부터 우주
적 조화로 갑작스럽게 이행하기 위해서."

li faut jeter au feu toutes les théories politiques, morales et
économiques, et se préparer à l'évènement le plus éton-
nant … AU PASSAGE SUBIT DU CHAOS SOCIAL A L'HAR-
MONIE UNIVERSELLE.

"나는 열정적 중력 법칙이 모든 면에서 뉴턴과 라이프니츠가 설
명했던 물질적 중력 법칙을 뒷받침한다는 것을, 그리고 물질계와
영혼계 모두에 공통된 운동 체계가 있다는 것을 곧 알아차렸다."

Je reconnus bientôt que les lois de l'Attraction passionnée
étaient en tout point conformes à celles de l'Attraction ma-
térielle, expliquées par Newton et Leibnitz, et qu'il y avait
UNITE DE SYSTEME DE MOUVEMENT POUR LE MONDE
MATERIEL ET POUR LE MONDE SPIRITUEL.

204쪽

"그 발견이 알려지지 않은, 촌스러운, 과학적 천민의 연구라면, 학계 인사조차 되지 못한 불청객에 불과한 이의 연구라면, 그의 머리 위에 온갖 음모의 저주를 퍼부을 것이다."

Mais si la découverte est l'ouvrage d'un inconnu, d'un provincial ou paria scientifique, d'un de ces intrus qui ont comme Prion le tort de n'être pas même académiciens, il doit encourir tous les anathèmes de la cabale.

205쪽

비나캥 씨 ─ 확실히, 탁자에게, 즉 탁자 안에 있는 영혼에게 물어보십시오. 그것은 내 머리 위에 유체의 거대한 관 pipe이 있다고 말해줄 것입니다. 그 관은 내 머리 위에서 솟아나 별들에게로 뻗어 있습니다. 그것은 향기로운 관으로 토성에 있는 영혼들의 목소리가 그 관을 통해 내 귀에 와 닿습니다. … 그 탁자 (다리를 심하게 치면서) ─ 옳지, 옳지, 옳지. 향기로운 관. 통로. 향기로운 관. 통로. 통로. 통로. 통로. 그래.

M. VINAQUIN-Assurément. Demandez à la table, c'est-à-dire à l'esprit qui est dedans; il vous dira que j'ai au-dessus de la tète un tuyau immense de fluide qui monte de mes cheveuz jusqu'auz astres; c'est une trompe aromale par Iaquèle la voiz des esprits de Saturne vient jusqu'à mon oreille ··· LA TABLE (frapant vivement du pié)-Oui, oui, oui. Trompe aromale. Canal. Trompe aromale. Canal. Canal. Canal. Canal. Oui. (에르당의 독특한 철자법을 그대로 유지했다.)

206쪽

"유명한 사회주의자 오언 씨는 ··· 지금까지 가장 강력한 의미의 물질주의자였으나 죽은 지 여러 해 된 가족들과 대화를 나눈 뒤 영혼의 불멸성에 대한 믿음으로 완전히 돌아섰다."

M. Owen, le socialiste célèbre ··· qui a été jusqu'ici matérialiste dans toute la force du mot, a été parfaitement converti à la croyance de l'immortalité par les conversations qu'il a eues avec des personnes de sa famille mortes depuis des années.

207쪽

"현재의 전반적 목적은 우리 행성에 거주하는 사람들을 개혁하는 것이며, 우리 모두에게 다른 삶에 관한 진실을 확신시키는 것이고, 모두를 진정으로 자비롭게 만드는 것이다."

que l'objet des manifestations générales actuelles est de réformer la population de notre planète, de nous convaincre tous de la vérité d'une autre vie, de nous rendre tous sincèrement charitables.

208쪽

"결국 영향력의 체계 혹은 동물 자기론의 체계를 구성하는 원칙들이, 인간의 물리적·도덕적 조화를 위해서는 잦은 대규모 집회가 중요하다는 사실을 입증할 것이다. … 함께 모여 노래하고 기도하는 동안 모든 의도와 의지가 하나의 동일한 대상, 특히 자연의 질서로 향할 것이다. 몇몇 사람들에게서 파괴된 조화가 재확립되고 그들의 건강이 강화되는 것은 바로 이런 상황들 때문이다."

Il sera prouvé enfin, par les principes qui forment le système des influences ou du magnétisme animal, combien il est important pour l'harmonie physique et morale de l'homme de s'assembler fréquemment en sociétés nombreuses … où toutes les intentions et les volontés soient dirigées vers un et même objet, surtout vers l'ordre de la nature, en chantant, en priant ensemble; et que c'est dans ces situations que l'harmonie qui commence à se troubler dans quelques individus peut se rétablir et que la santé se raffermit.

209쪽

"우리의 지식인들은 메스머주의에 관여하기를 원치 않았다. 다른 이들이 자유에 관여하기를 원치 않는 것과 마찬가지였다. … [그러나] 과학이 파괴하기를 원치 않았던 독재적인 사슬의 고리들이 분쇄되었다.""

Nos savants ne voulaient point de magnétisme, comme d'autres hommes point de liberté … (mais) les anneaux de la chaîne despotique que la science n'avait point voulu rompre ont volé en éclats.

"메스머주의자들이여, 기뻐하라! 위대하고 아름다운 새날이 밝아왔다. … 오, 메스머! 공화국을 사랑한 당신. … 당신은 이때를 예견했지만 … 이해하지는 못했다."

Réjouissez-vous magnétiseurs, voici l'aurore d'un bel et grand jour … O Mesmer! toi qui aimais la république … tu pressentais les temps; mais … tu ne fus point compris.

212쪽

"그러니 과학은 미덕만큼이나 쓸모 있는 단어다! 메스머가 브루투스를 물리쳤다."

La science n'est donc pas un vain mot comme la vertu!
Mesmer a vaincu Brutus.

"환상적인 것, 불가사의한 것, 신비한 것, 설명할 수 없는 것."

le fantastique, le mystérieux, l'occulte, l'inexplicable.

213쪽

"볼테르는, 백과전서파는 붕괴하고 있다. 마침내 모든 것에 염증이 난다. 특히 차가운 이성에 신물이 난다. 우리는 좀더 활기 있고 좀더 달콤한 기쁨을 누려야 한다. 숭고함, 불가해한 것, 초자연적인 것을 누려야 한다."

Voltaire, des Encyclopédistes tombe; qu'on se lasse enfin de tout, surtout de raisonner froidement; qu'il faut des jouissances plus vives, plus délicieuses, du sublime, de l'in-compréhensible, du surnaturel.

215쪽

"그는 위인이 되기를 원했다. 그러고는 끊임없이 유체를 발사해 위인이 되었다. 그 유체는 전기보다 강한 것으로 그는《루이 랑베르》에서 그것을 아주 소상히 분석했다."

Il voulait être un grand homme et il le fut par d'incessantes projections de ce fluide plus puissant que l'électricité, et dont il fait de si subtiles analyses dans *Louis Lambert*.

216쪽

"아주 미세한 자기 유체가 존재한다. 그리고 그것은 인간의 영혼과 신체를 연결하는 고리다. 그 유체는 특별한 자리 없이 모든 신경을 지나며 순환한다. 그리고 그것은 의지의 명령에 따라 팽창하고 이완된다. 그 유체는 전기 불꽃의 색을 띤다. … 눈에서 나오는 섬광, 생명의 혼의 빛줄기가 공간을 가로질러 영혼들을 교감하게 하는 신비한 고리다."

Il existe un fluide magnétique très subtil, lien chez l'homme entre l'âme et le corps; sans siège particulier, il circule dans tous les nerfs qu'il tend et détend au gré de la volonté. Il est l'esprit de la vie; sa couleur est celle de l'étincelle électrique … les regards, ces rayonnements de l'esprit de vie,

sont la chaîne mystérieuse qui, à travers l'espace, relie sym-
pathiquement les âmes.

"언젠가 발자크는 우리에게 의지는 무게 없는 유체의 동력이며
[신체] 부위들은 유체를 움직이는 행위자들이라고 말했다."
La volonté, nous disait un jour H. de Balzac, est la force
motrice du fluide impondérable, et les membres en sont les
agents conducteurs.

"인간에게서 의지에 의해 작동하고 다량의 유체로 치료하는 …
강한 영향력을 확인한 메스머의 교리."
la doctrine de Mesmer, qui reconnaissait en l'homme l'exis-
tence d'une influence pénétrante … mise en oeuvre par la
volonté, curative par l'abondance du fluide.

217쪽

"동물 자기, 1820년대 이래 나 스스로도 그 기적을 경험했다. 라
바터의 뒤를 이은 갈 박사의 세심한 연구조사, 그리고 요컨대 광
학자들이 빛(동물 자기와 빛, 그 두 가지는 거의 같은 것이었다)
을 연구한 방식은 사도 요한의 제자인 신비주의자들의 관념을 뒷

받침한 것은 물론이고 영혼계를 확립한 위대한 사상가들의 관념도 뒷받침한다는 것이 연구한 사람들 모두가 생각했던 바다."

Le magnétisme animal, aux miracles duquel je me suis familiarisé depuis 1820; les belles recherches de Gall, le continuateur de Lavater, tous ceux qui depuis cinquante ans ont travaillé la pensée comme les opticiens ont travaillé la lumière, deux choses quasi semblables, concluent et pour les mystiques, ces disciples de l'apôtre Saint Jean, et pour les grands penseurs qui ont établi le monde spirituel.

218쪽

"미세한 유체, 곧 인간의 의지에 의한 현상들의 토대이자 열정, 습관, 얼굴과 두개골의 형태를 낳는 유체."

fluide insaisissable, base des phénomènes de la volonté humaine, et d'où résultent les passions, les habitudes, les formes du visage et du crâne.

220쪽

"과학이, 기적이라는 구실을 붙여, 모든 것의 근원에 도달해야 할 의무를 저버렸다."

la science, sous prétexte de merveillosité, s'est soustraite au devoir scientifique, qui est de tout approfondir.

227쪽

"지상에서는 내가 당신들을 우러러보았지만 이곳에서 우리는 대등하다."

Sur terre je vous respectais, mais ici nous sommes égaux.

230쪽

"내가 만약 심판을 받아야 한다면 계몽된 공정한 대중에게 맡겨라. 내가 자신 있게 호소할 곳은 대중의 법정이다. 그 최고 법정의 칙령은 과학 단체들 자체도 존중할 수밖에 없다."

S'il faut être jugé, que ce soit donc par un public éclairé et impartial: c'est à son tribunal que j'en appelle avec confiance, ce tribunal suprême dont les corps scientifiques eux-mêmes sont forcés de respecter les arrêts.

231쪽

"내가 호소할 곳은 대중이다."

C'est au public que j'en appelle.

"파리에는 재능을 발휘하기가 여의치 않은 젊은이들, 서기, 상점 보조원, 법률가, 군인들이 넘쳐난다. 그들은 작가로 살며 굶주리거나 구걸을 하거나 팸플릿을 만든다."

Paris est plein de jeunes gens qui prennent quelque facilité pour du talent, de clercs, commis, avocats, militaires, qui se font auteurs, meurent de faim, mendient même, et font des brochures.

• 머리말 •

1 H. S. Klickstein, review of Bernhard Milt, *Franz Anton Mesmer und seine Beziehungen zur Schweiz*, in *Bulletin of the History of Medicine*, XXIX(1955), 187.

• 1. 메스머주의와 대중 과학 •

1 Daniel Mornet, "L'Influence de J.-J. Rousseau au XVIIIe siècle," *Annales de la Société Jean-Jacques Rousseau*, 1912, p. 44, 45; Robert Derathé, "Les réfutations du *Contrat Social* au XVIIIe siècle," ibid., 1950-1952, pp. 7-12.

2 메스머의 동물 자기론에 관한 27개의 기본 명제들은 부록1에 재수록했다. 메스머주의 이론과 실천을 설명한 다수의 동시대 팸플릿들 가운데 최상은 다음과 같다. F. A. Mesmer, *Mémoire sur la découverte du magnétisme animal*(Geneva, 1779); *Aphorismes de M. Mesmer, dictés à l'assemblée de ses élèves* ⋯(1785년 파리에서 콜레 드 보모렐Caullet de Veaumorel이 출판했다); 메스머의 중

요한 첫 제자, 샤를 데슬롱의 학생이었던 갈라르 드 몽주아Galart de Montjoie 가 쓴 일련의 편지들. *Journal de Paris*, February and March 1784(특히 issue of Feb. 16, pp. 209-216 참고). 메스머주의의 신비주의 경향에 관해서는 다음 을 참고. A. M. J. de Chastenet, Marquis de Puységur, *Mémoires pour servir à l'histoire et à l'établissement du magnétisme animal*(1784); Tardy de Montravel, *Essai sur la théorie du somnambulisme magnétique*(London, 1785), 이 책은 타르디가 훗날 쓴 팸플릿들에서 수백 쪽의 지면을 할애해 설명 한 몽유 상태의 환상에 관한 근거를 제공했다; J.-H.-D. Petetin, *Mémoire sur la découverte des phénomènes que présentent la catalépsie et le somnam-bulisme* …(1787), and *Extrait des registres de la Société de l'Harmonie de France du 4 janvier 1787*.

3 세르방A.-J.-M. Servan이 보낸 날짜와 주소를 밝히지 않은 편지(Bibliothèque municipale, Grenoble, ms N 1761)는 뉴턴의《광학》에서 이러한 생각들이 어 떻게 메스머주의자들을 사로잡았는지 보여준다. 그가 로버트 보일Robert Boyle 과 나눈 편지에 등장하는 생각들에 비하면 신중한 것들이다. "뉴턴이 그의 책 가 운데 하나에서 발전시킨 멋진 가설을 왜 즉시 재검토하지 않는 것인가? 그는 공 기보다 훨씬 더 섬세하고 가장 밀도 높은 물체에도 파고드는 매질, 그 모든 부분 의 힘에 의해 그리고 거기서 비롯된 진동에 의해, 자연, 불, 전기, 그리고 우리 감각 자체의 가장 독특한 현상들의 도구가 되는 매질의 존재를 인정한다." 이 설명이 빚고 있는 18세기 과학서들에 관해서는 참고문헌 참조.

4 뉴턴이 프랜시스 애스턴Francis Aston에게 보낸 1669년 5월 18일자 편지 L. T. More, *Isaac Newton: A Biography*(New York, 1934), p. 51에서 인용.

5 Prost de Royer, *Dictionnaire de jurisprudence et des arrêts*, 7 vols.(Lyons, 1781-1788), II, 74. 이 사전은 메스머주의를 열정적으로 지지했다(V, 226, 227).

6 18세기 여전히 "비소 버터"를 다루고, 예방 접종이라는 최신 관행에 반기를 들 고, 출산을 위한 예비 절차로 피를 흘려 맹세했던 반半중세적 의료인들을 보 는 동시대인들의 시선에 관해서는 다음을 참고. J. F. Fournel, *Remontrances*

des malades aux médecins de la faculté de Paris(Amsterdam, 1785); *Observations très-importantes sur les effets du magnétisme animal par M. de Bourzeis* ···(Paris, 1783). 메스머주의 출전에 대한 철저한 동시대 분석으로는 다음을 참고. M.-A. Thouret, *Recherches et doutes sur le magnétisme animal*(Paris, 1784).

7 Joseph Priestley, *The History and Present State of Electricity with Original Experiments*(London, 1775), 11, 16; A. L. Lavoisier, *Traité élémentaire de climie, présenté dans un ordre nouveau, et d'après les découvertes modernes*, 3 ed.(Paris, 1801; 1 ed., 1789), I, 7.

8 Article "chimie" by G.-F. Venel in the *Encyclopédie, ou Dictionnaire raisonné des sciences, des arts et des métiers*, 1 ed.(Paris, 1751-1780), III, 409, 410; *Journal de Physique*, December 1781, p. 503. In *The Edge of Objectivity: An Essay in the History of Scientific Ideas*(Princeton, 1960), p. 184, 길리스피C. C. Gillispie는 17세기의 합리적이고 수학적인 물리학에 대한 18세기 과학자들, 특히 생물학자들 사이의 "낭만적" 반응을 보여주는 예로 브넬Gabriel François Venel의 글을 인용했다.

9 *Mercure de France*, January 24, 1784, p. 166, and November 20, 1784, p. 142; *Journal de Physique*, September 1781, p. 247, 248, October 1781, p. 268(9월호 pp. 192-199에 수록된 글에 이어 썼다), September 1781, p. 176; *Année littéraire*, I(1785), 279, 280.

10 *Journal de Bruxelles*, January 31, 1784, p. 226-227. 1784년에 나온 거의 모든 잡지들이 이 비행에 관해 유사한 설명을 싣고 있다. 거기에는 비행과, 비행자들이 난생 처음 도시와 시골 지역을 조망하면서 받은 충격에 대한 열광적인 설명이 담겨 있다. 다음에 수록된 필라트르 드 로지에의 기사가 좋은 예다. *Journal de Bruxelles*, July 31, 1784, pp. 223-229.

11 *Journal de Bruxelles*, May 29, 1784, p. 226-227(보르도 폭동에 관해서는 다음을 참고. *Courier de l'Europe*[London], May 28, 1784, p. 340; 그리고 파리에

서 있었던 유사한 폭동에 관해서는 다음을 참고. July 20, 1784, p. 43); *Courier de l'Europe*, August 24, 1784, p. 128; *Le Journal des Sçavans*, January 1784, p. 27; *Almanach des Muses*(Paris, 1785), p. 51; *Traces du magnétisme*(The Hague, 1784), p. 4. 이 시는 《알마나 데 뮈제Almanch du Muses》에서 인용했다. 또한 《쿠리에 드 레우로프Courier de l'Europe》는 낭트에서 온 열기구 쉬프랭Suffrein을 다음과 같이 묘사했다. (*Courier de l'Europe*, July 9, 1784, p. 23). "최소한 수백 명의 사람들이 쉬프랭의 이륙을 지켜보았다. 몇몇 여성들은 기절했고 몇몇은 눈물을 흘렸다. 모든 사람이 말로 할 수 없는 흥분에 사로잡혔다. 이 두 여행자의 귀환은 … 승리의 날로 기념되었다. 길에는 사람들이 줄지어 서 있었고 … 집집마다 불을 밝혔다. 시민들은 그들의 손과 옷에 입을 맞추었다."

12 *Journal de Paris*, December 8-26, 1783, pp. 1403-1484, and February 7, 1784, p. 169-170.

13 L.-S. Mercier, *Tableau de Paris*, 12 vols.(Amsterdam, 1782-1788), II, 300; 그리고 XI, 18: "편지의 지배가 시작되었다. 물리학자들이 시인과 소설가들을 대체했다. 전기 기계가 연극의 자리를 대신했다." 마이스터의 언급은 다음에 담겨 있다. *Correspondance littéraire, philosophique et critique par Grimm, Diderot, Raynal, Meister, etc.*, ed. Maurice Tourneux(Paris, 1880), XIII, 344(이후 인용은 Grimm's *Correspondance littéraire*로 표시). 라블랑셰리의 박물관에 관한 설명은 다음에 포함되어 있다. *Nouvelles de la République des lettres*, October 12, 1785. 파리의 학회와 박물관들에 대한 열기는 다음에 등장하는 수많은 기사에서 고증할 수 있다. 그 밖에 다른 출판물들도 있다. *Mémoires secrets pour servir à l'histoire de la république des lettres en France*.

14 Priestley, *The History and Present State of Electricity*, II, 134-138, and passim; Journal de Bruxelles, January 10, 1784, p. 81, and March 6, 1784, p. 39(May 15, 1784, p. 139도 참조); *Courier de l'Europe*, October 8, 1784, p. 228; *Journal de Physique*, July 1781, p. 80; *Courier de l'Europe*, August 27, 1784, p. 135; *Journal de Paris*, April 23, 1784, p. 501, and April 27, 1784, p.

516-517; *Année littéraire* I(1785), 5, 8. 말레 뒤 팡은 자신이 발행하는 신문에서 메스머주의를 적절한 컨텍스트에 넣는 한편 그 엄청난 인기를 보고했다. "오늘날 예술과 과학은 모두 발명, 경이, 초자연적 능력으로 가득하다. 모든 신문의 사람들이 모인 군중은 화학자, 측량기사, 기술자 등등을 결코 의심해본 적 없고 매일 온갖 종류의 경이를 선사받는다."

15 *Mercure*, July 3, 1784, p. 45, and July 24, 1784, p. 177; Henri Decremps, *La magie blanche dévoilée, ou explication des tours surprenants, qui font depuis peu l'admiration de la capitale et de la province, avec des réflexions sur la baguette divinatoire, les automates joueurs d'échecs etc. etc.*(Paris, 1784), pp. xi, 72. 링게에게 보낸 편지는 다음에서 인용했다. Jean Cruppi, *Un avocat journaliste au XVIlle siècle: Linguet*(Paris, 1895), P. 307. 바르바루의 시는 다음에 수록되어 있다. *Mémoires inédits de Pétion et mémoires de Buzot &de Barbaroux* ··· ed. C. A. Dauban(Paris, 1866), p. 264. Decremps' *Supplément à la Magie blanche dévoilée*(Paris, 1785), p. 281−282 또한 참고. 이 글은 근대 사기꾼의 특성을 다음과 같이 묘사한다. "그는 늘 자연 속에서 이전까지 알려진 바 없는 새로운 법칙을 발견했다고 떠벌렸다. 그러나 그는 그것을 여전히 비밀에 부치며 그 지식이 신비주의 물리학에 속하는 것이라고 확신한다 ··· 그는 자신이 모든 학술 단체들보다 더 똑똑하다고 주장한다." 데크랑Decremps은 다음 두 기사에서 민간의 "마술적" 과학자들을 공격한다. *Testament de Jerome Sharp, professeur de physique amusante*(Paris, 1789), *Codicile de Jerome Sharp*(Paris, 1791).

16 *Mémoires secrets*, November 27, 1783, p. 54−55, December 6, 1783, p. 74−75, and April 9, 1784, p. 255; Grimm's *Correspondance littéraire*, XIII, 387−388; Pierre Thouvenel, *Mémoire physique et médicinal montrant des rapports évidents entre les phénoménes de la baguette divinatoire, du magnétisme et de l'éléctricité*(London, 1781), 그리고 그 후속편 *Second mémoire physique et médicinal* ···(London, 1784); *Courier de l'Europe*, January 9,

1784, p. 18, October 22, 1784, p. 260, and October 29, 1784, p. 276; Restif de la Bretonne, *Monsieur Nicolas ou le coeur humain dévoilé*(Paris, 1959), V, 530; J.-P. Brissot, *Théorie des loix criminelles*(Berlin, 1781), I, 243.

17 *Journal de Bruxelles*, February 14, 1784, pp. 85-87, and August 7, 1784, p. 38; *Journal des Sçavans*, September 1784, pp. 627-629.

18 인용문의 출처는 다음과 같다. *Mercure*, March 13, 1784, p. 94, and April 17, 1784, p. 113; *Journal de Bruxelles*, July 24, 1784, p. 171; and Galart de Montjoie, *Lettres sur le magnétisme animal, où l'on examine la conformité des opinions des peuples anciens & modernes, des sçavans & notamment de M. Bailly avec celles de M. Mesmer* ⋯(Philadelphia, 1784), p. 10. 이런저런 형태의 신비주의에 관해서는 다음을 참고. *Mémoires secrets,* August 11, 1783, pp. 113-116; Mercier, *Tableau de Paris*, II, 299, 300, VIII, 176, 299, 341, IX, 25, XI, 291-293, 352-355; Grimm's *Correspondance littéraire*, XIII, 387, 388; *Mesmer justifié*(Constance, 1784), p. 34; *Remarques sur la conduite du sieur Mesmer, de son commis le P. Hervier et de ses adhérents*(1784), p. 26; *Eclaircissemens sur le magnétisme animal*(London, 1784), pp. 6-8; *L'Anti-magnétisme* ⋯(London, 1784), p. 3; the memoirs of Duclos in *Bibliothèque des mémoires relatifs à l'histoire de France pendant le 18e siècle, nouvelle série*(Paris, 1880-1881), XXVII, 20; and *Avertissement de M. D'Eprémesnil, à l'occasion de quelques écrits anonymes qu'il a reçus de Beaucaire par la poste*(1789). 1780년대 전형적인 연금술 모임에 관한 설명으로는 다음을 참고. R. M. Le Suire(pseudonym), *Le Philosophe parvenu* ⋯(London, 1787), I, 204-211. 경찰과 영성주의에 관해서는 다음을 참고. *Mémoires tirés des archives de La police de Paris* ⋯. ed. J. Peuchet(Paris, 1838), III, 98, 102, 103. 이 모호한 주제에 관해 빼놓을 수 없는 전반적인 연구로는 다음과 같은 것이 있다. Auguste Viatte, *Les sources occultes du romantisme, illuminisme-théosophie 1770-1820*, 2 vols.(Paris, 1928).

19 Mercier, *Tableau de Paris*, XII, 352-355; *Les illuminés in Le Somnambule* …(1786). 바르비에A. A. Barbier에 따르면, 이는 파니 드 보아르네Fanny de Beauharnais의 작품이다(알렉시 뒤로Alexis Dureau는 그 책을 피에르 디도 Pierre Didot의 작품으로 규정하는데 이는 잘못된 것이다. 조화학회 회원이었던 디도가 메스머주의를 풍자하지는 않았을 것이다); Court de Gébelin, *Lettre de l'auteur du Monde Primitif à Messieurs ses souscripteurs sur le magnétisme animal*(Paris, 1784), pp. 16-18; Thouvenel, *Mémoire physique et médicinal*, p. 31; *Fragment sur les hautes sciences* …(Amsterdam, 1785), p. 10. 갈라르 드 몽주아는 다음 책에서 바이와 게블랭의 사상적 유사점들을 밝혔다. *Lettres sur le magnétisme animal*. 라부아지에의 칼로릭에 관해서는 다음 책에 등장하는 그의 설명 참고. *Traité élémentaire de chimie*, I, 4("신체의 모든 분자 에 침투해 들어가 퍼져나가는 아주 미세한 유체"), Maurice Daumas, *Lavoisier, théoricien et expérimentateur*(Paris, 1955), pp. 162-171. 철학자들 가운 데 메스머주의자 명단은 다음에 수록되어 있다. *Appel au public sur le magnétisme animal* …(1787), p. 49. 풍자시는 다음 책에서 인용했다. *Mémoires secrets*, May 25, 1784, p. 11. 해석은 본문과 같다.

20 J.-F. La Harpe, *Correspondance littéraire* …(Paris, 1801-1807), IV, 266; 아 르디의 수기 신문Bibliothèque Nationale, fonds français, 6684, May 1, 1784, p. 444(아르디는 대부분의 신문 집필자들에 비해 메스머주의에 거의 주의를 기 울이지 않았다); *Mémoires secrets*, April 9, 1784, p. 254; Grimm's *Correspondance littéraire*, XIII, 510; *Courier de l'Europe*, October 5, 1784, p. 219; *Journal de Bruxelles*, May 22, 1784, p. 179.

21 마라의 언급은 익명으로 쓴 그의 팸플릿에 담겨 있다. *Lettres de l'observateur bon-sens à M. de xxx, sur la fatale catastrophe des infortunés Pilâtre de Rosier & Romain, les aéronautes & l'aérostation*(London, 1785), p. 19. 마라는 로 베스피에르의 유명한 피뢰침 소송에 간접적으로 연루되어 있었다. A. Cabanés, *Marat inconnu: l'homme prive, le médecin, le savant*, 2 ed.(Paris, 1911), pp.

235-257 참고. 그런로R. W. Greenlaw는 놀라울 정도로 연구가 이뤄지지 않은 이 주제를 다룬 통계 연구에서 1787년 처음 6개월 동안 108개가량의 정치 팸플 릿이 출판되었다고 추산했다. "Pamphlet Literature on the Eve of the French Revolution," *Journal of Modern History*, XXIX(1957), 354. 그의 추산에 따르 면 1787년 메스머주의자들의 팸플릿 수는 200편에 이른다(*Appel au public sur le magnétisme animal* …, p.11). 이런 수치는 신뢰할 만한 것으로 보인다. 완벽 하게 수집된 것이 아님에도 불구하고 프랑스국립도서관에 소장된 혁명 전 메스 머주의 저술이 166편에 이르기 때문이다. *Mercure*, October 20, 1781, p. 106, 107는 슈발리에 드 랑작Chevalier de Langeac이 8월 25일 아카데미 프랑세즈 에서 농노제 폐지를 다룬 시를 낭독해 등외상을 수상했다고 보도했다. 그의 시에 는 부역과 재산 상속 불가에 대한 비난이 포함되었고 다음과 같은 시구들이 포함 되었다. "오, 이 얼마나 수치스러운가! 신의 성스러운 사제들이/이런 우상숭배의 죄악을 권리처럼 유지하다니!/인류의 드넓은 땅을 사슬에 묶인 그리스도인의 땀 으로 살찌운 것은 속세에서나 벌어지는 일이다." 《비밀 회고록》은 베르젠의 죽음 (그의 죽음이 정부가 1787년 프랑스를 평화롭게 개혁하지 못하고 실패하게 된 결 정적 요인이었던 것으로 드러났다)을 7줄짜리 기사로 무례할 정도로 가볍게 다 루었다. 그리고 그보다는 필라트르의 추락에 훨씬 더 흥미를 보였다. 다음에 수록 된 기사 참고. February 13, 1787, p. 131, and June 17 and 19, 1785, p. 94 and 98, 99.

• 2. 메스머주의 운동 •

1 메스머주의 운동에 관한 이 설명은 다음에 근거했다. F. A. Mesmer, *Mémoire sur la découverte du magnétisme animal*(Geneva, 1779); Mesmer, *Précis historique des faits relatifs au magnétisme animal* …(London, 1781); Mesmer, *Lettre de l'auteur de la découverte du magnétisme animal à l'au- teur des Réflexions préliminaires* …, Nicolas Bergasse, *Observations de M. Bergasse sur un écrit du Docteur Mesmer* …(London, 1785); Bergasse,

Supplément aux Observations …; J.-J. Duval d'Eprémesnil, *Sommes versées entre les mains de Monsieur Mesmer* …; d'Eprémesnil, *Mémoire pour M. Charles-Louis Varnier* …(Paris, 1785); F. L. T. d'Ongleé, *Rapport au public de quelques abus auxquels le magnétisme animal a donné lieu* …, 그리고 다음에 수록된 상당한 부피의 기사들. *Mémoires secrets pour servir à 1 histoire de la république des lettres en France* 및 *Journal de Paris*, 여기에는 일부 지도적인 메스머주의자들의 편지가 포함되어 있다. 메스머주의의 일반적인 성격에 대한 이 책의 해석은 프랑스국립도서관과 대영박물관에 소장된 메스머주의 관련 소장본에 기초한다.

2 인용문의 출처는 다음과 같다. d'Onglée, *Rapport au public*, p. 8, Mesmer, *Précis historique*, pp. 215-217.

3 베르톨레의 메스머주의 경험에 관해서는 다음을 참고. *Mémoires secrets*, May 26, 1784, p. 13, 14. 그 풍자화들은 프랑스국립도서관 인쇄본 진열실(Cabinet des Estampes of the Bibliothèque Nationale)에, 특히 Hennin and Vinck(Qb I, Ye 228) 컬렉션에 포함되어 있다. 그 그림들은 메스머 통 주변의 장면들과 메스머의 캐리커처를 주로 보여주며 간혹 메스머의 시선으로 먼 곳을 보여주기도 하고 메스머의 발 아래 찬미의 문구를 넣은 경우도 있다. 메스머는 때로 동물의 모습으로 기절한 여성의 몸에 손을 대는 모습으로 그려지기도 한다. 몇몇 풍자화들은 다이아몬드 목걸이 사건에 관심을 보이기도 했지만 1780년과 1787년 사이에 그려진 그 풍자화들 가운데 정치적인 것으로 여겨질 만한 것은 거의 없었다. 서툰 시구는 다음에서 인용했다. *Mémoires secrets*, January 17, 1785, p. 45, 46; *Le mesmérisme, ou épitre à M.Mesmer*(1785년의 악보로 제목 없는 2행 시가 덧붙여졌다); *Impromptu fait au Café du Caveau*. 그 시들은 아마도 각각 본문처럼 번역될 수 있을 것이다. 카보 카페의 메스머주의자들의 인용문 출전은 다음과 같다. *Le moraliste mesmérien, ou lettres philosophiques sur l'influence du magnétisme*(London, 1784), p.8.

4 *Mémoires secrets*, December 3, 1784, p. 56, and April 11, 1784, p. 258-259;

Remarques sur la conduite du sieur Mesmer, de son commis le P. Hervier, et de ses autres adhérents ⋯ (1784); *Lettre d'un Bordelais au Père Hervier* ⋯ (Amsterdam, 1784); Hervier, *Lettre sur la découverte du magnétisme animal* ⋯(Paris, 1784; 쿠르드 게블랭의 서문이 첨부되어 있다); *Mesmer blessé ou résponse à la lettre du R.P. Hervier sur le magnétisme animal*(1784).

5 *Détail des cures opérées à Buzancy, près Soissons par le magnéetisme animal*(Soissons, 1784); J.-M.-P. de Chastenet, Comte de Puységur, *Rapport des cures opérées à Bayonne par le magnétisme animal* ⋯(Bayonne, 1784); A. M. J. de Chastenet, Marquis de Puységur, *Mémoires pour servir à l'histoire et à l'établissement du magnétisme animal*(1784). 메스머는 몽유 상태를 유도하는 방법을 발견했다고 주장했지만 이를 많이 시행하지는 않았던 것으로 보인다.

6 *Mémoires de M. le comte de Montlosier sur la Révolution Française, le Consulat, l'Empire, la Restauration et les principaux événemens qui l'ont suivie 1755-1830*(Paris, 1830), I, 132-140, 인용된 페이지는 다음과 같다. p. 137, 139.

7 세르방이 줄리앙에게 보낸 1781년 8월 17일자 편지(아마도 원본 편지를 세르방이 필사한 것으로 보임), Bibliothéque municipale, Grenoble, R 1044. 세르방의 다른 편지들도 마찬가지로 신중한 경험주의와 신비주의 이신론의 결합을 보여준다. 일례로 1788년 4월 16일자 편지 참고(Grenoble N 1761), 이 편지는 메스머가 세르방을 방문했을 때 쓴 것으로 편지에서 그는 메스머의 사상이 신비주의적인 형이상학적 체계로 왜곡되어간다고 경고했다. 그리고 "3월 11일경"이라고만 날짜를 표시한 편지(R 1044)에서 그는 다음과 같은 내용을 거론했다. "제1의 물리적 작인, 그것은 작인 중의 작인 그리고 존재 중의 존재의 수중에 있다. 물리적 작인까지만 거슬러 오르고자 하는 이는 완전히 사악한 스피노자주의자다."

8 부록6에 수록된 콩도르세의 원고 가운데 선별된 부분들 참고.

9 *Journal de Bruxelles*, May I, 1784, p. 36. 마이스터가 세르방과 파스칼을 비교

한 내용은 다음에 수록되어 있다. Grimm's *Correspondance littéraire*, XIV, 82.

10 *Rapport des commissaires chargés par le Roi de l'examen du magnétisme animal*. 바이가 초고를 작성했다(Paris, 1784); *Rapport des commissaires de la Société Royale de Médecine, nommés par le Roi pour faire l'examen du magnétisme animal*(Paris, 1784). 바이 위원회가 왕에게 보낸 비밀 보고서는 또한 메스머주의가 도덕을 해칠 수 있다는 점 역시 경고했다. 역설적인 것은 우주조화학회의 103번째 회원이 잔뜩 멋 부린 프랭클린의 손자, 윌리엄 템플 프랭클린Wiliam Temple Franklin이었다는 사실이다. 메스머주의를 둘러싼 논쟁에서 프랭클린이 담당했던 역할에 관해서는 다음을 참고. C.-A. Lopez, *Mon Cher Papa: Franklin and The Ladies of Paris*(New Haven, 1966), pp. 168-175.

11 위원회 보고서에 대한 공격 가운데 가장 논란이 되고 자주 인용되는 것은 베르가스의 글이었다. J.-B. Bonnefoy, *Analyse raisonnée des rapports des commissaires chargés par le Roi de l'examen du magnétisime animal*(Lyons, 1784); J.-M.-A. Servan, *Doutes d'un provincial proposés à MM. les médecins commissaires chargés par le Roi de l'examen du magnetisme animal*(Lyons, 1784); J.-F. Fournel, *Remontrances des malades aux médecins de la faculté de Paris*(Amsterdam, 1785).

12 *Les Docteurs Modernes, comédie-parade en un acte et en vaudeville suivie du Baquet de Santé, divertissement analogue, mêlé de couplets* ···. 〈현대 의사들〉의 인용문의 해석은 본문과 같다(Paris, 1784), p. 5; J.J. Duval d'Eprémesnil, *Réflexions préliminaires à l'occasion de la pièce intitulée les Docteurs Modernes* ···, and *Suite des Réflexions préliminaires à l'occasion des Docteurs Modernes*(인용문 p. 5, 6); *The Papers of Thomas Jefferson*, ed. J. P. Boyd(Princeton, 1950-), VII, 635. 〈현대 의사들〉 사건에 관해서는 다음을 참고. *Journal de Paris*, November 18, 27, and 28, 1784, p. 1355, 1405, 1406, 1410, and 1411, and January 18, 1785, p. 76; La Harpe, *Correspondance littéraire*, IV, 266; Grimm's *Correspondance littéraire*, XIV, 76-78; *Mémoires secrets*,

November 23, 1784, p. 29.

13 *Extrait de la correspondance de la Société Royale de Médecine, relativement au magnétisme animal; par M. Thouret*(Paris, 1785), p. 11 and *passim.* 1784 년 6월 8일자 편지를 비롯해 스트라스부르 총독Préteur royal 제라르가 쓴 편지 들은 그가 1787년 5월 8일까지 그 직책을 사용하고 있었으며 의과대학 교수를 새 로 임명하는 등의 문제에서 메스머주의를 장려했다는 것을 보여주는 내용들로 스트라스부르시립도서관에 소장되어 있다. Archives de la ville de Strasbourg, mss AA 2660 and 2662(특히 1784년 10월 3일자와 19일자 편지 참고). 스웨덴 어로 작성된 1787년 6월 19일자 편지는 미국인 메스머주의자이자 스베덴보리 주의자인 조지 부시가 발간했다. George Bush, in *Mesmer and Swedenborg* …(New York, 1847), 인용문은 p. 265. 데프레메스닐은 다음 책에 주를 달았 다. *Rapport des cures opérées à Bayonne par le magnétisme animal* … (Bayonne, 1784). 그리고 1784년 12월에 보르도조화학회를 방문했다. "여러 시 간씩 지속되었던 8차례의 모임에서 이 유명한 사법관은 메스머 씨의 체계를 명확 하고 힘 있고 우아하게 설명해 청중들에게 전달했다"(*Recueil d'observations et de faits relatif au magnétisme animal* …(Philadelphia, 1785), p. 65).

14 특히 지방에서 전개된 후기 메스머주의의 발전에 관해 동시대에 서술된 포괄 적인 문헌의 예로는 다음과 같은 것들이 있다. Pierre Orelut, *Détail des cures opérées à Lyon* …(Lyons, 1784); Michel O'Ryan, *Discours sur le magnétisme animal*(Dublin, 1784); J.-H.-D. Petetin, *Mémoire sur la découverte des phénomènes que présentent la catalepsie et le somnambulisme*(1787); Ostend society, *Réflexions impartiales sur le magnétisme animal* … (Geneva, 1784); *Système raisonnè du magnétisme universel* …(1786); *Règlements des Sociétés de l'Harmonie Universelle, adoptés* … *le 12 mai 1785*; *Extrait des registres de la Sociétés de l'Harmonie de France du 30 novembre 1786.* 다음 또한 참고 J. Audry, "Le mesmérisme à Lyon avant la Révolution," *Mémoires de l'Académie des sciences, belles-lettres et arts de*

Lyon, ser. 3(1924), XVIII, 57-101; Papus(Gérard Encausse), *Louis-Claude de Saint-Martin*(Paris, 1902); and Alice Joly, *Un mystique lyonnais et les secrets de la franc-maçonnerie 1730-1824*(Mâcon, 1938), 윌레르모의 전기로 쓰인 이 책은 비밀결사와 관련해 논란이 일었던 문제들에 대해 분별 있는 입장을 취하고 있으며 고증이 잘 되었다.

15 J. B. Barbéguière, *La maçonnerie mesmérienne* ⋯(Amsterdam, 1784), p. 63(출처는 명확하지 않지만 인용문은 이런 종류의 메스머주의에서 전형적인 것이다); *Mémoires de la baronne d'Oberkirch sur la cour de Louis XVI et la société française avant 1789* ⋯. ed. Comte de Montbrison(Brussels, 1854), II, 67-77, 158-166, 294-299(p. 299에서 인용). 다음 또한 참고. Comte Ducos, *La mère du duc d'Enghien, 1750-1822*(Paris, 1900), pp. 199-207. 그리고 대중적 신비주의에 관한 더 많은 증거를 보려거든 다음을 참고. *the Journal des gens du monde*(1785), IV, 34, and (1784), 1, 133. 슈바이처-라바터 집단에 관해서는 다음을 참고. David Hess, *Joh. Caspar Schweizer: ein Charakterbild aus dem Zeitalter der französischen Revolution*, ed. Jakob Baechtold(Berlin, 1884), and G. Finsler, *Lavaters Beziehungen zu Paris in den Revolutionsjahren 1789-1795*(Zurich, 1898). 파리와 스트라스부르 학회는 다음 책에서 그들의 분쟁을 공개했다. *Extrait des registres de la Société de l'Harmonie de France du 4 janvier 1787 and Exposé des cures opérées depuis le 25 d'août*(Strasbourg, 1787). 데프레메스닐과 마찬가지로 베르가스는 많은 종류의 신비주의를 실험했다. 루아르에셰르Loir-et-Cher 빌리에Villiers의 샤토 드 빌리에Château de Villiers에 보관된 그의 서류에는 그가 생마르탱의 신비주의 작품《오류와 진실Des erreurs et de la vèritè》을 필사한 것과 1818년 3월 21일에 작성한 편지 한 통이 포함되어 있다. 편지는 그가 생마르탱 작품의 재출간 기획에 관여했음을 보여준다. 1789년 5월 7일에 쓴 편지에서 그는 자신을 "사실상 라바터의 경비병presqu'aussi physionomiste que Lavater"이라 묘사했다. 그 문서들에는 또한 미쇼Michaud의《보편적(우주적) 전기Biographie Universelle》에

발표된 자크 카조트의 스케치에 대한 베르가스의 초안이 포함되어 있다. 그 그림
은 앙시앵 레짐 말기 비밀 결사에 관한 상세한 지식을 보여준다. 영향력 있는 마
르티니즘 문인이었던 카조트는 메스머주의에 관한 글을 한 편 썼고 다음 책에 발
표했다. *Témoignage spiritualiste d'outre-tombe sur le magnétisme humain,
Fruit d'un long pèlerinage, par J.-S. C …, publié et annoté par l'abbé Loubert*
…(Paris, 1864). 카조트에 관한 거의 모든 연구에서 그의 문학적 이력의 이런 측
면은 전혀 다뤄지지 않았다. E. P. Shaw, *Jacques Cazotte(1719-1792)*(Cam-
bridge, Mass., 1942).

16 이 장 주1의 참고문헌들과 다음을 참고. *Extrait des registres de la Société de
l'Harmonie de France du 30 November 1786*, 이 책은 조화학회의 분열과 뒤
이은 재결합에 관해 메스머에게 우호적인 설명과 균형을 이룬다. 파리시립역사
도서관에 소장된 파리학회의 문서들은 베르가스 분파의 숙청 이후 사발레트 드
랑게, 드 봉디de Bondy, 드 라비네de Lavine, 바슐리에 다게Bachelier d'Ages,
공보Gombault와 드 구이 다르시de Gouy d'Arsy 후작이 학회를 지배했다는 사
실을 보여준다. Bibliothèque historique de la ville de Paris, ms série 84 and
Collection Charavay, mss 811 and 813.

17 다음을 참고 Abbé Augustin de Barruel, *Conjuration contre la religion
catholique et les souverains* …(Paris, 1792), p. 161, and *Mémoires pour ser-
vir à l'histoire du jacobinisme*(Hamburg, 1803), V, 93, and remarks on Ber-
gasse in II, 317-323; J. P. L. de Luchet, *Essai sur la secte des illuminés*(Paris,
1789), p. 21, 22, 85. 베르가스는 바뤼엘 신부가 "보푸알Beapoil 후작을 자처했
던 악당"을 자신의 회고록에서 중요한 부분의 근거로 삼았다고 말했다. 그는 "코
른만이 동정심에서 거두어 보살폈지만 가장 비열한 방식으로 코른만을 배신했
고 이를 알게 된 코른만이 자신의 집에서 쫓아낼 수밖에 없었던 악당"이었다고 한
다."(샤토 드 빌리에에 보관된 서류들 가운데 베르가스가 아내에게 보낸 날짜가
표시되지 않은 편지)

18 인용문들의 출처는 각각 다음과 같다. 코르베롱의 일기, Bibliothèque muni-

cipale, Avignon, ms 3059; J.-M.-A. Servan, *Doutes d'un provincial*, p. 7; Mesmer, *Précis historique*, p. 186, 187; *Histoire du magnétisme en France, de son régime et de son influence* ···(Vienna, 1784), p. 17, 23; *Nouvelle découverte sur le magnétisme animal* ···, p. 44, 45; *Lettre de M. Axxx à M. Bxxx sur le livre intitulé: Recherches et doutes sur le magnétisme animal de M. Thouret*(1784), p. 21. 파리학회 회원 전원의 명단은 다음에 수록되어 있다. *Journal du magnétisme*(Paris, 1852) 여기서 확인할 수 있는 회원들은 부유한 부르주아와 귀족들이다. 보르도학회 회원 명단은 다음에 수록되어 있다. *Recueil d'observations*, 그리고 베르주라크학회에 관해서는 다음에서 연구되었다. Henri Labroue, *La société populaire de Bergerac avant la Révolution* ···(Paris, 1915). 파리학회의 소소한 특징들은 다음 책에 잘 묘사되어 있다. *L'Antimagnétisme* ···(London, 1784), p. 3: "신비주의적이고 알레고리적인 의미를 선호하는 이런 취향은 파리에서 일반적인 것이 되었고 이제 거의 모든 부자들을 장악했다. ··· 그러나 크게 생각하면, 동물 자기는 지금 이 순간 가장 크게 유행하며 많은 사람들의 사고력을 가장 크게 자극한다." 다음 또한 참고. Grimm's *Correspondance littéraire*, XIII, 510-515; the Comte de Ségur, *Mémoires ou souvenirs et anecdotes*(Paris, 1829), II, 60-61; *Système raisonné du magnétisme universel* ···(1786), p. 97, "회원들의 시각에서 자유와 평등"을 고려한 1786년 회칙이 인쇄되어 있다.

19 베르가스의 언급들이 인용된 곳은 다음과 같다. Bergasse, *Observations*, p. 17. 조화학회에 관한 세부 사실을 위해서는 다음을 참고. *Histoire du magnétisme en France* ···(Vienna, 1784), *Testament politique de M. Mesmer* ···(Leipzig, 1785). 학회 서류 일부, 수여 증서 모음, 메스머와 동료들 사이의 서로 다른 종류의 계약서들, 주로 1786년에 작성된 편지들, 참가 기록과 그 밖의 문서들이 다음에 소장되어 있다. Bibliothèque historique de la ville de Paris, ms série 84 and Collection Charavay, mss 811 and 813.

20 입회식은 다음에 묘사되어 있다. Ostend society, *Système raisonné du mag-*

nétisme universel, p. 110. 1786년 편지들은 파리시립역사도서관에 보관되어 있다. Bibliothèque de la ville de Paris, ms série 84.

21 Nicolas Bergasse, *Considérations sur le magnétisme animal* ⋯ (The Hague, 1784), p. 148; Bergasse, *Observations*, p. 53, 54, 73; Bergasse, *Supplément aux Observations*, p. 20, 27. 메스머 자신이 다음 책에서 분리주의자들의 이론 경향을 확인했다. *Lettre de l'auteur de la découverte du magnétisme animal*, p. 2, "새로운 논리, 새로운 도덕, 새로운 법리를 ⋯ 창안했다는 오만한 주장을 할 텐가?"

22 *Mémoires de J.-P. Brissot(1754-1793), publiés avec étude critique et notes*, ed. Claude Perroud(Paris, 1911), II, 53-56. 브리소의 회고록에 있는 다른 모든 것들과 마찬가지로, 이 문단들도 처형되기 전 혁명의 명분에 대한 자신의 초기 열정을 증명하려는 그의 욕망으로 채색되었다. 브리소는 뒤포르를 그 단체의 회원으로 언급하지 않았고 조화학회에 분열이 일어났을 때 뒤포르의 입장에 관한 기록은 없지만 당시 학회 부회장이던 뒤포르가 코른만 분파와 제휴한 것은 거의 확실하다. 파리시립역사도서관에 소장된 1768년 기록들은 분열 후 메스머가 새로 작성한 "프랑스조화학회" 임원과 회원 명단에서 그를 삭제했다. 코른만이 그의 서류들을 뒤포르에게 맡긴 것은 확실하다. 혁명 중에 압수된 뒤포르 자신의 서류 목록이 몇몇 영수증들을 포함해 다양한 메스머주의 관련 문서들(아마도 분열 이전 학회 기록들일 텐데 역사도서관의 소장 자료에는 분실되고 없다)을 언급하기 때문이다. "코른만의 이름으로 제출되었지만(원문 그대로) 전술한 메스머를 대신한 것이었다. 그리고 1784년에 그가 전술한 메스머의 업무 등을 했음이 그 노트에 의해 확인된 듯하다."(Archives Nationales, T 1620). 뒤포르가 베르가스에게 보낸 것으로 "올 4월 5일"로 날짜를 표시한 편지 한 통이 빌리에에 소장된 베르가스의 친필 원고 속에 포함되어 있는데, 뒤포르가 베르가스를 매우 존경했으며 "당신의 재능과 빛에서 기대되는 결실"을 생각했음을 보여준다. 뒤포르는 또한 트랑트회Société des Trente와 프랑스흑인동지회Société Française des Amis des Noirs의 구성원들과도 관계가 있었다.

• 3. 메스머주의의 급진적 경향 •

1 F. A. Mesmer, *Précis des faits relatifs au magnétisme animal* … (London, 1781), p. 40; J.-M.-A. Servan, *Doutes d'un provincial, proposés à Messieurs les médecins-commissaires* … (Lyons, 1784), p. 101, 102; J.-P. Brissot(익명 으로), *Un mot à l'oreille des académiciens de Paris*, p. 8, 9; Nicolas Bergasse, *Lettre d'un médecin de la faculté de Paris à un médecin du collège de Londres* … (The Hague, 1781), p. 65; *Les vieilles lanternes, conte nouveau* … (1785), p. 82. 메스머주의를 비난하는 학계의 여러 결의안들이 정부에 의해 간간이 발행되고 배포되었다. Bibliothèque Nationale collection, 4° Tb 62, pamphlets 54-58 and 116. 이런 박해에 대한 메스머주의자들의 반응에 관해서는 다음을 참고. Bergasse, *Lettre de M. Mesmer à Messieurs les auteurs du Journal de Paris et à M. Franklin*(1784); *Lettres sur le magnétisme animal où l'on discute l'ouvrage de M. Thouret* … (Brussels, 1784); Bergasse, *Considérations sur le magnétisme animal* … (The Hague, 1784), p. 24, 25; Bergasse, *Observations de M. Bergasse sur un écrit du docteur Mesmer* … (London, 1785), pp. 24-29. 1785년 9월 10일 파리서적출판조합Chambre syndicale de la librairie et imprimerie de Paris은 데슬롱이 쓴 메스머주의 서적의 출판 허가가 거부된 사실을 기록했다. 책 여백에는 다음과 같이 적혀 있다. "국왕은 그런 주제를 다룬 저술을 허가하려 하지 않는다"(Bibliothèque Nationale, fonds français, 21866). 그 금지령은 효과가 없었다.

2 베르가스는 그러한 요구를 발표했다. *Lettre de M. Mesmer à M. le Comte de Cxxx*(1784). 두 번째 인용문의 출처는 다음과 같다. Bergasse, *Observations*, p. 29. 고등법원이 메스머를 보호한 일에 관해서는 다음도 참고. *Mémoires secrets pour servir à l'histoire de la république des lettres en France*, September 12 and 14 and October 6, 1784, p. 227-232, 275; 아르디의 회고록 Bibliothèque Nationale, fonds français, 6684, entries for September 5 and 7, 1784; and J.-F. La Harpe, *Correspondance littéraire* …(Paris, 1801-1807), IV, 272. 메

스머와 그의 제자 열네 명이 검찰총장에게 보낸 1784년 12월 3일자 편지에서 강조했듯이 프랑스국립도서관의 졸리 드 플뢰리 콜렉션에 포함된 메스머주의자들의 몇몇 편지(fonds français, 1690)는 고등법원만이 "학자와 지식인들이 가하는 체계적인 박해"로부터 그들을 보호할 수 있다는 확신을 보여준다. 그 편지는 마치 메스머주의 운동 전체가 공적 박해에 맞선 투쟁이라도 되는 것처럼 설명했다. 1784년 9월 4일에 검찰총장에게 보낸 또다른 편지에서 메스머는 "끊임없이 되살아나는 위험에 둘러싸인 채" 그리고 "힘 있는 자들의 은밀한 박해"의 희생자로서 황제의 대사에게 보호를 요청했다고 보고했다. 아마도 그는 빈으로 돌아갈 것을 고려했을 것이다.

3 Lenoir papers, Bibliothèque municipale, Orléans, ms 1421; Bergasse, *Observations*, p. 100-l01. 르누아르가 회고록으로 출간하려던 자료들이 거의 그 랬듯이, 이 역시 전혀 다듬어지지 않은 초고 상태였다. 메스머주의자들에 관한 또 다른 메모(ms 1423)에서 그는 다음과 같이 썼다. "힘 있는 자들, 궁정인들과 고등 법원 법관들의 후원을 받은 그들을, 나는 감히 방해하고 싶지 않았다." 그는 얀선 주의 논쟁과 유사한 사건에서 메스머주의자들과 연결되었다. 예를 들어, 그는 생 외스타슈St. Eustache의 주교대리가 분파적 메스머주의자였던 데슬롱의 매장을 거부했고 "고등법원 참사관이자 메스머주의의 열렬한 지지자인 데프레메스닐 씨 가 주교대리의 그런 거절에 대해 고발하겠다고 으름장을 놓았다. 나는 같은 교구 의 주임 신부에게 발부된 봉인장을 핑계로 피했지만, 이 사건으로 법무장관이 명 령한 기소 사건들이 시야에서 사라지는 효과를 낳았고, 검사장은 그 사건들의 처 리를 압박받지 않았다. 검찰총장은 그 일의 진행을 서두르지 않았다"(ms 1421).

4 La Harpe, *Correspondance littéraire*, IV, 272-275. 1787-1789년의 코른 만 사건이 전개되는 동안 정부에 대한 베르가스의 맹공은 그가 메스머주의에 대한 정부의 박해에 복수하려 한다는 비난을 샀다(Beaumarchais, *Troisième mémoire, ou dernier exposé des faits* ⋯(1789), p. 59).

5 Grimm's *Correspondance littéraire*, XIV, 25; Lafayette to Washington, May 14, 1784, in *Mémoires, correspondances et manuscrits du général Lafayette*

publiés par sa famille(Paris and London, 1837), II, 93; 라파예트의 뱃멀미에 관해서는 그의 아내가 쓴 1784년 6월 28일자 편지 참고. André Maurois, *Adrienne ou la vie de Madame de Lafayette*(Paris, 1960), p. 150; Charles Thomson to Jefferson, March 6, 1785, in *The Papers of Thomas Jefferson*, ed. J. P. Boyd(Princeton, 1950-), VIII, 17; 세귀르의 언급은 다음에서 인용되었다. *Mémoires ou souvenirs et anecdotes par M. le comte de Ségur*(Paris, 1829), I, 31. 제임스 메디슨James Madison 목사는 1785년 4월 10일 윌리엄스버그Williamsburg에서 제퍼슨에게 다음과 같이 써 보냈다. "여행 중에 이 도시를 지나던 라파예트 후작은 우리들에게 동물 자기론에서 이루어진 진정한 발견에 대해 알고 싶다는 강력한 열망을 불러일으켰다. 그러나 그가 우리에게 가져다준 팸플릿이 결국 그 실상에 대한 우리의 관심을 잠재웠다"(*Papers of Jefferson*, VIII, 73). 메스머주의에 맞선 제퍼슨의 개인적 노력에 관해서는 다음을 참고. ibid., VII, 17, 504, 508, 514, 518, 570, 602, 635, 642, VIII, 246, IX, 379. 라파예트의 메스머주의는 다음 책에 언급된다. Louis Gottschalk, *Lafayette between the American and French Revolutions, 1783-1789*(Chicago, 1950), p. 97, 98, and M. de la Bedoyere, *Lafayette, a Revolutionary Gentleman*(London, 1933), p. 89, 90. 아메리카에 지부를 설립하겠다는 메스머주의 운동의 계획은 다음에 발표되었다. *Nouvelle découverte sur le magnétisme animal* …, 그리고 메스머주의자들의 친아메리카적 태도는 다음에서 풍자되었다. *La vision contenant l'explication de l'écrit intitulé: Traces du magnétisme et la théorie des vrais sages*(Paris, 1784), p. iv: "고대 세계의 주민들보다 더 예민하고 성마른 기질을 가진 미국인들은 그의[메스머의] 놀라운 기술에 경의를 표하기 위해 서둘러 반대편 극으로 향했다." 프랑스아메리카회와 프랑스흑인동지회와 라파예트의 연관성에 관해서는 다음을 참고. J. P. Brissot, *correspondance et papiers*, ed. Claude Perroud(Paris, 1912), p. 165, 166, 169.

6 J.-P. Brissot, *De la vérité, ou méditations sur Les moyens de parvenir à La vérité dans toutes les connoissances humaines*(Neuchâtel, 1782), p. 165,

166, 187. *Un indépendant à l'ordre des avocats*(Berlin, 1781). 1785년 의사들에 대한 메스머주의자들의 공격과 유사한 법률가 집단에 대한 공격은 당시 브리소의 좌절된 야심의 또다른 표현이었다. 그는 그 점을 자신의 회고록에서 생생하게 묘사했다(*J.-P. Brissot, Mémoires(1754-1795)*, ed. Claude Perroud(Paris, 1910), e.g. I, 121).

7 마라가 브리소에게 보낸 날짜가 확인되지 않는 편지(1783) in Brissot's *Correspondance*, pp. 78-80; 또한 다음을 참고. 브리소가 마라에게 보낸 1782년 6월 6일자 편지, ibid., pp. 33-35. 브리소와 마라의 만남에 관해서는 다음에 수록된 마라의 글 참고. *L'Ami du Peuple*, June 4, 1792, *Annales révolutionnaires*(1912), p. 685에 재수록. 자신이 채택한 접미사에 관한 그다지 확신 없는 브리소의 설명에 관해서는 다음을 참고. *Réponse de Jacques-Pierre Brissot à tous les libellistes qui ont attaqué et attaquent sa vic passée*(Paris, 1791), p. 5. 브리소의 전기 가운데 최고는 여전히 엘로이즈 엘러리가 쓴 것이다. Eloise Ellery, *Brissot de Warville*(Boston, 1915). 혁명 전 마라의 이력을 가장 충실히 다룬 책은 다음과 같다. Cabanes, *Marat inconnu, l'homme privé, le médecin, le savant* ⋯ 2 ed.(Paris, 1911). 루이 고트쇼크는 다음 책에서 과학아카데미와 마라의 분쟁을 그의 혁명 이력에서 가장 중요한 요소로 해석한다. Louis Gottschalk, *Jean Paul Marat: A Study in Radicalism*(New York, 1927), 이런 해석은 다음 책에 발표된 마라 자신의 시각과 일치한다. Marat, *Le Publicisté de la république française, ou observations aux français*(March 19, 1793): "혁명 시기를 즈음해서 오래전부터 과학아카데미 측으로부터 받아온 박해를 견딜 수 없었던 나는 탄압하는 사람들을 잠재우고 나를 내 지위에 올려놓을 기회를 열정적으로 포용했다."

8 마라가 브리소에게 보낸 날짜가 확인되지 않은 편지(1783), in Brissot's *Correspondance*, p. 79; 마라가 룸 드 생 로랑에게 보낸 1783년 6월 19일자 편지, in A. Birembaut, "Une lettre inédite de Marat à Roume," *Annales historiques de la Révolution française*(1967), pp. 395-399; 마지막 인용문의 출처는 다음과

같다. Brissot, *De la vérité*, p 173, 174. 마라의 다음 책은 그가 메스머주의에 반대하기를 거부했고 메스머주의자들은 그의 실험이 실제로 유체를 가시화했다고 주장했음을 보여주지만 그럼에도 불구하고 룸에게 보낸 마라의 편지를 마라가 메스머주의를 믿은 증거로 여겨서는 안 된다. Marat's *Mémoire sur l'électricité médicale* …(Paris, 1784)(J. B. Bonnefoy, *Analyse raisonnée des rapports des commissaires* … (Lyons, 1784), p. 27, 28). 1791년이 되면 마라는 메스머를 "재주꾼jongleurs" 부류로 분류하지만 메스머주의에 대한 박해는 학계의 "질투jalousie" 탓으로 돌린다. 그리고 그는 여전히 학계의 "독재"를 비난했다(Marat, *Les Charlatans modernes, ou lettres sur le charlatanisme académique* (Paris, 1791), p. 6, 7). 과학계의 관료주의에 대항한 투쟁이 메스머의 투쟁에 비견된다는 것이 핵심이다. 마라는 룸에게 보낸 편지, 특히 1783년 11월 20일에 그에게 보낸 편지에서 이 투쟁에 대한 태도를 가장 잘 드러냈다. *Correspondance de Marat, recueillie et annotée par Charles Vellay*(Paris, 1908), pp. 23-87. 학계 인사들에 대한 마라의 거의 광적인 증오 때문에 그가 1785년에도 한 사람의 과학자로서 추앙까지는 아니어도 존경받고 있었다는 사실이 흐려져서는 안 된다(*Journal de Physique, September* 1785, p. 237), 또한 그에게는 그에 대한 음모를 두려워할 이유가 있다는 사실 역시 덮여서는 안 된다. 1781년에서 1785년 사이에 작성된 경찰 보고서 가운데 하나는 다음과 같이 언급했다. "비크 다지르는 왕립의학학회의 이름으로 마라가 파리에서 추방되어야 한다고 주장했다"(Bibliothèque municipale, Orléans, ms 1423).

9 Brissot's letter to Lavater, January 28, 1787, is in Zentralbibliothek, Zurich, Lavater papers, ms 149. 인용문의 출처는 다음과 같다. J.-P. Brissot(anonymous), *Un mot à l'oreille des académiciens de Paris*, pp. 1, 3-10, 13, 15, 18, 20-21, 24; and Brissot, *Examen critique des Voyages dans l'Amérique Septentrionale de M. le Marquis de Chatellux* …(London, 1786), p. 49, 55. 문인 귀족들에 관한 언급은 다음에 담겨 있다. p. 21 of the *Examen*. 나는 파리시립역사도서관에서 브리소의 책《파리의 아카데미 회원들에게 전하는 한마디》를 두

권 발견했다. 브리소는 《진실에 관하여De la vérité》(p.15, 특히 p. 319)에서 학계 인사들, 그리고 그를 추방했던 사교계 살롱의 "독재despotisme"에 대한 그의 증오심의 깊이를 드러냈다. "그들은 나를 분노하게 만들었고 나는 내 영혼의 고통 속에서 이 독재자들에게 말했다. 당신들의 잔인함이 언제까지나 처벌되지 않은 채로 있지는 않을 것이오. 당신들의 오만은 모욕당할 것이오. 나는 당신들의 이야 기를 쓸 것이고 당신들은 치욕을 덮어쓰게 될 것이오."

10 카라의 작품 가운데 특히 다음을 참고. *Nouveaux principcs de physique*, 3 vols.(Paris, 1781–1782); *Système de la raison ou le prophète philosophe*(London, 1782); *Esprit dc la morale et de la philosophic*(The Hague, 1777); *Dissertation élémcntaire sur la nature de la lumière, de la chaleur, du feu et de l'électricité*(London, 1787), 부분적으로 그가 다음 글에서 묘사한 메스 머주의 실험에 근거했다. *Journal de Paris*, May 11, 1784, p. 572, 573; *Essai sur la nautique aériennc* …(1784); and *Examen physique du magnétisme animal* …(London, 1785). 인용문의 출처는 다음과 같다. Carra, *Dissertation*, p. 28(파리조화학회 회원이자 브리소의 친구인 마리베츠 남작은 널리 알려진 그의 책에서 뉴턴에 반기를 드는 에테르 이론을 발전시켰다. *Physique du Monde* (1780–1787)); *Journal des Sçavans*, February 1784, p. 111, 112; Carra(anonymously), *Système de la raison*, p. 52, 68, 151. 카라는 도입부에서 "땅의 주인을 자처하는 자들에게" 도전함으로써 이 책에 열정적인 어조를 실었다. "인류의 분노, 당신들 무리의 유명한 폭군들, 왕, 왕자, 군주, 황제, 수장, 지배자의 칭호 만을 지닌 자들, 당신들은 모두 결국 권좌에 오르고 당신들 무리 위에 오른다. 평등, 형평성, 사회성의 이상들은 잊은 채로." 명확하지 않은 그의 초기 이력을 스케치한 글로 다음과 같은 것이 있다. P. Mantarlot, "Carra," from "Les députés de Saône-et-Loire aux Assemblées de la Révolution," in *Mémoires de la Société Eduenne*(1905), new series, XXXIII, 217–224. 부록2 또한 참고. 카라가 1771년 12월 6일과 21일 뇌샤텔Neuchâtel 출판사에 보낸 두 통의 편지는 뇌샤텔시립기록관리소의 출판사 문서에 보관되어 있다. 그 편지들은 그의 통렬한

기질들을 보여주는 증거를 제공하지만 그의 이력에 관해서는 거의 말해주는 것이 없다.《백과전서》의 부록을 쓰도록 그를 고용했던 고도 L. C. Gaudot와 벌인 다툼 외에는 말이다.

11 J.-P. Brissot, *Un indépendant à l'ordre des avocats*, p. 47, 48; Nicolas Bergasse, *Observations sur le préjugé de la noblesse héréditaire*(London, 1789), p. 40 and 5; Bergasse, *Observations du sieur Bergasse dans la cause du sieur Kornmann*(1789), p. 7; 베르가스가 페르페튀에게 보낸 편지, 날짜가 정확하지 않은 것으로 루아르에셰르의 샤토 드 빌리에의 서류 속에 있다. 편지는 리옹에 있는 그의 두 형제가 현금으로 50만 리브르를 가졌으며 그들은 10년 안에 그 돈을 두 배로 불릴 것을 기대한다는 것과 마르세유에 있는 그의 두 형제도 그보다는 못하지만 잘 산다고 설명했다(1789?). 5월 7일자로 페르페튀에게 보낸 편지에서 그는 그들이 이윤을 나누는 관행에 관해 설명했다. "우리 사이에는 일종의 공화주의 체제가 존재해서 우리의 모든 부가 공동 소유라는 것을 설명해준다오. 아무도 다른 사람보다 많은 재산을 가지려 하지 않소." 마지막 두 개의 인용문의 출처는 다음과 같다. Bergasse, *Considérations sur la liberté du commerce* …(The Hague, 1780), p. 61, 62. 혁명에 대한 불만으로 1787년부터 1789년까지 선도적인 급진주의자로서 그의 역할이 모호해진 "왕당파" 베르가스에 관한 주요 연구로는 그의 후손이 익명으로 쓴 전기가 있다. Louis Bergasse, *Un défenseur des principes traditionnels sous la Révolution, Nicolas Bergass*(Paris, 1910).

12 인용문의 출처는 다음과 같다. *Autres rêveries sur le magnétisme animal, à un académicien de province*(Brussels, 1784), p. 21, 39, 46, 47. 파리에서 메스머주의에 관한 가장 정확한 동시대의 연구(*Testament politique de M. Mesmer* …(Leipzig, 1785; by a Dr. Bruck, according to A.-A. Barbier), p. 32)는 이 팸플릿이 프티오에 의해 쓰였고 베르가스가 "수정과 주석을 곁들였다corrigé et noté"라고 말했다(주석이 본문보다 더 길었다). 그것은 다음 책의 후속편으로 베르가스를 칭송했다. Petiot's *Lettre de M. labbé Pxxx de l'Académie de la Rochelle à Mxxx de la même académie*(1784), 프티오는 또한 1789년에 학

자들과 귀족들에 대한 신랄한 공격을 담은 글을 썼다. *La liberté de la presse, dénonciation, d'une nouvelle conspiration de l'aristocratie française* …. 프티오의 모호한 이력에 관한 유일한 정보는 다음에 소장된 간략한 친필 공고문이다. Bibliothèque municipale de la Rochelle, ms 358. 브리소는 1791년 3월 16일자 《파트리요트 프랑세》에서 이렇게 썼다. "프티오 신부는 10년 동안 파리에서 반귀족적인 교리를 주장해왔다."

13 인용문의 출처는 아르디의 일기이다. Bibliothèque Nationale, fonds français, 6687, entries for October 1, 1787, and May 5, 6, and 18, 1788. 데메레메스닐을 다룬 유일한 전문 연구는 다음과 같다. Henri Carré, "Un précurseur inconscient de la Révolution: le conseiller Duval d'Eprémesnil (1787-1788)," *La Révolution Française*, October and November 1897, pp. 349-373 and 405-437. 르누아르는 데프레메스닐의 집이 소요의 중심이라고 믿었다(Bibliothèque municipale, Orléans, ms 1423). "귀족 반란Révolte nobiliaire" 테제는 다음에서 가장 잘 알려졌다. Georges Lefebvre's *Quatre-vingt-neuf*, translated by R. R. Palmer as The *Coming of the French Revolution: 1789*(Princeton, 1947).

• 4. 급진적 정치 이론으로서의 메스머주의 •

1 쥐시외는 그의 발견들을 분리해서 다음의 책으로 출간했다. *Rapport de l'un des commissaires chargés par le Roi de l'examen du magnétisme animal*(Paris, 1784). 인용문의 출처는 다음과 같다. Carra's *Examen physique du magnétisme animal* …(London, 1785), p. 80, 81; *Précis de défense de Carra* … (Year II), p. 49; *Histoire de l'ancienne Grèce* …(Paris, 1787-1788; 존 길리스의 역사를 번역한 여섯 권짜리 이 책에서 카라는 자신이 관심을 갖는 모든 것에 대해 폭넓은 주석을 덧붙였다 —"우주의 메커니즘mécanisme de l'univers" II, 471과 델피의 신탁에 관한 분석 I, 176); *Système de la raison* …(London, 1782), p. 35(사회적이면서도 신체적인 질병에 관한 그의 처방은 p. 124에 있고

관련 연설은 p. 56-68, 177, 220-224에 있다); 마지막 인용문의 출처는 다음과 같다. Carra, *Examen physique*, p. 3. 그러나 카라는 메스머주의가 극적인 정치 개혁을 이룰 수 있다는 베르가스의 주장에는 회의적이었다(ibid., p. 8), 그는 그런 개혁들이 계절과 별의 영향처럼 물리적인 원인에서 비롯된다고 믿었기 때문이다. 1780년대 기상 이변에 대한 태도에 관해서는 다음을 참고. *Journal de Physique*, December 1784, pp. 455-466; *Journal de Bruxelles*, June 19, 1784, pp. 125-133; and *Journal de Paris*, April 6, 1784, p. 428, 429, 전기를 띤 플로지스톤 유체의 고르지 않은 확산이 "지구의 대격변la convulsion du globe"을 예비했다고 설명하고 있다.

2 Abbé Sièyès, *Notice sur la vie de Siéyès* ···(Switzerland, 1795), p. 15, 16.

3 랑테나와 롤랑의 메스머주의에 관해서는 다음을 참고. 롤랑 부인이 남편에게 보낸 1784년 5월 10-16, 21일자 편지 *Lettres de Madame Roland*, ed. Claude Perroud(Paris, 1900-1902), 1, 405, 406, 408, and 427. 인용문의 출처는 다음과 같다. J.-P. Brissot, *Nouveau voyage dans les Etats-Unis de l'Amérique septentrionale, fait en 1788*(Paris, 1791), II, 143 and 133, 134; J.-P. Brissot, *Un mot à ioreille des académiciens de Paris*, p. 14.

4 J.-S. Bailly, *Exposé des expériences qui ont été faites pour l'examen du magnétisme animal* ···(1784), p. 11에서 인용; (Bailly), *Rapport des. commissaires chargés par le Roi de l'examen du magnétisme animal*(Paris, 1784), esp. p. 48; A.-J.-M. Servan, *Doutes d'un provincial* ···(Lyons, 1784), p. 82, 83. 쿠르 드 게블랭은 또한 메스머로부터 "도덕적인 것에서 ··· 자연은 ··· 물리적인 것에서와 같은 방식으로 작용한다"라는 것을 배우고 나서 몹시 기뻐했다(*Lettre de l'auteur du Monde Primitif* ···(Paris, 1784), p. 16). 다음도 참조. Pierre Thouvenel, *Mémoire physique et médicinal* ···(London, 1784), p. 34, and Charles Deslon, *Observations sur les deux rapports de MM. les commissaires* ···(1784), p. 20. 18세기에 도덕적 인과론과 물리적 인과론을 동일하게 이론화한 예는 다음과 같다. Montesquieu's *Essai sur les causes*, an important source

for *De l'esprit des lois*(Robert Shackleton, *Montesquieu: A Critical Biography*(Oxford, 1961), pp. 314-319 참조).

5 부록4에 수록된 베르가스의 강연들 가운데 일부는 루아르에셰르 빌리에의 샤토 드 빌리에에 있는 그의 서류들 속에 있다. 이 학회의 표식은 부록5에 수록되어 있다.

6 Nicolas Bergasse, *Considérations sur le magnétisme animal*(The Hague, 1784), p. 43; Galart de Montjoie, *Lettre sur le magnétisme animal* ⋯(Paris, 1784), p. 25; *Système raisonné du magnétisme universel* ⋯(1786), p. iii, 110, 121; Charles Deslon, *Observations sur le magnétisme animal*(London, 1784), p. 101; *Nouvelle découverte sur le magnétisme animal* ⋯, p. 1, 14; Corberon's journal, Bibliothèque municipale, Avignon, ms 3059, entry for April 7, 1784. 《세계와 유기적 존재의 이론Théorie du monde et des êtres organisés》이라는 제목을 단 베르가스의 기록은 그것을 판독할 열쇠와 함께 다음에 소장되어 있다. Bibliotheque Nationale, 4° Tb 62.1(17); 견본 페이지가 부록 5에 수록되어 있다. 그리고 그것은 콜레 드 보모렐에 의해 수정된 형태로 재간행되었다. *Aphorismes de M. Mesmer* ⋯(1785). 베르가스 자신을 포함해서 몇몇 메스머주의자들은 그 필기장의 저자가 베르가스임을 증언했다. *Observations de M. Bergasse sur un écrit du Docteur Mesmer* ⋯(London, 1785), p. 25. 18세기 프랑스 과학에서 지속되는 데카르트적 경향에 관해서는 다음을 참고. Aram Vartanian, *Diderot and Descartes: A Study of Scientific Naturalism in the Enlightenment*(Princeton, 1953).

7 Elie de la Poterie, *Examen de la doctrine d'Hippocrate* ⋯(Brest, 1785); *De la philosophie corpusculaire* ⋯(Paris, 1785); Court de Gébelin, *Lettre de l'auteur du Monde Primitif*; F. A. Mesmer, *Précis historique des faits relatifs au magnétisme animal* ⋯(London, 1781), pp. 20-25. 또 다른 메스머주의자는 "원시의 무구함'ignorance primitive"을 칭찬했고 "자연의 순수한 상태'état pur de la nature"로 돌아가 "사회적 제도의 폭정le torrent des institutions

sociales"에서 벗어나는 하나의 수단으로서 메스머주의를 옹호했다(*Nouvelle découverte sur le magnétisme animal*, p. 4, 5).

8 Abbé Le Gros, *Analyse des ouvrages de J.-J. Rousseau de Genève et de M. Court de Gébelin, auteur du Monde Primitif*(Geneva and Paris, 1785), p. 5; 베르가스가 그의 친구 랑보드 발리에르Rambaud de Vallières에게 보낸 편지로 다음에 인용되었다. Louis Bergasse, *Un défenseur des principes traditionnels sous la Révolution, Nicolas Bergasse*(Paris, 1910), p. 24; 빌리에에 보관된 베르가스의 서류 가운데 그가 페르페튀 뒤 프티투아르에게 보낸 편지로 날짜는 "이번 21일ce 21"(1791?)로 기재되었다. Bergasse's notebook, *Théorie du Monde*, "troisième partie." 계약 이론에 대한 그의 반론에 관해서는 다음을 참고. Bergasse, *Mémoire sur une question d'adultère* ⋯(1787), p. 75, 76, 80. 베르가스, 브리소, 카라는 게블랭을 알았고 그를 칭찬했으며 그의《원시 세계 Monde Primitif》(Paris, 1787-1789; 1 ed., 1773-1782)를 인용했다. 그 책은 왕의 후원에도 불구하고 강경한 정치적 견해들을 담고 있었다(예를 들어 "원시적 조화'harmonie primitive"에 관한 게블랭의 언급 I, 87과 그의 "전반적 시각Vue générale" VIII). 바이의 언급은 다음에 수록되어 있다. *Mémoires de Bailly* ⋯. ed. S. A. Berville and Barrière(Paris, 1821), I, 299.

9 Bergasse, *Considérations*, p. 78, 79, 84; Bergasse, *Lettre d'un medecin de la faculté de Paris* ⋯(The Hague, 1781), p. 54. 빌리에에 보관된 베르가스의 서류는 물론이고 그의 기록,《세계와 유기적 존재의 이론》,《의사와 ⋯ 지식인 사이의 대화 ⋯ Dialogue entre un docteur ⋯ et un homme de bon sens ⋯》(1784)와 함께 이 두 작품은 베르가스의 메스머주의 이론에 관한 이 논의에 근거를 제공한다.

10 *Lettre d'un médecin*, p. 51에서 인용.

11 Bergasse, *Considérations*, pp. 63-65, 127; Mesmer's letter, written hy Bergasse, in *Journal de Paris*, January 16, 1785, p. 66, 67; *Détail des cures opérées à Buzancy près Soissons par le magnétisme animal*(Soissons,

1784), p. 42.

12 코르만 사건에 관한 상세한 설명을 위해서는 다음을 참고. Robert Darn-
ton, "Trends in Radical Propaganda on the Eve of the French Revolu-
tion(1782-1788)"(D. Phil. diss., Oxford University, 1964). 베르가스의 법적
"회고록" 혹은 "반박문factums" 가운데 가장 중요한 것은 다음과 같다. *Mémoire
pour le sieur Bergasse dans la cause du sieur Kornmann* ···(1788); *Obser-
vations du sieur Bergasse sur l'écrit du sieur de Beaumarchais* ···(1788);
Mémoire sur une question d'adultère ···(1787).

13 모든 인용문들의 출전은 다음과 같다. Bergasse, *Lettre d'un médecin*, pp. 57-
66.

• 5. 메스머에서 위고까지 •

1 이 설명과 다음 설명의 많은 부분은 오귀스트 비아트의 기본 작품인 다음에 많
은 빚을 지고 있다. Auguste Viatte, *Les Sources occultes du romantisme:
illuminisme-théosophie, 1770-1820*, 2 vols.(Paris, 1928). 부르봉 공녀 주
변 무리에 관해서는 다음을 참고. *Lavaters Beziehungen zu Paris in den Rev-
olutionsjahren 1789-1795*, ed. G. Finsler(Zurich, 1898), esp. pp. 23-25,
and Magdalene Schweizer's letters to J. C. Lavater of December 23, 1789,
and August 19, 1790, pp. 27*-30*. 다음에 테오 사건이 잘 요약되어 있다. J. M.
Thompson, *Robespierre*(Oxford, 1935), II, 210-212. 베르가스의 체포에 관한
세부적인 설명은 다음에 포함되어 있다. the Archives Nationales, W 479 and
F7 4595. 여기에는 그의 팸플릿 《파리에서 시민 베르가스의 번역에 관한 그의 고
찰Réflexions du citoyen Bergasse sur sa translation à Paris》도 포함되어 있다.
그는 여기서 동 게를을 딱 한 번 만났고 부르봉 공녀는 4년 동안 만나지 못했다고
했다.

2 J.-P. Brissot, *Rapport sur l'affaire de MM. Dhosier et Petit-Jean*, reprinted in
La Révolution française(1882), II, 593-618; 모든 인용문의 출처는 다음과 같

다. p. 600, 613, 594. 이 사건과 그것을 둘러싼 논쟁의 세부적인 사실에 관해서는 다음을 참고. Stanislas de Clermont-Tonnerre, *Nouvelles observations sur les comités des recherches*(Paris, 1790); Brissot, J. P. *Brissot, membre comité de recherches de la municipalité à Stanislas Clermont* …(Paris, 1790); Brissot, *Réplique de J. P. Brissot à Stanislas Clermont* …(Paris, 1790); 브리소가 작성한 글들은 다음에 수록되어 있다. Brissot, *Patriote français* of July 3 and 5 and August 2 and 6, 1790.

3 David Williams, "Un document inédit sur la Gironde," *Annales historiques de la Révolution française*, XV(1938), 430, 431.

4 Restif de la Bretonne, *Monsieur Nicolas ou le coeur humain dévoilé*(Paris, 1959), vols. V and VI, which contain *La Philosophie de Monsieur Nicolas*; quotations from V, 278, 279. 레스티프는 메르시에의 절친한 친구였고, 메르시에는 메스머주의의 옹호자이자 카라의 협조자가 되었다.

5 *La Bouche de fer*, October 1790, p. 21; Nicolas de Bonneville, *De l'esprit des religions*(Paris, 1791), p. 75, 152, 189, 190. 카라에 관한 언급에 대해서는 다음을 참고. *Cercle Social*(Paris, 1790), pp. 353-360; 라아르프의 언급에 대해서는 다음을 참고. *Mercure de France*, December 25, 1790, p. 119.

6 레스티프는 미라보를 위해 모리 신부를 공격하는 팸플릿들을 작성하기도 했다. Frantz Funck-Brentano, *Restif de la Bretonne: portraits et documents inédits*(Paris, 1928), p. 372. 이 팸플릿들은 다음에 수록된 글들과 유사성을 보인다. *Cercle Social*, p. 175, 176 and 182-184. 다음 또한 참고. Jules Charrier, *Claude Fauchet, évêque constitutionnel du Calvados, député à l'Assemblée Législative et à la Convention(1744-1795)*(Paris, 1909), and Philippe Le Harivel, *Nicolas de Bonneville, pré-romantique et révolulionnaire, 1760-1828*(Strasbourg, 1923)

7 Charles Nodier, *Le Dernier banquet des Girondins, in Souvenirs de la Révolution et de l'Empire*(Paris, 1850), I, 179-285..

8 P. S. Dupont de Nemours, *Philosophie de l'univers*(Paris), p. 236에서 인용.
'모나드'는 영혼을 가리키는 뒤퐁의 표현이었다. 그것은 물질의 내면, 생명의 원
칙에 대한 라이프니츠의 관심을 뉴턴적 분석에 반하는 것으로서 제시했다. 18세
기 과학의 기본적인 이 두 가지 경향을 위해서는 다음 책의 첫 두 장 참고. Ernest
Cassirer, *The Philosophy of the Enlightenment*, tr. F. C. A. Koelln and J. P.
Pettegrove(Princeton, 1955).

9 *Mémoires secrets de 1770 à 1820 par M. le Comte d'Allonville, auteur des
Mémoires tirés des papiers d'un homme d'état*(Paris, 1838-1845), VI, 12, 13.
파브르의 진술은 다음에서 인용했다. Léon Cellier, *Fabre d'Olivet: contribution
à l'étude des aspects religieux du romantisme*(Paris, 1953), p. 321, 메스머주
의와 조제핀의 관련성을 언급한 글이며 파브르의 사상에 관한 위의 설명의 출전
이기도 하다. 다음에 따르면 나폴레옹은 후에 메스머, 라바터, 갈F. G. Gall을 돌
팔이라고 생각했다. *Journal of the Private Life and Conversations of the Em-
peror Napoleon at Saint Helena by the Count de Las Cases*(London, 1825),
III, 66-68. Of course, no memoirs about Napoleon can be trusted. Even
the *Journal du magnétisme*(Paris, 1847), pp. 239-253, 나폴레옹 관련 전설들
의 저장고인 이 책은 현명하게도 그를 메스머주의자로 만들지 않았다.

10 드 메스트르와 메스머에 관해서는 다음을 참고. Emile Dermenghem, *Joseph de
Maistre mystique*(Paris, 1946), p. 47; 알렉산드르와 크뤼드너 부인에 관해서는
다음을 참고 바람. Louis Bergasse, *Un défenseur des principes traditionnels
sous la Révolution, Nicolas Bergasse*(Paris, 1910), pp. 257-263. 크뤼드너 부
인에 관한 문헌들은 신성동맹에 대한 그녀의 영향을 최소화하는 경향이 있는데
다음 글에 요약되어 있다. E. J. Knapton, "An unpublished letter of Mme. de
Krüdener," *Journal of Modern History*, IX(1937), 483-492.

11 19세기 메스머주의에 관해 동시대에 나온 가장 흥미로운 설명은 다음과 같다.
Ale-xandre Erdan, *La France mistique*(sic): *tableau des excentricités reli-
gieuses de ce tems*(sic)(Paris, 1855), I, 40-177. 《주르날 뒤 마네티슴》은 탁월하

기는 하지만 다루기 어려운 사료다. 그리고 다음의 책에는 메스머주의자들과 학계 인사들의 투쟁이 상세히 조사되어 있지만 편견이 서려 있다. Charles Burdin and E. F. Dubois, *Histoire académique du magnétisme animal* ···(Paris, 1841). 메스머주의에 관한 발자크의 보고는 《사촌 퐁스Le Cousin Pons》의 13장에 담겨 있다. 메스머주의와 그리스도교 과학과 프로이트 심리학 사이의 관계는 다음 책들에서 추적된다. Stefan Zweig, *Mental Healers: Franz Anton Mesmer, Mary Baker Eddy, Sigmund Freud*, tr. Eden and Cedar Paul(New York, 1932); Frank Podmore, *From Mesmer to Christian Science: A Short History of Mental Healing*(New York, 1963).

12 Charles Fourier, *Théorie des quatre mouvements et des destinées générales: prospectus et annonce de la découverte, in Oeuvres complètes de Ch. Fourier*(Paris, 1841-1848), I, xxxvi, 12, 23, 102 ; Fourier, *Théorie de l'unité universelle, in Oeuvres completes*, III, 337; Fourier, *Le Nouveau monde industriel et societaire, in Oeuvres complètes*, VI, 454-457. 푸리에는 메스머주의에 "실용적인 개념"이 있다는 것을 부정했다. 그는 자신이 들뢰즈의 작품을 읽었으며 그 작품은 메스머주의자들이 그들의 유체를 이해하지 못했으며 인류의 7/8은 몽유를 경험할 수 없다는 확신을 주기에 충분했다(Fourier, "Des cinq passions sensuelles," *La Phalange: Revue de la science sociale*[Paris, 1846], IV, 123-129). 필자는 조너선 비처에게 신세를 졌다. 그는 내게 푸리에주의의 원더랜드를 샅샅이 안내했고 지금은 그에 관한 결정적인 도해를 준비 중이다.

13 Alexandre Erdan, *La France mistique*[sic], I, 75, 76. Charles Pellarin, *The Life of Charles Fourier*, tr. F. G. Shaw, 2 ed.(New York, 1848), p. 225. 이 책에는 푸리에의 임종 장면에 대한 설명이 담겨 있다. 푸리에주의에 대한 메스머주의의 의견은 다음에 담겨 있다. *Journal du magnétisme*, VI(1848), 337-350, 368-375; p. 375에서 인용.

14 레데른의 메스머주의는 다음에 언급된다. Henri Gouhier, *La Jeunesse d'Auguste Comte et la formation du positivisme*(Paris, 1936), II, 128-132. 애나 블

랙웰과 로버트 오언의 1853년 5월 20일자 편지는 다음에 수록되어 있다. *Journal du magnétisme*, XII(1853), 199, 297, 프랑스어를 영어로 재번역했다. 다음 또한 참고. Frank Podmore, *Robert Owen: A Biography*(London, 1906), II, 600-614. Mesmer's *Notions* appeared throughout vols. III-VII(1846-1848) of the *Journal du magnétisme*; 인용문의 출처는 다음과 같다. III(1846), p. 38, 39, 98, 251, and V(1847), p. 99 and 97. 메스머는 혁명 전 정치에 전혀 관심을 보이지 않았다. 그리고 《메스머의 발견에 관한 그의 회고록Mémoire de F.-A. Mesmer sur ses découvertes》(Paris, 1799)은 어떤 정치적 견해보다도 몽유를 발견했다는 그 의심스러운 주장으로 더 주목할 만하다. 그의 오랜 숙적 바이가 마차에 실려 기요틴으로 향할 때 그에게 작별 인사를 하기 좋은 때를 그의 파리 여행 시기로 정했다는 이야기는 사실무근이다. 메스머는 집정부에 후원을 요청하기 위해 정장을 차려입었다. 다음에 재수록된 그의 편지 참고 *Journal du magnétisme*, I(1845), 48-51, V(1847), 265, and VIII(1849), 653-656. 그러므로 그가 후에 공화주의로 전향했을 가능성이 있어 보인다. 그리고 메스머의 주장을 담은 원고를 원본 그대로 편집 없이 출판했다는 《주르날 뒤 마녜티슴》의 주장을 의심할 이유는 없다. 어쨌든 메스머는 1846~1848년 혁명가로서 대중 앞에 처음 모습을 드러냈다.

15 Viatte, *Les source occultes du romantisme*, vol. II, chap. III, and Marietta Martin, *Un, aventurier intellectuel sous la Restauration et la Monarchie de Juillet: Le docteur Koreff*(1783-1851)(Paris, 1925). 스탈 남작의 메스머주의 치료는 다음에 언급되어 있다. *Testament politique de M. Mesmer* …(Paris, 1785), p. 20.

16 Alphonse de Lamartine, "L'Infini dans les cieux," in *Harmonies poétiques et religieuses*, Classiques Garnier ed.(Paris, 1925), p. 76. 이 인용문의 해석은 본문과 같다. 라마르틴에 관한 기사는 다음에 수록되어 있다. *Journal du magnétisme*, VI(1848), 217-224; Alexandre Dumas, *Mémoires d'un médecin: Joseph Balsamo*, Calmann Lévy ed.(Paris, 1888), III, 113; Théophile

Gautier, *Jettatura,* in *Romans et contes,* Charpentier ed.(Paris, 1923), p. 188; *L'Antimagnétisme*(London, 1784), p. 140, 141. 뒤마는 다음에서 자신의 메스머주의 치료에 관한 설명을 발표했다. Célestin Gragnon, *Du traitement et de la guérison de quelques maladies chroniques au moyen du somnambulisme magnétique* …(Bordeaux, 1859), 그리고 그는 다음에 수록된 편지에서 조제프 발사모로부터 받은 메스머주의의 영감을 설명했다. *Journal du magnétisme,* V(1847), 146-154. 뒤에 그는 소설 2부에 묘사된 메스머의 모습에는 반대했지만 뒤마의 《위르뱅 그랑디에Urbain Grandier》에 등장하는 메스머주의 치료는 칭찬했다(ibid., VIII(1849), 152, 153, and IX(1850), 228 and 233). 프랑스 문학, 그리고 영국·아메리카·독일 문학의 완전한 메스머주의적 순회는 많은 작가들에 대한 우리의 이해를 넓혀줄지도 모른다(특히 포, 호손, 상드, 호프만, 클라이스트Kleist, 노발리스Novalis 그리고 피히테, 셸링, 쇼펜하우어 같은 철학자들까지). 그리고 프레데릭 술리에Frédéric Soulié의 《메스머주의자Le Magnétiseur》(Paris, 1834)와 같이 이제는 잊힌 베스트셀러들이 표상하는 독서의 대중적 취향에 대한 이해도 넓혀줄 것이다.

17 Gautier, *Avatar,* in *Romans et contes,* p. 37-39, 52 ; *Jettatura,* p. 129, 190, 211, 221. 메스머주의는 고티에에게 환상적인 것의 다른 형식들, 특히 도취적 계시인 7계시에 대한 과학적 접근을 제공했다("La pipe d'opium," in *Romans et contes*). 그의 메스머주의 신념들은 다음에 수록된 그의 신비주의에 관한 설명에서 언급된다. H. van der Tuin, *L'Evolution psychologique, esthétique et littéraire de Théophile Gautier: étude de caractérologie "littéraire"*(Paris and Amsterdam, 1933), pp. 203-220.

18 Théophile Gautier, "Honoré de Balzac," in *Portraits contemporains: littérateurs-peintres-sculpteurs-artistes dramatiques,* Charpentier ed.(Paris, 1874), pp. 48, 58, 63, 88, 71.

19 Honoré de Balzac, *Louis Lambert,* Marcel Bouteron and Jean Pommier ed.(Paris, 1954), p. 95; *Instruction explicative et pratique des tables tour-*

nantes ··· par Ferdinand Silas, précédée d'une introduction sur l'action
motrice du fluide magnétique par Henri Delaage, troisième édition, aug-
mentée d'un chapitre sur le rôle du fluide magnétique dans le mécanisme
de la volonté par H. de Balzac(Paris, 1853), pp. 6-12; Balzac, "Avant-Propos"
to *La Comédie Humaine,* in *Oeuvres complètes,* Marcel Bouteron and Henri
Longnon ed.(Paris, 1912), p. xxxv. 발자크가 그의 메스머주의 신념들을 공언
했음에도 불구하고 발자크에 관한 폭넓은 문헌들 가운데 그 문제를 다룬 것은 거
의 없다. 다음처럼 잘 알려진 연구들도 발자크의 메스머주의를 거의 언급하지 않
는다. Albert Prioult, *Balzac avant la Comédie Humaine(1818-1829)*(Paris,
1936), André Maurois, *Prométhée ou la vie de Balzac*(Paris, 1965), 다음의
글들에서는 이 문제가 좀 더 본격적으로 다뤄진다. Moïse Le Yaouanc, *Nosog-*
raphie de l'humanité Balzacienne(Paris, 1959), F. Bonnet-Roy, *Balzac,*
les médecins, la médecine et la science(Paris, 1944), and Henri Evans, *Louis*
Lambert et la philosophie de Balzac(Paris, 1951). 예상할 수 있듯이, 메스머주
의자들 자신은 발자크 소설에 폭넓게 분포하는 그들 교리의 역할을 인정한다.《주
르날 뒤 마네티슴》은 "저명한 모든 작가들 가운데 ··· 메스머주의를 가장 많이 연
구한 작가"로 발자크를 찬양했다(IV, 284). 이 매체는 의지에 관한 그의 이론을 표
준적인 메스머주의로 취급하면서《위르쉴 미루에》에서 메스머주의자인 등장인
물 부바르 박사의 기원에 관한 발자크의 설명을 수록했다. 그리고 발자크의 죽음
을 그 운동의 큰 손실로 애도했지만 몽유자들의 집회에 그가 사후의 모습을 드러
내자 마음을 가다듬었다(II, 25-26; IV, 284-287; X, 59, 60; XV, 74, 170).

20 Balzac, *Ursule Mirouet,* Calmann Lévy ed.(Paris), p. 77, 82 ; P.-I.-G. Caba-
nis, *Rapports du Physique et du Moral de l'homme* ··· 8 ed.(Paris, 1844), p.
134, 135(조화학회의 열 번째 회원은 브리브 라 가일라르Brive-la-Gaillrde 출
신의 "카바니"였다. 그는 아마도 철학자였던 것으로 보이며 당시에는 의학생이
었거나 혹은 1786년에 브리브에서 사망한 그의 아버지였을 것이다); Balzac,
La Peau de chagrin(Paris, 1900), p. 151; Balzac, *Louis Lambert,* p. 211. 신

비주의 과학에 대한 발자크의 소개에 관해서는 다음을 참고. Bernard Guyon, *La Pensée politique et sociale de Balzac*(Paris, 1947), p. 40, 41 and 136, 145. 스베덴보리주의는 종종 메스머주의 이론의 다른 교리들과 결합되었다. 그런 예는 다음의 제목에서도 쉽게 볼 수 있다. L.-A. Cahagnet's *Magnétisme: Encyclopédie magnétique spiritualiste, traitant spécialement de faits psychologiques, magie magnétique, swedenborgianisme, nécromancie, magic céleste, etc.*(Argenteuil, 1855).

21 Balzac, *Ursulc Mirouet*, pp. 97-100, 75; Victor Hugo, "Préface Philosophique," in *Oeuvres romanesques complètes*, ed. Francis Bouvet(Paris, 1962), p. 879, 889; *Chez Victor Hugo: Les tables tournantes de jersey: procès-verbaux des séances présentés et commentés par Gustave Simon*(Paris, 1923), p. 34; Hugo, "Pendant que le marin, qui calcule et qui doute" in book 4 of *Les Contemplations*, Joseph Vianey ed.(Paris, 1922), p. 377, 378. 인용문의 해석은 본문과 같다. 위고는 《명상Les Contemplations》의 다른 많은 시들에서 명확하기는 하지만 그리 아름답지는 않게 자신의 신념들을 표현했다. 그의 신비주의에 관해서는 다음을 참고. Auguste Viatte, *Victor Hugo et les illuminés de son temps*(Montreal, 1942).

•6. 결론•

1 *Journal de Bruxelles*, January 31, 1784, p. 228. 상업적 열기구 비행에 관해서는 다음을 참고. *Courier de l'Europe*, November 16, 1784, p. 315.

2 J.-P. Marat, *Découvertes de M. Marat sur la lumière* ··· 2 ed.(London, 1780), p. 6; F. A. Mesmer, *Précis historique des faits relatifs au magnétisme animal* ··· (London, 1781), p. 40; *Mémoires et correspondance de Mallet du Pan, pour servir à l'histoire de la Révolution française, recueillis et mis en ordre par A. Sayous*(Paris, 1851), I, 130.

참고문헌

메스머주의자들은 자신들의 운동이 역사적으로 엄청난 중요성을 지닌다고 생각했기 때문에 상세한 기록을 남겼다. 메스머식 치료법, 전망, 철학적 사색에 관한 수천 건의 기록이 각각 1,000쪽에 이르는 열네 권의 메스머주의 자료집을 가득 채우고 있다. 이 자료집은 프랑스국립도서관에 보관되어 있다(Bibliothèque Nationale, 4° Tb 62,1). 그 자료들은 18세기에 수집된 것으로(아마도 1787년에 완성되었을 것이다) "인간 이성의 편차"를 기록할 목적이라고 설명된 '일러두기'를 포함해서 손으로 쓴 유용한 주석들이 많이 담겨 있다. 그러나 "동물 자기를 지지하거나 반대하는 출판물들을 모두 모은 총체적이고 완전한 자료집"이란 주장에도 불구하고 메스머주의의 주요 저작들이 많이 빠져 있는 탓에 이 글을 준비하면서 대영박물관의 18세기 팸플릿 소장고에 자문을 구해 보충했다.

메스머주의에 관해 유용하지만 불완전한 문헌 목록으로는 다음과 같은 것이 있다. Alexis Dureau, *Notes bibliographiques pour servir à l'histoire du magnétisme animal* … (Paris, 1869).

이 연구를 위해 찾아본 필사본 사료들은 다음과 같다.

파리 ∣ 프랑스국립기록관Archives Nationales, T 1620(뒤포르 관련 문서 목록), W 479와 F⁷ 4595(베르가스와 프랑스혁명).

프랑스국립도서관Bibliothèque Nationale, fonds français, 6684와 6687(아르디의 일기), 1690(졸리 드 플뢰리 관련 소장 자료 가운데 "의사와 외과의 관련 자료." 메스머와 그의 동료들이 보낸 편지들이 포함되어 있다), **판화실** Cabinet des Estampes(특히 시사 만화, 에냉과 뱅크 수집 자료).

프랑스학사원도서관Bibliothèque de l'institut de France, ms 883(콩도르세 관련 문서).

파리시립역사도서관Bibliothèque historique de la ville de Paris, ms série 84 및 Collection Charavay, mss 811과 813(파리조화학회 관련 문서, 불완전함).

루아르에셰르, 빌리에 ∣ 샤토 빌리에(베르가스 관련 문서).

아비뇽 ∣ 아비뇽시립도서관Bibliothèque municipale, mss 3059와 3060(코르베통 관련 문서).

오를레앙 | 오를레앙시립도서관, mss 1421과 1423(르누아르 관련 문서).

라로셀 | 라로셀시립도서관, ms 358(프티오의 약전略傳과 부록2에 수록된 편지들)

그르노블 | 그르노블시립도서관, mss R 1044와 N 1761(세르방 관련 문서).

스트라스부르 | 스트라스부르시립기록관Archives de la ville, mss AA 2660과 2662(총독 관련 문서).

취리히 | 중앙도서관Zentralbibliothek, ms 149(라바터 관련 문서).

이 연구의 토대가 된 중요한 팸플릿과 인쇄 자료들은 주에 인용되어 있다. 그러나 메스머주의를 다룬 다른 연구들에 관한 짧은 소개는 여기에 순서대로 정리했다. 대부분 메스머주의자들이 쓴 것이다. 훌륭한 도서관이라면 어디든 서고에 의료나 영혼의 접신에 관한 신비주의 체계를 드러내거나 비난할 목적에서 주로 19세기에 출판된 책들을 몇 권씩 소장하고 있다. 그런 책들은 한동안은 흥미롭지만 곧 시들해진다. 1780년대의 메스머주의를 연구하는 독자라면 이런 작품들은 건너뛰고 곧바로 베르가스, 메스머, 그리고 그 시절 눈에 띄는 다른 메스머주의자들의 저작으로 향하는 편이 나을 것이다. 그러나 다음 책을 놓쳐서는 안 된다. *Journal du magnetisme animal* ··· (Paris, 1852). 이 책에는 파리조화학회 회원 430명 전원을 포함한 유일한 명단이 담겨 있다. 그 명단은 파리시립역사도서관의 불완전한 소장 자료들 그리고 학회의 기록과 이름표들을 가지고 편찬한 것이다. 초기 메스머주의에 속한 사람으로는 마지막에 해당하는 들뢰즈의 다음 책도 독자들에게 유용할 것이다. J. P. F. Deleuze, *Histoire critique du magnétisme animal*(Paris, 1813). 그리고 만약 그 운동에 관한 근대 메스머주의자의 설명에 관심이 있다면 다음 책을 찾아보는 것이 바람직하다. Emil Schneider, *Der Animale Magnetismus, seine Geschichte und seine Beziehungen zur Heilkunst*(Zurich, 1950).

메스머주의자가 아닌 이들의 연구에서 메스머는 흔히 근대 심리학의 이해받지 못한, 때로 영웅적인 예언자로 추대된다. 연금술에서 화학이 출현했듯이 프로이트, 샤르코, 브레이드, 베르틀랑, 푸세귀르, 메스머로 이어지는 일련의 신비주의 과학자들에게서 정신분석학이 발전했을 수 있다. 그러나 메스머의 금전 거래에 관한 조사나 그의 박사학위 논문(확실히 동물 자기를 발견하기 전에 쓴 것이다)이 실제 표절은 아닐지라도 전혀 독창적이지 않다는 폭로(Frank Pattie, "Mesmer's Medical Dissertation and its Debt to Mead's De Imperio Solis ac Lunae," *Journal of the History of Medicine and Allied Sciences*, XI(1956), 275-287)는 그의 평판에 도움이 되지 않는다. 메스머의 기질에는 프로이트적인 것만큼이나 칼리오스트로적인 것도 많았다. 그러나 메스머가 사기꾼이었을 가능성이 있다고 해도 역사가로서 고민할 이유는 없을 것 같다. 역사가의 관심은 사람 자체가 아니라 그의 운동에 있기 때문이다. 그런데 그 운동은 통상 의학사의 일화로 다루어졌다. Rudolf Tischner, *Franz Anton Mesmer, Leben, Werk und Wirkungen* (Munich, 1928); Bernhard Milt, *Franz Anton Mesmer und Seine Beziehungen zur Schweiz: Magie und Heilkunde zu Lavaters Zeit*(Zurich, 1953); Margaret Goldsmith, *Franz Anton Mesmer: The History of an Idea*(London, 1934); D. M. Walmsley, *Anton Mesmer*(London, 1967); Ernest Bersot, *Mesmer et le magnétisme animal, les tables tournantes et les esprits*, 4 ed.(Paris, 1879); Jean Vinchon, *Mesmer et son secret*(Paris, 1936); E. V. M. Louis, *Les Origines de la doctrine du magnétisme animal: Mesmer et la Société de l'Harmonie, thèse pour le doctorat en médecine*(Paris, 1898). 사실 이 마지막 책은 학회에 관한 정보를 거의 담고 있지 않다. 좀더 유용한 책은 다음과 같다. Louis Figuier, *Histoire du merveilleux dans les temps modernes*, 2 ed.(Paris, 1860), vol. III, and R. Lenoir, "Le mesmérisme et le système du monde,"*Revue d'histoire de la philosophie*, I(1927), 192-219 and 294-321.

18세기 과학이라는 비옥한 분야의 연구들은 더욱 유용하다. 특히 다음과 같은 것들이 있다. C. C. Gillispie, *The Edge of Objectivity: An Essay in the History of Scientific Ideas*(Princeton, 1960); Jacques Roger, *Les Sciences de la vie dans la pensée française du XVIIIe siècle*(Paris, 1963); I. B. Cohen, *Franklin and Newton*(Philadelphia, 1956); Daniel Mornet, *Les Sciences de la nature en France au XVIIIe siècle* (Paris, 1911); Philip Ritterbush, *Overtures to Biology: The Speculations of Eighteenth-Century Naturalists*(New Haven and London, 1964); Everett Mendelsohn, *Heat and Life: The Development of the Theory of Animal Heat*(Cambridge, Mass., 1964); Erik Nordenskiöld, *The History of Biology: A Survey*, tr. L. B. Eyre(New York, 1946); F. J. Cole, *Early Theories of Sexual Generation*(Oxford, 1930); Alexandre Koyré, *From the Closed World to the Infinite Universe*(Baltimore, 1957); Alexandre Koyré, *Newtonian Studies*(Cambridge, Mass., 1965); Abraham Wolf, *A History of Science, Technology and Philosophy in the Eighteenth Century*(London, 1952); J. H. White, *The History of the Phlogiston Theory*(London, 1932); Maurice Daumas, *Lavoisier, théoricien et expérimentateur* ···(Paris, 1955); Hélène Metzger, *Les Doctrines chimiques en France du début du XVIIe à la fin du XVIIIe siècle*(Paris, 1925); Douglas Guthrie, *A History of Medi-*

cine(London, 1945); *Buffon*(Paris, 1952)은 에세이들로 국립자연사박물관이 출간했다. P. F. Mottelay, *Biographical History of Electricity and Magnetism*(London, 1922).

가장 유용한 방법은《백과전서》에 수록된 항목들, 특히 다음과 같은 18세기 정기간행물들을 검색해보는 것이다. 과학적 주제를 다룬《주르날 드 피지크》《주르날 드 사방》, 일반적인 주제를 다룬《주르날 드 파리》《메르퀴르》《알마나 데 뮈제》《라네 리테레르》《쿠리에 드 레우로프》《주르날 드 브뤼셀》이 있다. 이들은 통속적인 수준, 즉 관행적인 지성사에서는 거의 다뤄지지 않는 수준에서 관념의 상태에 관한 정보를 제공한다.

＼ 지은이 　　　　　　　　　　　　　　　　　　　**로버트 단턴**Robert Darnton은

1939년 미국 뉴욕에서 태어나 1960년 하버드대학교를 졸업했다. 1964년 옥스퍼드대학교에서 박사학위를 취득한 뒤, 〈뉴욕 타임스〉에서 짧은 기간 기자로 근무하다가 1965년 하버드대학교 명예교우회의 연구원이 되었다. 1968년부터 2007년까지 프린스턴대학교에서 유럽사를 가르치며 수많은 저서와 논문을 썼으며 왕성한 학술활동으로 국제적인 명성을 얻었다. 2007년에는 하버드대학교로 돌아가 칼 포르차이머 교수가 되었으며 도서관장에 취임했다.

'책의 역사가'로서 당대 최고의 위치를 확보하고 있는 단턴은 1979년 《계몽주의의 사업 The Business of Enlightenment》으로 리오 거쇼이Leo Gershoy상을, 1996년 《책과 혁명》으로 미국비평가협회상을 받았으며, 1999년 프랑스 정부로부터 레지옹 도뇌르 슈발리에 훈장을, 2004년에는 국제구텐베르크협회로부터 구텐베르크 기념상을, 2012년에는 버락 오바마 대통령이 수여하는 2011년 국가인문학메달을, 2013년에는 키노델두카 세계문학상을 수상했다.

지은 책으로는 한국에서도 널리 읽힌 《고양이 대학살The Great Cat Massacre》을 비롯하여, 《앙시앵 레짐 시대의 문학적 지하세계The Literary Underground of the Old Regime》《로버트 단턴의 문화사 읽기The Kiss of Lamourette》《인쇄 혁명Revolution in Print》《18세기 지하문학의 세계L'univers de la littérature clandestine au XVIIIe siécle》《베를린 저널 1989~1990》《시인을 체포하라Poetry and the Police》들이 있다.

전자논문 프로젝트인 구텐베르크-e 프로그램의 설립자이기도 한 단턴은 디지털 기술과 인터넷 등 다양한 매체로 관심 영역을 넓혀가고 있다.

＼ 옮긴이 　　　　　　　　　　　　　　　　　　　　　　　**김지혜**는

서강대학교 사학과에서 박사과정을 마쳤다. 영화와 역사서술을 주제로 한양대와 연세대 등에서 강의했고, 현재는 서강대와 한국기술교육대에서 강의하며 번역가로 활동하고 있다. 옮긴 책으로 《로버트 단턴의 문화사 읽기》《시인을 체포하라》《책 구디의 역사인류학 강의》《역사 속의 매춘부들》《히틀러에서 하이마트까지》《영화, 역사》《장소와 경험》《대중의 국민화》(공역)《주변부의 여성들》(공역) 들이 있다.

혁명 전야의 최면술사

1판 1쇄 찍음　2016년 2월 29일
1판 1쇄 펴냄　2016년 3월　7일

지은이　　　　로버트 단턴
옮긴이　　　　김지혜
펴낸이　　　　정혜인 안지미
기획위원　　　고동균
편집　　　　　성기승 정명효 박혜미
디자인　　　　김수연 한승연
책임 마케팅　 심규완
경영지원　　　박유리
제작처　　　　공간

펴낸곳　　　　알마 출판사
출판등록　　　2006년 6월 22일 제406-2006-000044호
주소　　　　　(우)03990 서울시 마포구 연남로 1길 8, 4~5층
전화　　　　　02) 324-3800(판매) 02) 324-2845(편집)
전송　　　　　02) 324-1144
전자우편　　　alma@almabook.com
페이스북　　　/almabooks
트위터　　　　@alma_books

ISBN　　　　　979-11-85430-95-9 93900

알마 출판사는 아이쿱생협과 더불어 협동조합의 가치를 구현하기 위한 출판공동체입니다.
살아 숨 쉬는 인문 교양, 대안을 담은 교육 비평, 오늘 읽는 보람을 되살린 고전을 펴냅니다.

종이　자켓_랑스 페스티발 120g/㎡　커버_랑스 페스티발 110g/㎡　본문_전주 그린라이트 80g/㎡